教师公文包
教师必备知识丛书

读书之乐

王宜津　马 俊　编

航空工业出版社

北　京

内容提要

本书以教育为指导，引导广大教师们找到读书的方法。爱上读书，读书可以丰富自己的同时还能让自己增长知识和见识，书籍是人类进步的阶梯，读书可以激发我们的潜能，从中受到启发，本书涵盖了很多读书方法和小故事，告诉大家读书的意义。阅读的要领、读书与藏书、名人读书的轶事等，书籍涉及面广是广大教师的必备选择。

本书针对中小学教师读者为主，对中小学教师提升自身素质和专业技能有所帮助。本书可作为教师培训教材也适合图书馆收藏。

图书在版编目（CIP）数据

读书之乐/王宜津，马俊编．—北京：航空工业出版社，2019.1（2022.3 重印）
ISBN 978-7-5165-1632-4

Ⅰ.①读… Ⅱ.①王… ②马… Ⅲ.①读书方法—中小学—师资培训—教材 Ⅳ.①G633.332

中国版本图书馆CIP数据核字(2018)第144208号

读书之乐
Dushu Zhile

航空工业出版社出版发行
（北京市朝阳区京顺路5号曙光大厦C座四层　100028）
发行部电话：010-85672663　010-85672683
永清县晔盛亚胶印有限公司印刷　　全国各地新华书店经营
2019年1月第1版　　　　　　　　2022年3月第2次印刷
开本：710×1000　1/16　　印张：16　　字数：245千字
印数：5001—11000　　　　　　　　定价：45.00元

目　录

读书的意义

书籍 3
严文井谈读书的作用 5
燃一炷书香　续一份书缘——教师讲述自己和书的故事 ... 6
读书与阅世 10
读书：自我的延伸 12
读书使人更聪明 14

阅读的艺术

读书要领 21
　　读书贵在点滴勤 21
　　要善于读书 23
　　读书要讲究方法 25
　　怎样做读书笔记 28
　　读书与动笔 30
　　"耕书"种种 32
　　读书与旅游 34
　　读书十九法 35
　　读书八要 36
普通阅读法 37
　　朗　读 37
　　默　读 39
　　听　读 40
　　背　诵 42
　　略　读 43
　　精　读 44

  浏览阅读法 …………………………………………… 46
  SQ3R 阅读法 …………………………………………… 47
  "字—词—句—篇"阅读法 ……………………………… 48
  "浏览—精读—赏析"法 ………………………………… 48
  整体阅读法 …………………………………………… 49
  评点读书法 …………………………………………… 49
  循环阅读法 …………………………………………… 50
文体阅读法 …………………………………………………… 51
  理清思路五法 ………………………………………… 51
  记叙文阅读法 ………………………………………… 52
  说明文阅读法 ………………………………………… 55
  议论文阅读法 ………………………………………… 57
  散文阅读法 …………………………………………… 58
  诗歌阅读法 …………………………………………… 61
  小说阅读法 …………………………………………… 63
  剧本阅读法 …………………………………………… 66
  欣赏诗歌应体味意境 ………………………………… 68
普通阅读法 …………………………………………………… 00
  欣赏散文贵领悟文眼 ………………………………… 70
名人读书法 …………………………………………………… 71
  造就一批理想的普通读者 …………………………… 71
  名人读书三法 ………………………………………… 73
  读书忌"五失"——袁桷善谈读书 …………………… 74
  曾国藩谈读书 ………………………………………… 75
  不做书呆子,不要死读书——陶行知论读书 ……… 76
  "中国人应该读三类书"——吕叔湘谈读书 ………… 77
  把要读的书分成甲乙丙丁戊五类——萧乾谈读书 … 77
  联系多种作品进行阅读——钱钟书读书方法 ……… 78
  做学问要甘于寂寞——刘海粟谈读书 ……………… 78
  略读、阅读、攻读——王梓坤谈读书 ……………… 79
  为学贵查原著——温公颐谈读书 …………………… 79
  读书要完成四个步骤——克鲁普斯卡娅谈读书 …… 80

读书要循序渐进——巴甫洛夫谈读书 ……………………… 80
　　"书在手头总要拿来翻一下"——鲁迅读书方法 …………… 81
　　"不动笔墨不看书"——毛泽东读书方法 …………………… 82
　　"小、少、了"——夏承焘谈如何做读书笔记 ……………… 85

读书与藏书

图书馆建设 …………………………………………………………… 89
　　图书馆溯源 ……………………………………………………… 89
　　中国历代藏书馆阁 ……………………………………………… 91
　　图书馆的社会功能 ……………………………………………… 93
　　图书馆："大学的心脏" ………………………………………… 94
　　图书馆图书分类法 ……………………………………………… 95
　　图书馆的文献种类 ……………………………………………… 97
　　工具书类别 ……………………………………………………… 99
　　如何使用学习工具书 …………………………………………… 100
　　打开知识宝库的金钥匙——介绍书目知识 …………………… 101
藏书指南 ……………………………………………………………… 102
　　怎样买书 ………………………………………………………… 102
　　教师藏书的范围 ………………………………………………… 103
　　书的知识 ………………………………………………………… 103
　　什么是标准书号 ………………………………………………… 107
　　藏 书 印 ………………………………………………………… 109
　　藏 书 票 ………………………………………………………… 110
　　家藏图书的保护 ………………………………………………… 111
书林漫步 ……………………………………………………………… 113
　　有趣的"书喻" …………………………………………………… 113
　　名人书斋集趣 …………………………………………………… 114
　　名人笔记拾趣 …………………………………………………… 115
　　观唐代诗人读书 ………………………………………………… 116
　　鲁迅著作伴终身——毛泽东晚年的读书生活 ………………… 117
　　毛泽东和他的书 ………………………………………………… 119
　　毛泽东藏书知多少 ……………………………………………… 120

鲁迅与图书馆 ………………………………… 120
鲁迅开的书单 ………………………………… 121
顾颉刚开的书单 ……………………………… 122
季羡林喜爱的十种书 ………………………… 123
名人童年爱读什么书 ………………………… 124
对世界青少年成长影响重大的名著 ………… 125
梁实秋谈书 …………………………………… 126
从读书到写书 ………………………………… 127
酸萝卜下酒 …………………………………… 128
伴书一生 ……………………………………… 130
从阅读内容"破译"个性的方法 …………… 131
把书当玩具 …………………………………… 132
最佳的读书心理 ……………………………… 133
读书与卫生 …………………………………… 134

名人读书轶事

奇特的书 ……………………………………… 135
孔夫子韦编三绝 ……………………………… 147
苏秦刺股 ……………………………………… 148
编蒲抄书的故事 ……………………………… 148
凿壁借光 ……………………………………… 149
不要工钱只读书 ……………………………… 149
王充站书店 …………………………………… 150
悬梁、负薪、囊萤 …………………………… 150
祖莹苦读 ……………………………………… 151
映雪、映月 …………………………………… 151
古庙夜读 ……………………………………… 152
苏东坡抄《汉书》 …………………………… 152
苏东坡续对 …………………………………… 153
黄鲁直苦读 …………………………………… 153
警枕苦读的司马光 …………………………… 154
岳飞的学习精神 ……………………………… 155

陶宗仪摘叶著书 …… 156
"读遍天下书的人" …… 156
苦读不辍的袁枚 …… 157
不读百遍不罢休 …… 158
读书不知大火起 …… 158
挨饿读书 …… 159
陈毅喝墨水 …… 159
监牢里的读书人 …… 160
"书，一本也不能丢" …… 160
不到两天就被罚款一次 …… 161
王若飞的一张读书时间表 …… 161
幸存下来的书籍 …… 162
求　索 …… 163
在木箱里读书的人 …… 163
"死"与"活" …… 164
曹禺"洗澡" …… 164
惊雷不惊用心人 …… 165
爱书如命的鲁迅 …… 165
奖章换辣椒 …… 166
读书入迷的闻一多 …… 166
闻一多"醉书" …… 167
钟情于书的钱钟书 …… 167
周而复的苦功 …… 168
夏衍两次发愤读书 …… 169
读书与"拣粪" …… 169
绑在柱子上的读书人 …… 170
王亚南锯床腿发奋读书 …… 170
张广厚"吃书" …… 171
为摘取皇冠上的明珠 …… 171
从镜子里看书的人 …… 172
李泽厚的"三条规矩" …… 172
马克思和他的书 …… 173

几乎全部	173
扑在书上的人	174
"允许我在做完事以后读书"	175
书　枕	176
林肯"赔书"	176
面包和书	177
托尔斯泰和书	177
为求一书,坟地呆一夜	178
夜深人静时	179

名家读书名言、名联

名家读书名言	183
古今名联话读书	195
世纪之交勤读书	198
读书与做人	200
读书益寿	203
读书疗法	204
漫谈如何提高阅读能力	206
读书种种	207
欣赏散文贵领悟文眼	208

名人读书法 …… 210

名人读书二十五法	210
鲁迅读书"三步曲"	211
上海市特级教师陆继椿的六步读书法	212
重视发挥学校图书馆的教育功能	213
别冷落了中小学图书馆	215
自学的主要方法是钻图书馆	216
中小学教师情系何书?	218
坚持开展"红领巾读书读报"活动	219
书籍常用纸的种类	221
书的比喻	222
名人读书雅号	222

名人与书 …………………………… 224
书林逸事 …………………………… 225
古人爱书趣闻 ……………………… 226
袒腹晒书 …………………………… 227
毛泽东晚年读书范围 ……………… 228
毛泽东读的最后一本书 …………… 229
毛泽东的文化选择 ………………… 230
苦乐小书斋 ………………………… 232
话说书房 …………………………… 233
我的小书屋 ………………………… 235
自己造一间书房 …………………… 237
清理书架 …………………………… 239
青灯黄卷映傲骨谢友鄞 …………… 240
读书与作文 ………………………… 242
你属于哪一类读者 ………………… 244
孔夫子韦编三绝 …………………… 244
颜渊以学为乐 ……………………… 245
荀子劝学 …………………………… 246

读书的意义

教师必备知识丛书

汉字的意义

书籍

对生命来说,没有任何东西能像书籍那样具有如此的力量:使穷人摆脱贫困,使不幸者摆脱窘境,使负重者忘掉负担,使病人忘掉苦痛,使伤心的人忘掉忧伤,使被蹂躏的人忘掉卑微。书籍是孤独者的朋友,是被遗忘者的伴侣,是郁郁寡欢者的喜悦,是绝望者的希望,是沮丧者的欢乐……它能把光明带给黑夜,能让阳光照亮阴暗。

我们可以不名一文,不被社会所容,更与伟人名士无缘,但我们能通过书籍置身于人间亲善的友伴之中,或身在宫廷,与王子交谈,与皇族为友;或与伟人英杰同在。

对许多人来说,命运的好坏与事业的成败都是由读过的一本书所决定的。童年读过的书对人的一生影响尤大。

书籍的最大效益不在于我们是否能记住它的内容,而在于书中的启迪。一本好书就是一个闪光的火花,能点燃我们自身蕴藏的极大能量的火把,而我们大多数人都有着足够的能量。

好书即是好友,它能唤起我们多种的潜能。甚至能在不同的主题上激发起作家的才能。如果我们善于表达自我,我们就会在书中找到我们自己的思想和感受。没准在书中我们认识了自己。在爱默森的书中我们看到了自己的一些思想,在莎士比亚的剧本中我们看到了自己的本分特征,在荷马史诗里我们看到了自己的某种表情,在但丁的诗里我们看到了自己的形象,如此等等,一直到能清楚地看到我们的完整个性。确实,从朋友那里我们映出了令人喜悦的影子,从敌人那里则折射出我们许多缺

陷，人间处处都可展示特征。但在书本中，我们才能冷静客观地看出我们的本色、力量、弱点、宽容、局限、观点、爱好、和谐与争议，以及我们的诗与散文般的气质。

我们的许多意见都是从我们喜爱的书本中形成的。我们喜爱的作家则是我们心悦诚服的老师。我们借助他们的眼光洞察世界，借助于他们书中那激越的语气，清新的文体，准确的推理和敏锐的观察来扩展我们的才智。反之，不好的书籍则会使我们的心智染上书中的邪恶与污秽。就像不能逃避呼吸空气一样，我们无法躲避读书的影响。

最好的书最能激励我们，并驱使着我们以最大的决心去身体力行，以成为不同凡响的人。最好的书能使我们达到最高境界，呼吸到更为清新的空气。就像应与那些能促使我们从事高尚事业的人交往一样，我们应该去读那些能使我们产生动力和奋发向上的书籍。

爱默森读书有三个原则：不读问世不到一年的书；不读不著名的书；不读不喜欢的书。

藏书并非奢侈之举，而是生活之必需。家中没有书报，如居室没有窗子。要想让孩子学会读书，就得使其置身书中翻阅书籍，能使孩子们潜移默化地受到熏陶，获取知识。所以说，在当今社会里，一个没有良好读物的家庭不能算是好的家庭。

要用书籍，而不是用那些不必要的家具、小摆设和图画来装饰居室。最不伦不类的是在一所雅致的房子里摆着名贵的家具、名人的字画、进口的挂毯、精巧的雕像、贵重的地毯和奢侈的壁画，却没有一本像样的书籍。

如若必需，即使穿着破衣烂鞋，也不可吝惜买书。如果你不能给儿女们以正规的教育，至少要为他们多买些好书，那些书籍会使他们跨越环境，使他们品格高尚，思想升华。哪怕是最穷的青年，只要能够读到必读的书籍，就有可能获得大学教育，或是同等能力，或是丰富的知识。

美国女作家玛利·沃特利·蒙塔古说："没有任何娱乐能像读书这样便宜，也没有任何享受能像读书这样持续久长。"好书使人品格高尚，情趣高雅使人脱离低级趣味，使人的思想与生活达到更高的水平。读了一本品味高尚，感人肺腑的书，就不会产生卑鄙的心理。为进步与乐趣而读书的人，即使在说话时不涉及所读的书籍，其话语中也会充满着书香之气。

如果你想提高精神境界，不管读什么书，都要投入热情，投入精力，全心全意地读下去，学习吸取书中的营养与精华，并融化在你的生活之中。最会读书的人就能消化最多的知识，并使其转化为自己的性格。死读书的人，只能记住文字与皮毛，却不去消化；只知填塞脑子，而空乏其智力。如果你从一本书中获取最大的裨益，你就会感到你已有了一种你过去从未有过的办事能力。

严文井谈读书的作用

严文井是我国著名儿童作家，他在谈到自己的读书生活时说："如果一个人有了知识这样一个概念，并且认识了自己知识贫乏的现状，他就可能去寻找、靠近知识。相反，如果他认为自己什么都懂，他就会远离知识，在他自以为是在'前进'的时候，走出倒退的路。

"当我明白了自己读书非常少的时候，我就产生了强烈的求学愿望。当我知道了世界上书籍数目如何庞大的时候，我又产生了分辨好坏、选择好书的愿望。"

"如果我在思考一个问题，长期得不到解答，我就去向古代的智者和当代的求索者求教，按照一个明显的目的，打开一本又一本书。"

"有的书给我许多启示，有的书令我失望。即使在那些令我失望的书面前，我是感觉有收获，那就是道路没有完毕，还得继续走下去。"

"书籍默不作声，带着神秘的笑容等待着我们。当你打开任何一本书籍的时候，马上就会听见许多声音，美妙的音乐或刺耳的噪声，你可以停留在里面，也可以马上退出来。"

"至于我，即使那本书里有魔鬼在嚎叫，我也要听一听。这是为了辨别小夜曲、牛鸣、苍蝇的嗡嗡、狮吼和魔鬼的歌唱有什么差别。这些差别，也是知识。"

"书籍对所有人都是平等的，即使没有上过任何学校，只要你愿意去求教，它们都不拒绝。"

"我读过一点点书，最初是为了从里面寻找快乐和安慰，后来是为了从里面寻找苦恼和疑问。"

"只要活着，我今后还要读书，这是为了更深的认识我自己和我同辈人知识的贫乏。"

"书籍，在所有动物里面，只有人这种动物才能创造出来。读书，人才更加像人。"

燃一炷书香　续一份书缘
——教师讲述自己和书的故事

漫游书海乐趣多

教师喜欢读书，有的还藏书颇丰。教师们用诙谐的语言，幽默的笔调道出了与书的不解之缘。书并不是灵丹妙药，它是纸上的汇编，但它的发明者不会想到这种精神食粮会引起无数人的垂青。

云南省弥渡县红岩一中的段志高在其来稿《读书与人生》中有这样一段话：我之于书虽爱看，常看，但仅把书当作人生的部分。当我孤独寂寞时，一本好书就像是一个善解人意的朋友，悄悄化解我的难耐；当我愁

肠百结,一本好书就如一支利箭,直贯心脏,穿透我坚固的烦闷。

福建省连城县第二中学的罗文明在《与书同行》中说,"不知别人怎样,反正我有深深的体验:这就是当公务私事的种种烦恼,像汹涌澎湃的潮水拍打心岸时,只有读书才是唯一的安慰。"

我们每个人,从进学校甚至更早就同书本打上了交道。毫不夸张地说,书亦是我们的老师,这一点对于教师尤其如此,至少他们要手捧教科书传道授业。正如**湖北省大悟县陵园中学戴建军**所言,"读书、买书、藏书、写书,凝成了从童年到中年的成长轨迹。"**湖南临湘职业中专的李刚**更是把书当作生活必不可少的组成部分:"读书、教书、著书、评书、编书,对我来说这简直是一种享受。"**陕西省农业机械化学校的巨思义**在来信中说"读书、教书、写书,这就是40年的生命轨迹。一生没有走出书本,整日与书为伴,在书中漫游,与书结下了不解之缘。"

在寻求知识的行程中,我们逐渐理解了读书对于陶冶性情的作用。在商品大潮的冲击下,我们大部分教师仍忠于职守,一心"扑在圣贤书"上,读书或许跟学习一样,需要平静的心态;三国时期的诸葛亮就谆谆告诫其子要"宁静以致远"。**武昌水果湖中学的世民先生**"告诫自己:来年多读一本书,也算不枉青春韶华!"**青岛市崂山区沙子口镇成教中心的牟瑞彬**觉得,"心境清闲时读书最爽。假若读书也荷以'为了什么'的重载,失却其本身的意义而成为一种手段,那还有什么乐趣可言?"

教师对书的痴迷可见一斑!

浪里淘沙买书乐

对于一本好书,或者是自己所喜爱的书,读者朋友总希望能够收藏一本,自然教师也不例外。目前我国售书的主要渠道和场所就是书店,喜好读书的教师朋友茶余饭后逛书店亦引发出说不完的故事:

湖北省武邑县审坡镇中学的周立宝喜欢去书店,"可总是兴冲冲而去,悻悻然而返。诚然,新书的封面封底比过去精美无数倍;但一看书价,心底总会倒吸一口气——囊中羞涩啊!可回家之后却添了三天遗憾,后悔呗。"

上面这种情形在书店里并不少见,当一个人反复翻阅同一本书犹豫

不决时,他一定在做思想斗争,也许你我都遇上过如此尴尬事。究其原因,至少跟我们教师收入偏低不无关系。社会上原来有一种偏见,认为教师都是"小气鬼",但其对书的感情真可谓难舍难分。**山西寿阳一中张爱萍**将其丈夫比作读书郎,"别看他平时花钱挺抠门儿,碰上喜欢的书,却是很能够慷慨解囊的。即使书价销微昂贵些,他也很善于说服自己买下"。**山东荷泽市教委的赵学智**在《今生乐做读书人》一文中,说的一番话令我们心有凄凄焉:"一本书少则十几元,多则几十元,甚至上百元,这令月薪不高的我买书时,总要挑了又挑,选了又选,慎而又慎。对那些价格昂贵的书,即使再好,也只有'望书兴叹'了。"

教师喜欢读书,渴望多买书,他们因"囊中羞涩"而想出的购书"奇招"也是可歌可泣的。**浙江绍兴柯桥中学的张红焱老师**"中秋节时,学校分了两箱三年陈六瓶装加饭酒,便立即拿去卖给一家个体经营商店。揣了钱,直奔书店,买下了那两本心痒痒了许久的、关于鲁迅的书:《一个都不宽恕》《鲁迅梁实秋论战实录》。"**甘肃省武威一中的邱兴玉老师**自称"投机"读书:"除了节衣缩食来买书藏书外,我有另一样爱好:去书店和地摊上'淘'书。这些地方偶有好书且多为半价甚至更便宜。买时心跳加速,唯恐主人后悔,付钱后匆匆离去。"

上面这两则"杨志卖刀""浪里淘沙"的故事读起来让人心酸。好就好在实施"科教兴国"战略后,教师们的待遇又有了明显的提高。手中的"余粮"多了,就可以买更多的书,但就怕那些充斥市场的盗版书刊。

四川省广安一中的无心愁先生不免大发"牢骚":"买回一本自己喜爱的书来,压抑住自己激动的心情认真一读,才发现是一本盗版书,里面或大段文字重复,或大段文字漏掉了,或错字别字满目皆是,或标题都印错。这时候,欣喜的心情一下化为愤怒。"

看来,教师也期待着全面整饬图书市场。

以书会友见真情

"字里乾坤大,书中日月长。"书对人的影响是巨大的,有时候一本书甚至影响着一个人的人生轨迹。有的教师在来稿中就详尽地叙说了一本书引发的故事;有的还谈及了一本或一些书对自己成长的作用等。有的书被读者奉为"神明",**上海市聋哑青年技术学校沈幼生**说:"《唐诗一百首》陪伴着我度过多梦的中学时代。进大学以后,它又默默地杂陈在寝室的书架之中……"

一本薄薄的书,它可以寄托着人的深情厚意,附带着感人肺腑的亲情。**湖南省衡南县京山中学的谢树武**要《分一半喜悦给爱妻》,作者讲述了自己从读者成为作家的经历,表示"要分一半喜悦给爱妻,是她大力支持我工作,是她不断激励我前进。"**湖南省隆回县第一中学一署名为善哉的老师**喜欢以书会友,自己的学生"每逢回乡都要买些书送我,学生赠的岂止是书,分明是对教师的真情,我倍加珍惜"。

韩愈曾说"师者,所以传道授业解惑也",我们的老师不仅自己喜欢读书,而且还以不同的方式鼓励、引导自己的学生读书。**湖南省新邵坪上镇老山中学钟关鹏老师**"在班内设立图书角,成立阅读、写作小组。引导学生看书,注意观察周围的事物、生活,并把自己的感受写下来,再以自己的创作经验来指导他们作文。"无疑,老师知识面广,讲起课来就会得心应手,学生也期盼着能有更多这样的老师出现。**山东省莒县的杜守敏老师**读书颇多,虽"学的理科,一堂物理课也能讲得文采飞扬跌宕起伏,使学生思路活跃情绪高涨,学得既生动又轻松,深受学生欢迎"。

末了,笔者的心却久久不能平静,**三峡联合职业大学傅亚光**的《咏鸟诗话》令人印象深刻;心中也祈盼着**山东省苍山县教师进修学校张明卓老师**"有一天能真正拥有一个永久属于自己的书房"的梦想能早日实现。老师们的旁征博引,从李白到叶圣陶,从莎士比亚到托尔斯泰,还有那如诗的语言让人意犹未尽。也许结尾的话显得多余,让我们套用一位哲人的话来共勉:"喜欢书吧,它将是记忆的财富。"

读书与阅世

一

读书有如阅世。因为好书大抵都是杰出心灵阅尽尘世沧桑的体验和记录，其间种种兴会际遇、人情冷暖，无一不是作者所生活的那个特定时代的写照。久久地浸淫于古往今来千变万化的人生情境当中，透视那一个个崇高或者渺小、诚实或者奸诈的心灵，自然就悟得了人生的微妙曲折，验证了生活的酸甜苦辣。如此看来，多读书者阅世亦深。

同样，阅世也如读书。看看我们的周围，可以说每一个精细敏感的心灵都在阅读和写作人生的大书，他们以自己的奋斗与追求、失败与调整敷演着一个个生动的故事，在一连串的相识、相知、相争中拓展出主题、结构和氛围，此时若能有阅世如读书的胸襟与眼光，将周围的人看成是书中人，将遭遇的事当作书中事，自然便会有一种跳出去的洒脱和轻松。阅世如读书者，人生岂不乐矣！

读书与阅世如此贯通，那么，在读书中阅世，在阅世中读书，不断循环往复互为比照，也许便会形成自己独特的人生态度和行为方式，也许便能达到那些不读书的人所难以企及的俯瞰人生的境界。

二

有人说，读书宜专；也有人说，读书宜杂。到底是专好还是杂好，这个问题其实并不能泛泛而论，必须联系各人读书的动机和目的来作具体的分析。

　　大凡为了写专论做学问而读书，当然以专为好。学问一途，贵在专精深透，不专便无以精，不精便断难深透。古代学人的韦编三绝、皓首穷经，可以说是专的典范。若以社会人生的眼光观之，这种对学问的专注似乎过于迂执而缺少机变，但就人类薪火相传的文化积累而言却是功勋卓著。很难设想，离开了一代代学人读书的专精深透，人类精神文化生活的水准会有持续不断的提高！

　　在现代社会里，读书人渐渐多了起来，更多的读书人并非是为了研究某一门学问而读书。开拓视野、增广见闻、陶冶心灵、丰富生活——读书的目的变得非常宽泛，不再仅仅局限在书本身。更多的成了生活的必备，成了阅世的基础。这样的读书当然以杂一点为好，唯有杂方能验证生活的丰富、多样、博大，唯有杂方能培养我们面对社会的宽容、机敏和超越。

　　人类在其发展的漫漫长路上，需要精神营养源源不断的补充，因而须臾不可离开读书；读书的专和杂，对于丰富人类的精神生活各有其作用。必须注意的是，现今我们的读书其实更多的是为了阅世之需，生活既然那样复杂多变，我们的读书自然需要多一点、杂一点。不过，对杂的需要并非是对专的排斥。

三

　　读书是享受，阅世是磨炼。

　　我们是习惯于沉迷在享受之中的。古往今来，读书作为一种高雅的享受被人们赞叹不已，所谓箪食瓢饮，所谓陋室生春，所谓红袖添香。读书仕进的至高无上地位的确定，引发了多少读书人的自以为是和沾沾自喜，太多的轶事珍闻的迁延流播，给枯燥的读书生活带来了无穷无尽的趣味和诗意。久而久之，热爱读书、尊崇读书、倡导读书，成了我们一代一代继承发扬的文化传统。

　　然而我们往往忽略阅世。与对读书的推崇备至相比，我们的传统对于实践的意义和作用似乎不怎么喜欢寻根究底。人生阅历不重要，身体力行不重要，经世致用不重要，重要的只是读书、读书、再读书。书斋一旦成了整个世界，读书一旦成了人生的全部内容，许多读书人精神上

都患了发育不良症，迂腐偏执的多了，坐而论道的多了，清谈误国的多了，死读书、读死书的书蛀虫、书呆子一代一代衍生不绝，儒林世相总是让我们感到失望和难堪。

比之于读书，阅世其实更为艰难也更为重要。读书固然可以拓宽阅世的眼光，可以增加阅世的体验，可以为阅世打下基础，但阅世毕竟是属于个人的独立行为，生活中各种磨难要自己去经受，心灵的各种痛苦要自己去承担，改造社会的实践要靠自己去身体力行。阅世是一场孤独的人生长旅，一方面要通过读书不断地补充精神营养，另一方面要靠自己的顽强拼搏不断地开拓未来的道路。唯有在艰难的阅世之中，我们每个人的人生才能变得丰厚起来，人类也才能不断地改变自己的生存环境。

读书：自我的延伸

年来读书愈有一种感觉，读书是延伸自我的永恒方式。人类就个体而言，其所生存的现实时空是非常促狭的。因了拓展生存时空，更多地需要借助精神之翼，展开心灵之旅，以超越现实时空的制约。而读书，则是振起精神之翼，完成种种心灵之旅的根本动力源，是穿越时空隧道的中介和延伸自我的依托。

蛰居一隅，我们都有认识自我以及周边世界的必要和欲求。为此，我们固然可以行，可以悟，可以仿，但根本的一点是我们要有知。这种知当然主要指的是间接知识，亦即已经载入书籍的精神之粮。缺乏这种知识作基础，我们将行而无效，悟而不得，东施效颦，徒添人间许多笑柄。对于人类发生认识论而言，"神农尝百草"般的行是知之始，是没有错的。但是，对于个体发生认识论而言，这种模式不一定全对，甚至有害。已经知道某种花草有毒，是断然不要再尝的。一代人的聪明与发展取决于能否迅速准确地把握人类已经具有的知识，并在此基础上发现或创造新知。因而，说知是行之基，亦非为过。这种知，主要靠读书而来。我们称羡某人博古通今，学富五车，事实上还是讲他博览群书，学问渊博，是说他藉着读书，将自我延伸得要比一般人辽远，精神自我要比一般人博大。

古人说："读万卷书，不如行万里路。"其实，未必尽然。对于一个没有相关知识储备的人来说，行万里路也只不过走走罢了。这种人想靠"行"来获得某种认知的升华，只是自欺欺人。自欺倒也无可指责，欺人则是不可饶恕。对他来说，行程当中外面的景观仅仅是物质的呈现，决不可能产生相应的文化意蕴。

我们说某人在某一领域目光敏锐深邃，观察细致周到，并非说某人眼睛的生理构造有怎样的特别之处，而是说他拥有一双由知识造就出来的智慧之眼。一位天文学家和一位更夫同样用射电望远镜去观测太空，他们所"看"到的事实是决然不同的。同样，多少人曾经在余秋雨先生之前就畅游过相同的名山大川，饱览过一样的文化景观，但是为何一定要等到余秋雨先生来"边走边写"，才能有一部融山川名胜和文化沉思于一体的，读来令人荡气回肠的《文化苦旅》呢？导致这种现象，固然有许多方面的原因，但是，知识储备和由此而衍生的眼光差异，想来是主要的原因吧。

纵览古今，大凡有成就者无不是自我在纵深方面得到了有限的延伸。这种延伸的中介或依托，简而言之，就是读书——阅读用符号表述的各种现实和思想，充实自己的精神之库，造就自己的智慧之眼，使自己蜗居的时空得到极大的拓展。

20世纪40年代末，美国有位叫戴尔（E·Dal）的传播学者写了一本名为《经验之塔》的书。他认为，知识经验主要来源于做的经验、观察的经验和抽象经验三种渠道。后两者又称为"替代经验"。所谓替代经验，简单言之，就是间接经验，亦即凡是知识经验，都要亲身经历，我们通过照片、电影、电视和语言的描述，一样可以获得相似的结果。事实上人正是利用替代经验，才使自己的知识经验成几何级数增加，也正是这点，人与其他动物才有了根本的区别。诚哲卡西尔说："人是创造和使用符号的动物。"比如我们虽然没有到过尼亚加拉大瀑布，但是藉着图片和语言文字描述，我们总能获得一种身临其境的感觉，甚至对尼亚加拉大瀑布的地形、地貌、产生原因以及方向和气候特点，还会有更深刻的了解。戴尔将这三种知识经验来源，构结成为一个金字塔般的层次，因而称此番理论为"经验之塔"。在这个塔形中，戴尔将抽象的经验，亦即通过语言文字符号获得的经验，安排在尖塔上，往下依次为观察的经验、做的经验。

解读这个经验之塔，可以有两种思路，一是由下向上，阐释的是人类发生认识过程，即行是知之始；二是由上往下，阐释的是个体发生认识过程即知是行之基。在我看来，第二种思路对于我们每个人来说更有益处。"知"的缺乏或不足，不仅会导致"行而无效"，而且观察亦会陷入雾里看花的窘状，观不清，察不明。而"知"的累积或素养，主要靠的是读书。不断地读书，知识经验便能获得一种从量变到质变的飞跃，从而使自我得到有意义的延伸。

藉着读书，自我便从促狭、渺小、有限迈向辽阔、广大和无限，映显出自我精神发展的广袤无垠。藉此，自我迈上开放的发展之路，使自我不断地与外界交流，保持自我的生命活力，免遭封闭的荼毒，免于坐井观天，夜郎自大的局促和悲哀。

藉着读书，我们便在瞬间完成了从付出微薄代价到赚取巨大精神利润的"惊险跳跃"。这种跳跃，使我们可以在短时间内获得前人花数年、数十年甚至数代人才明了的知识经验。这，无疑延长了我们的生命。这种意义下的读书，是在行使我们与生俱来的"智慧增值"的权利。谁不能利用这种权利给自己的知识或智慧带来几何级数的增长，谁的生命质量将会大打折扣。

藉着读书，我们可以将古今中外的智者云集于一室，用一颗虔诚的心将其清供，集聚他们的智慧之光，洗涤我们内心的尘垢和愚昧，获得透明和澄彻。这种读书可以谓之"召集智慧"。

读书使人更聪明

马克思的女儿曾问马克思："你最喜欢做的事是什么？"马克思毫不犹豫地回答："啃书本。"在寓居伦敦期间，马克思每天9点准时到大英博物馆阅览室，坐在他经常坐的椅子上，孜孜不倦地读书和写作，晚上八九点钟才回去。为了写作《资本论》，他曾钻研过1500种书，并且都作了笔记。他有一个习惯,看书时常常情不自禁地用脚来回擦地,长年累月,把阅览室座位下坚硬的水泥地板磨了一个坑,显出清晰的脚印,人们称它是马克思的光辉"足迹"。毛泽东同志在投考长沙第一师范前半年,每当长沙图书馆一开馆就进去,闭馆才出来,天天如此,风雨无阻,只在中午买几个包子或饼子充饥。他后来自己回忆说:"我没有进过大学,也没有留过洋,我读书最久的地方是湖南第一师范,它替我打好了文化的基础。但在我的学习生活中最有收获的时期却是在湖南图书馆的半年。这正是辛亥革命后的一年,我已经十九岁了。不但没有读过几本书,连世界上究竟有些什么样的书,哪些书是我应该读的,都一点不知道。及至走进湖南图书馆,楼上楼下,满柜满架都是书,这些书都是我从来没见过的。真不知道从哪儿读起。原来每读一本书,觉得都有新的内容,新的体会,于是下决心要尽最大的努力尽量多读一些。我就贪婪地读,拼命地读,正像牛闯进了人家的菜园,尝到了菜的味道,就拼命地吃个不停一样。"解放以后,据不完全统计,从进北京到1966年9月,毛泽东同志从北京图书馆等单位借阅的各种图书达2000余种5000余册。仅1974年一年,借阅北京图书馆等单位的书刊就近600种,共1100余册。列宁的夫人克鲁普斯卡娅回忆列宁时说:"图书馆在弗拉基米尔·伊里奇的一生中发挥了巨大的作用。在他从事的那种浩繁的工作中,图书给了他以帮助,给了他以知识,这些知识是他出色地掌握了的。否则,他就不可能成为我们大家所知道的那个列宁了。"这些伟大的导师、聪明的巨人都和读书有着极为密切的关系。我们可以这样说,如果他们不是这样酷爱读书,他们的聪明才智是不会发挥得这样充分的。这就向我们提出了一个非常重要的问题,为什么读书对人的聪明才智有这样巨大的作用呢?我们知道,人的认识问题和解决问题的能力,都是从实践中产生的,这是就人类的整体而言的。对每一个人来说,知识和能力是从两方面而来的。一方面是自己亲身实践得到的知识;一方面是间接经验得到的知识。正如毛泽东同志所说:"一个人的知识,不外直接经验的和间接经验的两部分。"(《毛泽东选集》合订本第265页)没有直接经验的知识,你也无法接受。假如一个人连苦、辣、酸、甜的直接经验一点都没有,他人讲什么菜是辣的,什么菜是苦的,也是无法理解的。然而,就一个人的知识的全部而言,主要不是直接经验得到的,而是间接经验得到的。间接经验可以通过口授、电影、广播等多种途径得到，最主要的途径则是书籍。

人类有文字记载的历史已有几千年了，人们积累了各种各样的知识，生产斗争的知识，社会斗争的知识，思维规律的知识等等。这些知识经过人们的概括和总结，系统化、理论化，著于书中。因此，认真读书，是吸取前人经验的重要途径。

在现实生活里，我们经常看到这样一种现象，两个智力基础差不多的人，一个文化水平较高，一个文化水平较低，经过一段时间以后，文化水平高的人，智力发展常常超过文化水平低的人。这是什么原因呢？根本原因在于文化水平高的人，能够利用文字等工具，去读书、看报、阅读文件，接受间接的知识。为什么那些不读书、不看报的人思想保守，心胸狭窄，眼光短浅，孤陋寡闻呢？一个重要的原因就是因为他们不能很好地接受间接知识。

读书，可以从多方面发挥人的聪明才智。

1. 认真读马列和毛泽东同志的书，可以帮助我们树立正确的世界观。这些伟大革命导师的书，是革命斗争经验的总结，在他们的著作里，有的是直接讲无产阶级立场、观点和方法的，有的虽然不是直接讲这些问题，但在整个文章里，都贯穿着无产阶级的立场、观点和方法。我们读他们的书，主要的还不是记住他们对个别问题所作的结论，而是学习他们的立场、观点和方法。

有些人认为学习马列和毛泽东同志的著作是政工人员、领导干部的事儿。当然，政治工作人员和领导干部是非学习不可的，这是他们的基本功。如果一个政工人员或领导干部对马列主义、毛泽东思想学习没有兴趣，他就不能理解我们党的方针政策的精神实质，就不能很好地贯彻党的方针政策，就不具备政工人员和领导干部的起码条件。其他人要不要学习马列主义、毛泽东思想呢？我们不能要求一个搞生物学的人同时必须学习物理学的书，也不要求搞数学的人同时必须学习文艺理论的书，但我们要求各行各业的人都要学习马列的书、毛泽东同志的书。斯大林说："没有必要使一个医学专家同时又是一个物理学专家或植物学专家，反过来说也是一样。但是有一门科学知识却是一切科学部门中的布尔什维克都必须具备的，这就是马克思列宁主义关于社会、社会发展规律、无产阶级革命发展规律、社会主义建设发展规律以及共产主义胜利的科学。"（《斯大林选集》下卷第462页）马列的书和毛泽东同志的书是教给我们正确的立场、观点、方法的科学指南。一个人没有正确的立场、观点和方法就等于没有灵魂，就必然要犯这样或那样的错误。因此，认真读马列主义、毛泽东思想的书籍，树立正确的世界观，保持正确的政治方向，是做个聪明人的起码条件。

2. 读书可以广泛地吸取人类科学文化成果，增长广博的知识，可以帮助我们开阔思路，启发我们去发明创造。我们不妨举出李斯特发明石碳酸防腐剂的故事，来说明这个道理。

一百多年前外科手术十分落后，病人接受手术后大都逃不脱死亡的命运，原因是无法制止伤口化脓感染。英国的外科医生李斯特为此十分难过，他一直想解决这个问题，都没有成功。1864年法国微生物学家巴斯德发表了关于有机体腐败和发酵的研究成果，证明有机体的腐败是微生物的繁殖引起的。李斯特读到巴斯德的论文，很受启发。他想：既然有机体的腐败是由微生物引起的，病人伤口化脓不也是一种有机物腐败现象吗？看来，关键在于杀死微生物——病菌。他经过反复实践，终于找到了石碳酸这种有效的防腐剂。李斯特用石碳酸对病人手术部位的皮肤、医生的双手、手术器械以及包扎伤口的绷带，都进行严格消毒，果然保证了手术的成功。为了感谢巴斯德，他写了一封感谢信给这位学者，说："请您允许我趁这个机会，恭恭敬敬地向您致敬。感谢您指出微生物的存在是腐败的真正原因，……只是根据这唯一可靠的原理，才使我找出了防腐的办法。"

读书对于发挥人的聪明才智的作用有很多。谚语说："读书破万卷，下笔如有神。"这是讲读书与写作的关系。读书多了，熟悉了各种写作技巧，写起文章来就会一挥而就。"读万卷书，走万里路。"说的是读书与经验的关系。在一定实践经验的基础上，读书多了，得到的知识越多，经验也越丰富，也就越聪明。

阅读的艺术

教师必备知识丛书

读书要领

读书贵在点滴勤

讲学习，首先遇到的问题，是如何利用好时间。"寸金难买寸光阴"的道理大家都懂，值得注意的是，现实生活中一些同志常常放弃宝贵的时间不去利用。如出门坐车不知带上一本书，开会等人空隙，不知去思考一些问题，致使很多宝贵时间都白白浪费了。更为遗憾的是，一些同志对一天的时间多少用于工作，多少用于学习，心中没个"谱"，致使许多时间在手忙脚乱或彷徨无聊中虚度。

有了双休日，业余时间充裕了，如何利用好，这里大有学问。古今中外，凡有大的成就者，无一不是惜时如金，善于利用时间的人。南宋爱国诗人陆游，"饮食起居，疾病呻吟，悲忧愤叹，未尝不与书俱"。世界闻名的科学家爱因斯坦有一次与朋友约会，朋友未能按时赴约，他便不停地来回踱步思考问题。半小时后，朋友赶到向他道歉，他却感谢朋友给他提供了一个研究重要科学论题的时间。陈毅元帅在繁忙的军务、公务中，很会利用闲暇时间，在诗歌创作上成就斐然，他的很多诗篇都是在戎马倥偬中哼成的，获得了"将军兼诗人"的美称。可见，善于利用时间，日积月累，就能形成一笔可观的财富。

怎样利用好时间？笔者认为，有两

点需要把握：一要统筹计划，惜时如金。一要见缝插针，持之以恒。

统筹计划，是讲心中要有张自己的"时间利用表"，把每日用多少时间干工作，多少时间用于看书学习，多少时间用于忙家务等做出合理安排。有人说："一个用'分'计算时间的人，比一个用'时'计算时间的人，时间多出59倍。"又有人统计了这么一组数据：一个中等水平的读者读一本一般性的书，每分钟能读300字，15分钟就能读4500字。如果坚持每天读15分钟，一周就能读31500字，一年的阅读量可以达到160多万字，可读十几本书。这个统计，意味深长。鲁迅先生正是把别人喝咖啡的时间都用上，把一些零散时间"焊接"起来，才铸就了令人羡慕的丰碑。

"时间，就像海绵里的水，只要你愿挤，总是会有的。"这就需要挤劲，钻劲，"见时间之缝，插学习之针。"有些同志总喊忙，没时间学习，实际上是不愿挤，不会挤。如出门坐车多看几页书；开会等人，

多思考一些问题；同学、朋友相聚多探讨一些有益话题；饭前10分钟背一条名言警句；睡前半小时过一场电影；星期天、节假日多去一些图书馆、书店，或在家中静心品书。只要保持挤的恒心和韧劲，锲而不舍，钻之不懈，就一定能聚沙成塔，集腋成裘，读很多书，长很多学问，把枯燥变成愉快，把遗憾变成慰藉，把空虚变成充实，把流逝的光明变成有用的财富，把有限的时间变成无限的力量！

挤时间读书，不意味着不要正当的休息和娱乐，而是要适度，要把主要精力放在读书学习上。

时间老人对每个人都是公平的，人的精力也总是有限的。热衷于玩，必懈怠于学。"应知学问难，在乎点滴勤。"陈毅元帅的两句诗情真意切，语重心长。让我们以此共勉，倡学习之风，戒贪玩之心，去利用好生命的每一分钟。

要善于读书

时下,随着读书潮的兴起,发愤读书的人越来越多,但是,读书要取得良好的效果,还必须善读。何谓善读?我以为,应从两个方面来理解,一是读书要有方向性,二是要讲究读书的方法。

所谓方向性,就是说读书人要对书有识别选择。清人陆世仪说:"凡读书须识货,方不错用功夫。"意思是应该明确哪些书该读,哪些书不该读。人生苦短,书海无边,有趣有益的书尚且读不完,何必浪费宝贵的时间去读不该读的书呢?"有关家国书常读,无益身心事莫为。"这是徐特立先生的谆谆教诲,值得我们铭记在心。其实,读书要有方向性,中外学者都有共识。记得别林斯基曾经有这样一段精辟的论述:"阅读一本不适合自己阅读的书,比不阅读还要坏。我们必须选择最有价值、最适合自己所需要的读物。"不仅如此,还应该有区别地对待不同类型的书。英国哲学家培根说得好:"书有可浅尝者,有可吞食者,有可请人代读者,少数则须咀嚼消化。"所以对于不同的书,不能"一视同仁"。

另一方面,善读还表现在有好的方法。方法不当,事倍功半;方法得体,事半功倍。当代世界著名通才学者奥本海末曾经说过:"对现在和未来,方法比事实更重要。"读书方法,多种多样,那么什么样的方法才是好的呢?下面介绍几种名人的读书方法。

一、"见缝插针"法。毛泽东学习外语非常刻苦,由于他的湖南口音,发音不准,有时要练习几十遍甚至上百遍。他工作日理万机,但每天一起床就抽出一小时来学习,晚上躺在床上还要学习一阵子。接见外宾时,有时用英语和人家对话,他还把英文版《矛盾论》放在身边,有空就学。一次旅途中,他用心学习,一边看,一边查字典,竟忘了吃饭、喝茶。就这样,每天见缝插针读书,到了20世纪50年代他就能看新华社的英文电讯稿了,并能很流利地读一般英文书刊。

二、"重复阅读"法。明代的张溥,每得一本书,总要亲手抄写下

来,读过一遍后烧掉,然后再抄再读,一直坚持至7遍才肯罢休。因此他把自己的书斋取名为"七焚斋"。著名书画家丰子恺先生治学严谨,他读书时,习惯在书籍后面写"读"字,每复习一遍就记上一笔。繁体字"读"共有22笔,他要读完22遍,把"读"字写完整,才算把这本书读过了。

三、"竭泽而渔"法。我国思想史专家,复旦大学蔡尚思教授,在30年代,到南京国学图书馆,声称要读完馆藏的历史文集,于是他天天埋头苦读,一年时间竟奇迹般地读完了数万卷文集,把南京国学图书馆这方面的"泽"真的掏干了。同时,他也捉到了大量的"鱼",30年代末,他就写成了一部高水平的《中国思想研究法》。

四、"朗读记忆"法。英国哲学家培根说:"所有的知识不过就是记忆罢了。"而朗读有助于记忆。朗读时使人整个身心进入"临战"状态。希腊著名的考古学家舒里曼,是个有名的语言大师,他读书的方法就是朗读,把一篇文章翻来复去地在夜深人静的时候朗读,多次被人从公寓里赶出去。但他运用这种方法,每三个月就学会了一门外语。

五、"日积月累"法。徐特立先生学《说文》的部首,共540字,每天只读两个字,一年才读完。他教学生学《说文》部首,要求他们每天只记一个字,两年才能学完。徐老43岁才开始学外文,也是采用这种方法,每天学一个生字,一年学365个,后来学会了法文、德文和俄文。他说:我读书的方法总是以"定量""有恒"为主。不切实际的贪多,既不能理解又不能记忆。要理解,必须"经常""定量"才行。

此外,还有许许多多的中外名人都有一整套适合自己的读书方法,如朱熹、顾炎武等人的读书方法。当然,这些方法因人因书而异,不可一概而论或机械照搬。然而不管是多么好的方法,都离不开以下三种基本方法:

1. 耐心精读法。古人说:"读书切戒在慌忙,涵泳工夫兴味长。"又说:"读书之法,舒缓详尽。"英国学者麦考莱也说:"把一页书好好地消化,胜过匆忙地阅读过一本书。"这些论述都说明了一个道理:读书须耐心精读。

2. 善思敢疑法。孔老夫子说:"学而不思则罔。"孟子也说:"尽信书不如无书。"两位古代教育家一位强调"思",一位强调"疑",可见"思"和"疑"之重要。明人陈献章说:"学贵有疑,小疑则小进,大疑则大进。疑者,觉悟之机也。一番觉悟,一番长进。"英人波尔克又说:"读书不思考,等于吃饭不消化。"这些精辟的论述都说明善思敢疑是读书的重要法宝。

3. 能入能出法。宋人陈善说:"读书须知出入法,始当求所以入,终当求所以出。见得亲切,此是入书法;用得透脱,此是出书法。盖不能入得书,则不知古人用心处;不能出得书,则又死在言下。惟知出知入,得尽读书之法也。"这段警语道出了读书得法的真谛。

总之,读书既要有方向性,又要讲究方法,这样,我们才能学会善于读书。

读书要讲究方法

书是人类的朋友,几乎任何人都要读书。同是读书,收获却迥然不同。有的人读书的收获很大,有的人读书的收获甚微。读书有什么秘诀吗?如果说有的话,就是要讲究读书方法。

毛泽东同志说:"我们的任务是过河,但是没有桥或没有船就不能过。不解决桥或船的问题,过河就是一句空话。"这里,把任务比喻为过河,把桥和船比喻为工作方法。没有恰当的工作方法,任务是完不成的。可见工作方法是多么重要!

其实,做任何事情都要讲究方法。做思想工作,有思想工作方法;搞科学研究工作,有科研方法;搞领导工作,有领导工作方法;搞企业管理,有企业管理方法;读书当然不能例外,要讲究读书方法。

为了说明这个问题,我们不妨举出两个例子。

例子之一,周恩来总理生前曾把我国30个省市,编成一首七言诗:

> 两湖两广两河山,
> 五江云贵福吉安,
> 四西二宁青甘陕,
> 还有内台北上天。

第一句指：湖南、湖北、广东、广西、河北、河南、山东、山西。

第二句指：新疆（江）、黑龙江、浙江、江苏、江西、云南、贵州、福建、吉林、安徽。

第三句指：四川、西藏、宁夏、辽宁、青海、甘肃、陕西。

最末一句指：内蒙古、台湾、北京、上海、天津。

有些青年人，地理知识少，闹不清我国省市的名称，出了使人脸红的笑话。有了这首诗，情形就不同了。因为它朗朗上口，读上几遍，就印到脑海里了。

例子之二，我国历史悠久，朝代变化甚繁，有人把我国历史朝代的顺序编成了一首打油诗：

> 唐尧虞舜夏商周,
> 春秋旧中国乱悠悠。
> 秦汉三国晋统一,
> 南朝北朝是对头。
> 隋唐五代又十国,
> 宋元明清帝王休。

对于我国历史无知，搞不清朝代的变化，难免会出现相声里讽刺的"关公战秦琼"的笑话。搞清朝代变化，也不那么容易，有了这首打油诗，情况就不同了，只要把这四句背熟了，朝代变化的梗概也就记住了。

这两个例子说明一个问题：在读书方面，讲究方法还是不讲究方法，其效果是相异的。因此，有成就的大学问家，都有自己的读书方法。

被称为"医中之圣"的科学家李时珍，他的读书方法是广收博采，不拘泥书本知识，很注意与实际结合。李时珍读书时发现，诸家说法不一，相互矛盾之处甚多。他决定"采其精华""正其谬误"，使之"是非有归"。他在撰写《本草纲目》的几十年间，读了八百多种医书，收集了大量单方、验方。他为了达到"是非有归"的目的，翻千重山，奔万里路，亲尝百药，向有实践经验的铃医、药夫、樵夫、渔夫等人请教，对有些药物还亲手栽培、炮炙、炼制，最后写出了不朽的著作。

朱熹的读书方法可以概括为6句话，24个字，即"循序渐进、熟读精思、虚心涵泳、切己体察、著紧用力、居敬持志"。朱熹认为读书和登山有相似之处，要一步一步来，他说："譬如登山，人多要至高处，不知自低处不理会，绝无至高处之理。"（《朱子语类》卷八）他说，读书要精思，就是要"看得是了，未可便说道是，更须反复玩味。"（同上卷十）。

鲁迅先生有读书五法。一曰"多翻法"。他说："书在手头，不管它是什么，总要拿来翻一下，或者看一遍序目，或者读几页内容。"二曰"跳读法"。鲁迅认为"若是碰到疑问而只看那个地方，那么无论到多久都不会懂的。所以跳过去，再向前进，于是连以前的地方都明白了。"三曰"设问法"。读书提出问题——是什么？为什么？怎么样？然后带着问题再细读全书。四曰"五到"法。即心到、口到、眼到、手到、脑到，五曰"立体法"。他说："倘要看文艺作品呢，则先看几种各家的选本，从中觉得谁的作品最爱看，然后再看这一个作者的专集，然后再从文学史上看看他在历史上的位置；倘要知道得更详细，就看一两本这个人的传记，那便可以大略了解了。"

既然学习方法如此重要，有成就的人都有自己的学习方法，那么，有没有统一的学习方法呢？回答是又有又没有。

所谓有，因为读书学习有自己的规律性，有统一的读书方法，只要按这种方法去读书，是会有显著成效的。

为什么又说没有呢。每个人的具体情况不一样，知识基础不同，文化水平有差异，别人适用的学习方法，搬过来对自己未必有用。

这就告诉我们，一方面吸取成功的读书方法，另一方面，结合自己的实际情况创立适合自己的读书方法。

精读范文

范文是日常所见各类文章中有代表性的好文章。包括散文、小说、说明文、议论文等若干类，从各类中精选出若干篇，可以从中学语言教材中选择，也可以从平时阅读的其他文章中选择。根据自己的需要和可能，拟定出一个书目，然后一篇篇的精读，通过精读这些文章，学会阅读同类性质的文章。

怎样"精读"呢？精读的要求是"纤屑不遗"。(叶圣陶：《精读指导举隅》) 一点一滴都不放过，务求弄懂弄通。一般地说，精读一篇文章，大致经过这么三步：第一步，初读。先把文章读一两遍，搞清其中的生字难词，了解全文大概的意思；第二步，深究。就是从各个角度提出问题，深入研究，并把这篇文章和其他同类性质的文章的形式到内容，再从内容到形式，反复阅读思考，作到"多所比较，多所归纳，多所揣摩，多所体会，一字一语都不轻易放过，务必发现它的特性"。(叶圣陶：《对于国文教学的两个基本概念》) 然后通过熟读背诵，巩固和加深理解。这样一篇篇地读下去，达到举一反三，触类旁通的目的，认读能力、理解能力、鉴赏能力自然就会逐步提高起来。

在精读的过程中，要勤于动脑，勤于动手。例如碰到生字、难词，一定要查字典、词典，务必读准字音，搞清词义。理解词义比较困难，一个词往往有多种解释，要结合文章的上下文选择一种确切的解释，并且还要了解在什么情况下使用，这样才算真正理解了这个词。

怎样做读书笔记

读书需要写读书笔记，读书笔记是帮助我们深入读书的方法之一。俗话说：好脑子，不如烂笔头。一个人的记忆力再好，也不如笔头记的准确，牢靠。这是从加强记忆力角度而言的。记笔记更重要的是有助于我们理解内容，研究问题。

怎样做读书笔记，有个方法问题。做笔记的方法很多，有人用这种方法收效大，有人用那种方法收效大，有人几种方法兼用。现在介绍几种做笔记的方法，供大家参考。

第一，抄书法。

这个方法就是抄录原书。中外学者有许多人都有抄书的习惯，而且从抄书中获益不少。关于抄书的好处，作家姚雪垠是这样说的："我的经验是抄录原书。为什么这样做呢？因为我们对原书的理解，随着年龄的增长和读书的增多会有变化。原来你摘录的大意未必正确，只有你把原书原句子照抄下来，过若干年以后你的认识发展了，再去看会发现新的意义，获得更为正确的理解。"

当然，抄书也并非十全十美，它费时太多，不易做到。

第二，摘录法。

它与抄书法十分近似，但又不同于抄书法，它们的根本区别就是抄书法抄的多，摘录法只摘录少部分。摘录法是在读书的过程中，发现某一段文字，表达了精湛的思想，有独到的见解，或者文字有很强的感染力，便把它摘录下来。这种方法能抓住文中的精华，便于今后翻阅，反复学习。这种方法做起来并不难。就是容易犯同抄书一样的毛病——不动脑筋，照葫芦画瓢，随例摘录，不分主次。摘录是摘了，却没有收到应有效果。

第三，摘要法。

它与摘录法有相同之处，即都要摘抄，也有相异之点，即摘要法突出一个"要"字。如果说摘录法可以把整段文字摘抄下来，那末摘要法则只能摘其最重要的，这就要求我们读书的时候，找出最重要之点，简明而扼要地摘下来。

第四，提要法。

读完一篇文章或一本书，提练出最重要的论点、论据，用自己的话，简短而明了地写出来。写出提要不是一件很简单的事情，必须把握了整篇文章或全书，才能知道那是重要的，那是次要的，然后进行分析综合，写出提要。提要难写，用处较大。它既是对全书的消化过程，也是研究过程。一篇好的提要，对掌握全书有很大作用。

第五，批注法。

在读书的过程中，大脑积极活动，随时把自己提出的问题，或是闪光的思想火花，批在书的旁边或书眉上。批注多了，就会形成自己的观点，这不但有利于加深对书的内容的理解，也有助于研究新问题。

在我国历史上，金圣叹评点《水浒传》、张竹坡评点《金瓶梅》、脂砚斋评点《红楼梦》都为后人研究中国古典小说做出了重要贡献，它们也是我们采用"批注法"应该学习的。

第六，写读后感法。

就是把自己读书的感想、认识，读书时引发出来的新观点（与书相同的或相异的），书写出来。读后感顾名思义在"感"字上作文章，要有感而发，不能无感硬凑数。有人写了读后感有很大收获，有人则没有收获，其根本原因就在于有感还是无感。

以上提出五种做读书笔记的方法，可以五种穿插使用，也可以只选用其中一二种或三四种，好像十八般武器，谁用哪种合适就用哪种，要因人而异，不可强求一律。

总之，读书做笔记的方法很多，有意者不妨一试。

读书与动笔

梅兰芳的京剧表演达到了炉火纯青的地步。唱、念、坐、打都有很高的艺术修养，即使这样，许多人还可以指出他的不足，如果让这些批评者登台表演，也许连台都登不得的。在排球场上郎平的大力扣杀是相当有威力的，不然，不会有"铁头"的美称，即使如此，许多观众还可以对她的扣杀提出批评意见，如果让这些批评者上一下排球场，或许一个球也接不住。鲁迅的杂文不论在思想、艺术、语言哪一方面都是我们学习的榜样，尽管如此，有些人还可以挑出毛病，如果让挑毛病的人写一篇杂文，对不住，也许连路儿都对不上呢。这些现象告诉我们，"眼高手低"的情况是普遍存在的。所谓"眼高"，

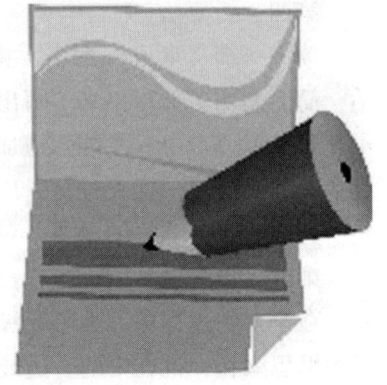

就是鉴赏力高，所谓，"手低"，自己动手做的能力低。眼高，没有什么不好，手低就差点劲儿了。我这样说，绝不是认为手低的人不应该眼高，也不是说不会京剧表演的人不能评论京剧表演，不会打排球的人，不能评论排球健将，而是通过人人知晓的例子，来主张眼高的人，最好手也高起来，实现鉴赏和动手的统一。

怎样实现这种统一呢？在读书方面最好是既读书又动手。
有这样一首诗：

> 读书和动笔，
> 两者成一体。
> 多读笔生花，
> 多动读入里。
> 劝君读和动，
> 坚持莫停息。

这说不上是好诗，却道出了一个读书必须动笔的道理。读书为什么需要与动笔相结合呢？

其一，动笔能加深对书的理解。书中的一些道理，有的一读便懂，有的却不然，须反复琢磨才有深透的理解。在这种情况之下，就需要反复读书，反复思考，反复理解。有的人在反复读书的过程中感到厌烦，不愿再重复读了，这时有一个最好的办法——动笔。

动笔可以是抄书，可以写心得体会，也可以用最精炼的语言概括出所学的内容，还可以自己写一段论述。动笔与不动笔，虽然只有一字之差，深入程度却迥然不同。没有动笔之前，不会感到有什么问题，稍一动笔，问题就来了——"这个道理是不是能站得住？""这样下断语是不是准确？"经过这样的思考，对内容的理解深入多了。

其二，动笔能帮助我们提高写作水平。读书的目的在于掌握丰富的知识，而提高写作技巧也是读书的目的之一，学过游泳的人都知道，游泳理论懂得再透彻，如果从不下水，他的游泳水平也是无法提高的。写作水平也是如此，不管读了多少文章作法之类的书，也不管写作知识讲得多么头头是道，如果永远不动笔，也不会写出好文章来。所以，搞文字工作的人，历来有练笔就是练基本功之说。练笔是提高写作水平的成功之路，但是，如果只是自己闷头练，写作水平的提高也受到限制。边读边练，把读书与动笔结合起来，那情况就完全不同了，写作水平提高就快得多了。有一个同志说，当他看到一段文字能感动人的时候，当他看到一个章节论述特别透彻的时候，他便把书合上、自己写一写。一写就看出差距了，自己写的不是不能打动人心，就是说理不透，于是，再回头重读别人的好文章。这样，对文章的理解，对写作水平的提高，都有极大帮助。

其三，动笔能帮助我们积累资料。《燕山夜话》的作者邓拓同志，博学多才。他平时读书，便准备一个本子，随时动手记下来。他说，农民出门，总随手带粪筐，见粪就拣，成为习惯。积累知识也应该有农民积肥的劲头，拣的范围要宽，只要是有用的，不管它是牛粪、人粪一概拣回来，让它都成有用的肥料。看来动手写是积累资料的一个重要方法。

其四，动笔能帮助记忆。读过的书我们不一定能记住，经过动笔之后，要记的牢得多。在众多的记忆方法之中，动笔帮助记忆是人们公认的。古往今来的大学问家，都有动笔抄书的习惯，鲁迅先生就是其中一个。鲁迅日记记载：1913年3月5日开始抄《谢承后汉书》，3月27日抄完，全书六卷，约十余万字。同年6月3日至15日，除补抄《台州丛书》和宋本《易林注》外，还抄了《易林》残本卷三，卷四一册与卷十三、十四。8日虽是星期日，也"终日写《易林》"。我国有个文学家叫张溥，他读书不仅反复诵读，还要一字一字地抄录。他每读一篇文章总先抄录，后诵读，最后烧掉，随后，又重抄一遍，再诵读，再烧掉，如此反复七次，结果就把书记熟了，背牢了。因为他抄录七遍，焚烧七次，因此他的书房名叫"七焚斋"（或"七录斋"）。

总之，读书和动笔存在着相互促进的关系。只要处理得当，读书促进动笔，反过来动笔又促进读书。每一个有志于读书的同志有意识地把这两者结合起来，定会收到事半功倍之效。

"耕书"种种

读书，除了开口诵读，还要动手耕书。读过的书，要留下血汗痕迹。"耕书"过程，可以从易到难，一般有三个阶段。

第一个阶段：有重要段句——要圈圈点点划划，做做记号，以便记读；有评点之处——要写写眉批旁注，让思考的星星之火，燃起书中智慧的火焰，让点点滴滴的见解汇成自学知识的海洋；有佳句警句——要随时攫取，从中掌握高深的哲理，精妙的语言，科学的结晶，文化的精华，并引以警醒，作为鞭策；有精辟论述或精彩描写——要勤于摘录，还要写一点自己的看法，很好消化。

第二阶段：写感想——联系自己的专业、学习、研究实际来写，要求理解深透，可以就书文的整个概貌来写，也可以就某一章节的部分内容来写，或写成整篇文章，或写成随感录式的片断；写提要——读到比较艰深的书文，为了熟悉、掌握内容，帮助记忆，在抓重点、难点、疑点的基础上，写一篇详细的内容提要，这种有目的地"写一遍"，其作用，要比重读一遍深刻地多；写综述——读的书多了，往往会发现有几本（篇）书文内容相近或相似，或谈论的角度不同，或观点相反，为了很好分析、比较、掌握尽量多的知识面，就要写综述，把这些书文放在一起加以研究，写出自己的见解；写补充——在读书中，有时会发现某一本（篇）书文，内容有所缺漏，观点失之偏颇，为了使原来内容得到充实，观点得到完善，就要写补充，围绕书文中所论述的内容来阐明、引申、发挥，可先概述原文内容，再指出其不足之处，最后写自己的补充意见。

第三阶段：要做资料卡片——就是要建立一个"知识仓库"。读书，是为了占有知识，占有知识总是多多益善，就像"韩信点兵"一样。但书读多了，知识丰富了，你的头脑装得了吗？如果随读随忘随丢，有多可惜！所以，每读一书一文，都要撷取那么一条两条，十条八条，摘录下来，每条写在每一张卡片上，如此日积月累，集腋成裘，你的卡片仓库就能成知识的海洋，成为知识的富者，读书的强者。根据大学问家的经验，做资料卡片有三个步骤：第一，摘抄——首先，每一条知识资料要加上标题，指出这条资料属于哪类性质的知识范围；其次，摘抄每条知识的内容应该是最富本质特征和最能说明关键性问题的资料；最后，要注明资料的书名篇名、作者、出版社或报刊名称、日期等来源、出处。第二，分类——依照知识的类别，要及时整理归类。有纵的联系，有横的联系，有"母子"关系，有"兄弟"关系，这就要分门别类，归档入库，但一定要经常翻阅、温习，反复检阅、熟悉。第三，使用——让知识卡片发挥作用，为我所用。这是"用书"的高潮。当你把这些知识资料与你的研究实践结合在一起，在使用知识得到新的飞跃，觉得有东西要写时，你就要动用你的卡片仓库，拿出你的知识库存，让这些被你分了类、排了队的知识卡片，秩序井然地纷纷出动，来到你的笔下,忠实地为你的研究成果效劳。

动手耕书,是为了收获知识、储存知识,以备有朝一日使用,这就是"养兵千日,用在一朝"。

读书与旅游

"读万卷书,行万里路"是一句大家耳熟能详的格言,但本文的立意并不是阐述读书和行路(旅游)关系,而只是从比喻意义上谈论某种读书方法。因为读一本好书,就好比到某一风景名胜去旅游一样。善读书者和善旅游者之间不乏相通之处。

首先,读书就像某些旅游那样,事先最好有一定的背景知识。比如在登泰山之前,你对它的地理风貌、历史传说、人文掌故应该有所了解。这样,一路登临,你就会感到兴味更高、情趣更浓。在此,事前的知识准备无疑起到了十分有益的作用。比如读钱钟书的《谈艺录》,而又缺乏必要的文史修养(比如对一些古代作家只知其姓名而不知其字号),有时就难免堕入五里雾中。由此推出:好的书评,如同一个好的导游,对阅读过程会起到良好的引导和指示作用。

其次,旅游要选择最佳的游览路线,根据风景的分布状况确定相应的游览方案。同样,读书也要讲求行之有效的方法。特别要从不同书籍的具体情况和自我求知的实际需要出发,因书而宜地拟定相应的阅读策  略。有的书只需蜻蜓点水,走马观花;有的书则需细细咀嚼、慢慢品味。在旅游中有时还要变换不同的角度对景点进行多方位的观察。如雁荡山的夫妻峰,从不同的方位看会有不同的观感。有些内涵丰富、寓意深广的书,从不同的角度加以审视,也会有不同的心得。

再次,读同一类书不妨像游同一类景观那样,注重比较它们之间的异同，特别是要通过比较，善于抓住它们各自的特点。这特点通常是某处风景的精华之所在，也常是某一本书的的魂魄之所在。同为登山，五岳各具英姿；都是游湖，西湖和天池大相径庭；皆属观海，普陀和青岛别有异趣。同样，都是散文高手、作文行家，董桥、陈村、余光中、余秋雨等正如春兰秋菊，各有千秋。读书时的横向比较，这既是一种知识学养的融会贯通，也是一种对阅读对象的深度把握，更是一种对某一领域的高屋建瓴。

还有，某些经典著作就像有些著名的风景区，在人的一生中值得多次游览（研读），反复观光（探求），而每游（读）一次，不难有新的感受和收获。20岁游和50岁游不一样；春季游和冬季游也不一样。一个才子在他春风得意时和在他得过抑郁症之后再读鲁迅的《野草》，其间滋味的不同，简直不可同日而语。难怪刘海粟老人一生十上黄山，兴犹未止，而汪洋"书"海中，像黄山那样令我们留连忘返，百"独"不厌的好书，在许多读书人的心中并不缺乏。

最后，旅游者在看到自己喜爱或有纪念意义的某处景点时，往往要留影一帧。读书读到精彩之处或自己颇受启发之处，也不妨作些摘录和笔记，让思想和情感在书的景区中也留下一幅有意义的彩照。

年轻的京城教授李书磊在其随笔集《杂览主义》中有一篇《游读》，直接把读书和行路两者捏合到一块说。相形之下，所读之书和所行之路都自愧弗如的笔者，在此只能是借旅游而言读书，醉翁之意不在"游"而在"书"也。

读书十九法

标题法——反复琢磨阅读标题。
设问法——提出问题仔细阅读。
跳读法——无关紧要眼扫即过。
连环法——分析长短章节连贯。
多翻法——开阔视野启迪思路。

楔入法——运刀直入渐渐开拓。
逆式法——从后往前顺逆而上。
博采法——广集精华取长补短。
立体法——一般泛读重点开拓。
交叉法——不守秩序随意穿插。
通阅法——顺其自然边想边看。
记忆法——背诵好章应用佳句。
浏览法——一扫即过取之精华。
作迹法——边看手动重点做迹。
提纲法——通阅全文静思提纲。
标号法——手拿彩笔按类标号。
简化法——记重删繁记主删副。
直观法——看文查图阅书查资。
逻辑法——边阅边思边找出规律。

读书八要

对书中标题要逐字理解。
对书中天地要眉批旁注。
对书中段落要圈点勾划。
对书中疑难要反复推敲。
对书中佳句要细细品味。
对书中定理要烂熟于心。
对书中概念要一清二楚。
对书中观点要咀嚼鉴别。

普通阅读法

朗　读

朗读，就是阅读者用普通话将文章或其他书面材料清晰响亮地读出来，它是一种读书方式。声情并茂地朗读课文可以帮助我们深入理解作品的内涵，体会作品的感情，进入作品的艺术境界之中，并受到潜移默化的教育；经常朗读语言优美的课文，还可以丰富语汇，熟悉句型，培养我们的语言表达能力和敏捷的反应能力。学习诗歌、散文、戏剧、小说等课文，都可以采用朗读的方式。

朗读时要注意以下几个方面：

1. 发音正确，吐字清晰，声音响亮。

要按照普通话标准语音的声、韵、调读准字音。声母要读得坚实有力，韵母要读得响亮完整，声调要清晰，口齿要清楚，声音要响亮。

2. 语气连贯、流畅。

朗读时不能一个字一个字地读，应该将看到的文字迅速地、准确地转换成有声的语言，同时，眼睛还应看到后面的文字，照顾上下文，按照文章的意思连贯而流畅地朗读。做到不丢字，不增字，不重复，不颠倒，不读破句子。

3. 掌握重音、停顿，讲究语气、语调。

朗读和"念读"不同，"念读"是大声地念，只要求发音准确，字句不错。朗读要运用语言技巧，再创书面语言中的艺术形象，表现其思想感情。

因此，朗读时要掌握重音、停顿，讲究语气、语调。

语句重音一般分为语法重音和逻辑重音。语法重音是指根据语法结构的特点而将句子的某些部分重读，如短句中的谓语，句子中的定语、状语和补语等。逻辑重音是为了突出某个意思或引起别人的注意而强调重读的某些词语。如《驿路梨花》中当"我"和老余误认为瑶族老人是小屋的主人时，瑶族老人笑着说了一句话："我不是主人，也是过路人呢！"在这样一个特定的语境中，"不是"应该是这句话要强调的逻辑重音，朗读时要重读。所以，朗读作品时我们要深入理解作品的内涵和作者的思想感情，准确把握每一句话的逻辑重音。

停顿的主要目的是为了清楚而准确地表达语意，朗读时停顿时间的长短一般可根据标点符号来确定，还要根据内容表达的需要来确定。在没有标点符号的地方有时也要停顿，这时应主要根据句子的结构和意义来确定。如"他们的胸怀/是那样的/美丽和宽广！"（《谁是最可爱的人》）这一句朗读时停顿两次，用以强调"胸怀"的"美丽和宽广"及其程度。在朗读诗歌时，不但要注意停顿，还要注意节拍，节拍之间要作短暂的停顿或作字音的延长。如"与君/离别/意，同是/宦游/人。"（《杜少府之任蜀州》）"两岸/青山/相对/出，孤帆/一片/日边/来。"（《望天门山》）"明月/几时/有？把酒/问/青天。"（《水调歌头 明月几时有》）

语调是指一句话的声音的高低、快慢、强弱的不同变化，也就是声音的抑扬顿挫。语调分为升、降、平、曲等四种。一般来说，表示反问、疑问、惊异、号召等语气用升调，表示肯定、感叹、请求等语气用降调，表示严肃、冷谈等语气用平调，表示含蓄、讽刺、意在言外等语气用曲调。如，"李先生究竟犯了什么罪，竟遭此毒手？"（《最后一次讲演》）这个疑问句要用升调朗读。"总理呵，我们的好总理！"（《周总理，你在哪里》）这是感叹句，末尾用降调。"天门中断楚江开"（《望天门山》），这是个陈述句，宜用叙述语气，而且句末的"开"字是韵脚，音要延长，可以用平调朗读。"只识弯弓射大雕"（《沁园春雪》）一句语调近于嘲讽，要用曲调朗读。语调的现象比较复杂，不能生搬硬套。同样的一句话，语调不同，表示的语气就不同，所表达的感情也不一样。"你好"这一句如果用曲调念就表示反语，要是末尾稍降就表示问候，朗读时要注意准确把握。

4. 理解思想内容，把握感情倾向，恰当处理感情。

朗读要有感情，尽可能做到声情并茂。只有深入分析文章的思想内容，领会作者的写作意图，把握文章的感情倾向，才能正确表达每一句、每一段以至全篇的思想感情，并且在声音、语气中自然地流露出来。当然，朗读时感情的流露要自然、朴素，尽可能将思想感情和语言技巧统一起来。必要时，还应运用恰当的表情、姿态、手势等体态语言，把文章的"情""意"更好地表达出来。

5. 要注意各种不同的文体特点，读出不同的风格。

不同的文体有不同的特点，朗读时的要求也不一样。记叙文要读得语调平缓，节奏一般。散文要读出贯通全篇的气势，让人感到散而不乱，松而不断，浑然一体。议论文朗读，要将论点强调出来，层次显示出来，语调、语势适度，充分体现以理服人。诗歌则要读出感情，读出应有的韵律和节奏。

默　读

默读是一种不出声的阅读方式。默读的速度比朗读快，理解文意的效果好，在工作和学习中最为常用。默读的过程是由眼睛对文字符号的感知而刺激大脑，引起思维活动，从而理解文中的意义。这中间省略了朗读时必须进行的唇、舌、喉等的活动，因而速度比朗读要快得多。默读时人们的注意力不是集中在字形、字音上而是集中于领会所阅读的材料的内容，即集中于对词、句意义的理解上，所以默读时理解文意的效果特别好。

默读训练要注意以下几个方面：

1. 默读时不出声，嘴唇、喉头不动，也不心读。

默读要求不发出声音，出声读即不叫默读。有的同学虽然嘴里不发出声音，但在心里默默地一个字一个字地读，或者无声地动动嘴唇、喉头，有时声带也有略微的颤动。实际上这仍然是在朗读，其阅读过程仍然是由看到的文字到读出一个个的字，然后再转化为大脑的思维活动。阅读时一定要避免以上这些现象的发生。

2. 默读时视线移动不停顿，不指读。

默读的速度与眼停次数、回视次数成反比，视觉器官对阅读材料是逐字逐句扫描的，眼停次数越多，回视次数越多，默读速度就越慢。因此，我们要逐步减少眼停和回视的次数，努力扩大视觉幅度，增大识别间距，提高默读效率。指读，是用手指着文字阅读，实际上还是停留在一个字一个字阅读的层次上，阅读者往往把注意力放在对字的辨认和理解上，对词义的理解，特别是对句子的理解，还来不及协同进行，这样阅读材料效果是不好的。训练默读时要用眼睛扫视，把整句、整行的文字符号作为整体加以理解。

3. 把注意力放在对词、句意义的理解上，提高默读的理解率。

默读时不要去注意字音、字形，而要把注意力集中在理解阅读材料的内容上，以了解意义为重点，提高阅读效率，要在提高默读速度的同时，更要注意提高默读的理解率。

听　　读

听读是借助于有声语言进行阅读的一种方式。听读与其他阅读方式不同的是，它所"读的是'声音的书'"（叶圣陶语）。上课时听老师朗读课文，平时收听广播、听讲演、听人说话等，都属于这种阅读范畴。

听读是人们获取知识的重要方法之一,经常训练可以培养我们的注意力、思考力、辨别力和记忆力等基本能力。由于声音具有转瞬即逝的特点,听读训练还可以训练我们思维的敏捷性,提高我们的反应能力。

听读要注意以下几点。

1. 要集中注意力。

听读之前要排除杂念和外界的干扰,注意力高度集中。这是听清楚、听准确、听明白的前提,因为听读不同于其他的阅读,有一定的材料,在不理解的地方允许停留或反复,直到弄懂为止,声音具有时空性特点,过去以后就不会回来,所以听读的时候,注意力稍不集中就会影响效果。

2. 要能快速而准确地捕捉要点,对关键语句有敏锐的反应能力。

听读的时候我们不能仅仅满足于了解所听语言的内容,更重要的是要对其内容进行品评,理解其中的意思。所以,听读过程要积极思维,边听边想,善于捕捉一些关键语句,筛选、判断出有价值的信息,形成自己的认识,或从关键语句的表面含义中探求言外之意。

3. 要边听边记,加强记忆。

为便于理解和记忆所听内容,听读时可借助笔记等方法,边听边记,以提高听读效果。记录的方法主要有三种:①将所听内容的要点、关键语句记录下来;②对所听的内容,经过自己的消化、理解,作较为详细的记录;③将一些听不明白的问题记下来,供以后钻研解决。边听边记,可以始终保持注意力的稳定性,又能促进大脑的思维,加深对所听内容的理解和记忆,还有助于提高分析能力、概括能力和语言的理解及运用能力。

4. 根据不同的文体特点,学会听读的方法。

听读记叙性文章,首先要听清楚记叙的要素,弄清它们之间的联系,进而理清文章的思路,借助想象再现文中的生活图景和人物形象。如听老师朗读《变色龙》,我们要弄清楚奥楚蔑洛夫、赫留金、巡警、厨师等人物之间的关系,听清楚奥楚蔑洛夫先后五次变化是围绕什么变的?变化的原因是什么?并弄清事件发生的时间、地点等,边听边展开想象,把握人物的性格特点。

听读说明性的文章,要听明白所说明的对象,把握被说明事物的特征,对那些以阐述事理为主的说明文则要弄清其中的因果联系。如听老

师读《死海不死》这篇文章,要弄清死海不死的原因,理解了这一内容就抓住了事物的特征。还要理清文章说明的顺序,要注意抓下定义的句子,体会文中所举的例子等等。

听读议论性的文章,要领会作者对所论述问题的见解和主张,听清楚作者为证明自己的观点而陈述的理由。

听广播、讲演、报告等,主要应听清楚关键语句和要点,理解所听内容的中心。如听新闻时听清楚导语的内容就能听清楚中心。听讲演、听报告则要注意听清楚讲演者和报告人的发言提纲,即各层次的开头语句,注意发言人表示自己观点或主张的句子,注意发言人反复强调的语句等。

背 诵

背诵是积累词汇、训练语感、学习语言的重要读书方法。阅读一些文质兼美的诗文(现代的和古代的)都可采用这种读书方法。

背诵的方法一般有下面几种:

1. 文字数量少、难度小、意义联系紧凑的材料,可集中背诵。如背诵诗词或一些短小的文章,可集中时间反复朗读,直至背诵出来。

2. 文字数量多、难度小的材料,可采用分段背诵的方法,即把文章分成几个段落,分别背诵,最后背诵整篇材料。

3. 文字数量多、有相当难度的材料,可采用渐进背诵的方法,即先背一段,再背一段,然后把这两段串起来背,之后再往前进,直到全文背出来。这种方法比较适用于背诵较长的文章。

背诵要注意以下两点:

1. 要在理解文意的基础上背诵。理解记忆比机械记忆效果要好得多,除了读音和某些字形要强记外,其他方面都要尽量避免死记。如背诵文言文就必须先理解文章中每一句话的意思,理清文章的层次,在这个基础上再背诵,效果就好得多,否则事倍而功半。

2. 及时复习,不断巩固。心理学研究成果告诉我们,一般新吸收的知识最容易遗忘的是开头三天,所以必须及时复习,不断温习,使背诵的课文不致遗忘。另外,背诵一定要达到滚瓜烂熟的地步,即不假思索,一气贯通全篇,否则遗忘的速度更快。

略　　读

略读就是迅速地浏览阅读材料,提纲挈领地了解阅读材料基本内容的一种读书方式。它可以运用于各种学科各类书籍的广泛阅读,从而积累知识。在目前各类书籍、报刊杂志浩如烟海的情况下,采用这种读书方式博览群书、广收信息是很有好处的。

略读可以看标题,看目录,看内容提要,看文章中的小标题、段首句以及结束部分的概述等,如课外阅读报纸,就可以浏览一下报纸各版的大小标题和新闻的导语。这样,对报纸内容就有了一个大体的了解,然后根据需要和兴趣,再选择阅读一些文章。略读长篇作品可以先读序目,包括该书的前言、内容提要、目录等,以了解该书的主要内容和框架,从而获得全书的初步印象,为进一步的阅读打下基础。

略读可以对所读材料作"一目十行"的阅读,了解该材料的大概内容。也可以不作逐字逐句、一行一行的横行阅读,而是将视线放在每行文字的中间作垂直移动,一次能看清每行10个字左右的文字群,这样上下扫视就能迅速了解文章的大意,及时捕捉到有用的信息。还可以以视幅十个字左右的间距作S形上下左右移动,快速扫视阅读材料,对一页的内容作整体理解。

略读要注意以下几点：

1. 略读要注意对文章的整体概貌的把握，不必在某一个具体段落，或具体字、句上花较多精力。如陶渊明所说"好读书，不求甚解""观其大略"而博览群书。在这个基础上再有选择地精读。

2. 略读不等于马马虎虎地读，因此，略读也要认认真真，只有注意力高度集中才能观其大意，通览全篇。

3. 略读应在默读、精读的基础上进行，因为略读技能是阅读技能熟练的表现。

此外，不同类型的文章略读的要求也不一样。如读记叙类文章，一般了解人物、事件和中心意思；读议论类文章，要抓住文章的主要观点和论据；读说明类文章，主要弄清说明事物的特征或所阐述的事理。掌握了这些要求，略读的效果会更好些。

精 读

精读是对阅读材料作全面、细致、深入的分析和揣摩的一种的读书方式。精读是理解、鉴赏课文的重要步骤，它讲究细嚼慢咽，追求理解透彻，强调各种感官的积极活动，做到"眼到、心到、口到、手到"。

精读可以从以下几个方面入手：

1. 整体感知与局部揣摩。整体感知是对文章总体的把握，阅读一篇文章首先要从整体上把握作者的思路、文章的主要内容、全文的主旨及写作风格和特色，获得一个总的印象。阅读时必须抓住文中一些最关键的文字，如标题、开头、结尾，还要抓住文中重要段落以及某些段落的中心语句等。然后以这个总的印象为出发点去局部地、分层次分段落细读，揣摩立意构思的匠心，品味遣词造句的妙处，再把各个片断联系起来，从而对文章有一个新的理解。好的诗文只读一两遍是品不出味儿的，要反复吟咏、细细揣摩，才能领略其中的滋味。阅读朱自清的散文《背影》，第一遍理清线索，把握中心，体会文中所表现出来的那种父亲对儿子至亲至爱的感情。接着再读文章，重点抓住第六段中父亲过铁道时的背影的描写和父亲的动作、语言的描写，细细揣摩、分析父子相爱相怜的真挚感情和这种感情产生的原因，品味文章既朴实又饱含深情的语言，理解关键语句的含义，体会用词造句的妙处。最后再将这些点连成一个整体。这样，我们便对课文有了一个比较完整的印象和比较深刻的认识。

2．设疑与解疑。

阅读过程中我们常常会产生一些问题，有时还会遇到一些困难，这并不是一件坏事。能发现问题，提出问题，往往比解决一个问题更重要，因为你已经经过了一个初步的分析思考过程，提出问题又使随后的细读更有目的性。这时候你就可以带着这些问题去阅读，去揣摩。阅读时如果还有别的问题，可以再提出来。这样一遍一遍地细细咀嚼，逐步解决问题，直至读通文章。提出的问题越深入，在阅读中解决得越彻底，对阅读材料的理解也就越深刻。这个过程就是提高自己独立思考、解决问题能力的过程。我们读马克·吐温的《竞选州长》，首先会对课文中大量的引文感兴趣，有的同学就会提出疑问，作者为什么要用那么多的引文呢？能提出这一问题，说明你已经初步读懂了这篇小说。如果你能带着这个问题再读课文，逐一分析这些引文的作用，体会作者这样安排材料的匠心，那么你就基本上掌握了这篇小说深刻的内涵和独特的写法。

3．分析与综合。

精读必须使用分析与综合的方法。

我们阅读一篇文章，要对文章的内容、结构、语言等因素加以思考，找出各自的特点和它们之间的联系，这便是分析。如读《荔枝蜜》这篇课文时，你能说出作者是怎样由蜜蜂联想到农民，进而赞颂劳动人民的，这就算完成了对本文主旨的分析过程。分析的方法主要有纵向分析法、横向分析法、纵横交错分析法、比较分析法等。例如，我们对文章结构层次的分析一般用纵向分析法；对其中一个部分或文中某一重点语段的分析主要用横向分析法；对人物性格的分析可以用纵横交错的分析方法，既看到人物性格的形成和发展的过程，又注意分析人物在特定环境中性格的展现；如果将一个单元的文章放在整体中阅读，就应该用比较分析的方法，找出它们的相同点和不同点，以求得对一般规律的掌握。

综合是指在分析的基础上，将文章的各个部分、各种因素联系起来，以获得整体的、本质的认识。综合也有纵向、横向、纵横交错和比较等方法。所不同的是，综合的思维方向与分析的思维方向正好相反。前者抽象，后者具体。例如，我们学习《谁是最可爱的人》一文，具体分析了"松骨峰战斗""马玉祥救小孩""作者与战士谈话"这三个场面之后，用简要的语言分别概括这三个事例各自表现出来的志愿军战士的崇高品质和伟大精神，这就是横向的综合方法，如果将文章中这三个场面联系起来，进而归纳出文章的中心思想，这就是纵向的综合方法。要注意的是，阅读过程中分析和综合的方法常常是结合起来使用的。

精读要注意下面两点：

1. 精读不等于面面俱到、一字不漏地仔细揣摩，认真分析。精读也要突出重点，要根据不同的阅读要求，合理安排好阅读的重点。

2. 精读过程中使用哪种分析或综合的方法，要根据阅读的目标和文章的特点来选定。同时，还要注意各种方法常常是结合起来使用的。

浏览阅读法

这种方法旨在了解全书的概貌，以便决定可否从书中得到你所需要的知识以及是否值得详细阅读。

运用这种阅读法的具体程序是：

1. 翻开书页，注意书的全名。许多时候一本书的副标题比大标题更能清楚地说明全书的内容。从书的封面和扉页中，了解书的作者和出版社以及出版时间。

2. 读序言或导言。作者写的序言或导言可以告诉你他为什么写这本书，他想说的重要论题以及全书编排体系。

3. 浏览目次表。这样可以通过各章的章、节、目标题了解该书的主要内容和结构。

4. 看看参考书目，你可能会发现其中有的书你已经看过。

5. 阅读内容简介或出版社在护封上写的文字（如果此书有护封的话）。尽管这段文字是为了吸引逛书店的读者的注意力，但它往往是全书内容的最佳概述。

6. 读读关于作者的简介。这种简介通常也印在护封上或书的最后一页上，从中你可以了解作者的背景及与此书论题相关的信息。

略读与全书论题最接近的章节，读读这些章节的头一两个段落，再看看本章末的小结。注意看看本章内分散的小标题。

以上这些程序可以在15分钟至半小时内完成。

SQ3R 阅读法

1946年，美国俄亥俄州立大学心理学家弗朗西斯·P鲁宾逊博士在其《高效学习方法》一书中介绍了他发明的这种阅读法。此法包括五个步骤：

（1）纵览（Survey）：粗略地看一下这一章中所有的标题和最后的小结或摘要段落，这可对全章内容有个大体了解。纵览的时间不会超过1分钟。

（2）问题（Question）：对自己提出问题。至少应将际题和主题句变成问题。

（3）阅读（Read）：阅读的目的是回答所提出的问题，要主动地有重点地读，以便尽快找到答案。

（4）背诵（Recite）：读完某章一部分内容后，把书做到一边，试试用自己的话把问题的答案简要地复述出来。如果做不到，就应把这部分再快速地看一遍。用提纲形式将提示性的短语简略地记录在一张纸上，这是一种有助于背诵的好办法。

（5）复习（Revicw）：按上述步骤读完后，把笔记大致地看一看，以便对各个论点和它们相互之间的联系有一个概要认识，从整体上把握全文的思想、观点。

"字—词—句—篇"阅读法

这是阅读中国古籍的传统阅读方法。元代程端礼在《程式家塾读书分年日程》中对这种阅读方法作了具体解释:"每句先逐字训之,然后通解一句之意,又通解一章之意,相接续作去。明理演文,一举两得。"汉字是一种表意的方块字,每个字都有音、形、义,而且多数是单音节的。我国的古籍是不加句读的大块文章,断句虽然汉已有之,却直到"五四"新文化运动之后才有标点出现。我国汉字和古籍的这种特点决定了阅读只能是由字到词到句再到篇的模式。只有"字求其训""句索其旨",然后才能达到对整个文献的掌握。

"浏览—精读—赏析"法

白话文的出现,"浏览—精读—赏析"法应运而生。

这种阅读法的第一步不是先抠字、词,而是先粗略地翻阅一下,得其大体印象,并确定需细读的部分。第二步就开始细读。第三步,把全书或全篇内容联贯起来,作评析、欣赏式的阅读,有时可写出读书笔记。我国著名美学家朱光潜常用此法阅读。他说:"每本书都读上三四遍:第一遍只求粗通大意;第二遍就要求透懂,抱着字典,一字一句都不肯放过,词义和语法都要弄通,这一遍费力最多,收效也较大;第三遍通读就侧重全书的布局和首尾呼应的脉络以及叙事状物的一些巧妙手法……"

卿家康先生说:"这种读法比较符合感知和思维的特点,也顺合习惯,是一种用得很广的常规读书法"。

整体阅读法

这是苏联学者奥·库兹涅佐夫和列·赫罗莫会在《快速阅读法》一书中提出的一种主要的速读方法。此法一方面根据文献的结构特征来设计,一方面又运用了心理学中"定势"的原理。所谓整体法即着眼于阅读物的全文和阅读的全过程。它按需要掌握的文献基本内容把阅读分为7个步骤:(1)书名(篇名)——(2)作者——(3)资料及数据(年份)——(4)基本内容、题材——(5)事实——(6)所述观点的特点、争议和批评意见——(7)新观点在实际工作中应用的可能性。其中第(5)步(事实)是指阅读者在阅读过程中积累事实,并理解其意义。第(6)、(7)步要求读者积极思考,对文献中的观点进行评价。

这种方法要求读者在阅读之前熟悉并牢记这7个步骤,以形成较强的心理定势。这样,阅读时读者就会很快进入阅读状态,能习惯地自然地按顺序完成各个步骤所规定的任务,从而避免无关刺激的干扰,提高阅读速度和质量。

评点读书法

评点读书法,指的是在阅读的过程中,给阅读材料作眉批、尾评、旁注、圈点,一边动口轻读,一边运目视记,一边潜心品尝,一边提笔评判。心眼手口,协同使用。

金圣叹读《水浒》,蘅塘退士孙洙读《唐诗三百首》,都是采用的评点读书法读书。

送孟浩然之广陵　(之:动词,不是虚词)

故人西辞黄鹤楼　　（人物、地点、事件）
烟花三月下扬州　　（时间、事件、去向）
孤帆远影碧空尽　　（以描写代叙事说明目送的时间很长）
唯见长江天际流　　（景、事、情融为一体：依依不舍，心潮起伏）
评：

此诗的精髓，全在一个"送"字：步送、目送、心送。别情依依，不说一语，而伫立凝望，将情丝全盘托出。"孤帆远影碧空尽"，望故人再也望不见了，相会无期，多么孤独，多么悲伤！"唯见长江天际流"，江水奔流，亦如眷恋之情，不肯平静。

此诗的主旨，是歌颂友谊，歌颂真诚，歌颂人与人心灵的默契，歌颂情与情纽结的神韵，给生活中自私的人，以心灵的洗涤。

循环阅读法

循环阅读法即对一本书（或一篇文章）多次阅读的方法。

法国哲学家狄慈根说："当我阅读我不懂其内容的著作时，我的方法总是先求得对内容有一个较浅的理解，浏览许多篇章，最后再从头读起。经过多次反复，求得完善的理解。对于对象越熟悉，认识的能力就越强，最后，对它的开头也会明白起来。"

循环阅读，有时是在短期内反复进行，有时是在较长的时间间隔内读（经过循环读）。由于生活阅历的增长和对知识的积累，通过反复阅读，原来不懂的地方，就可以逐渐弄懂了；原来认识肤浅之处，就可以渐渐认识加深了。

我们同学在读书时也应采取循环阅读法。就拿语文课本来说，初一读过了，到了初三不妨回过头来再看看初一的，这样经过循环阅读，知识就会由浅入深，积累越来越丰富，学习成绩会逐步提高的。

文体阅读法

理清思路五法

阅读文章，必须要弄清作者的思路，只有这样，才能更好地把握作品的思想内容与主题。思路是指作者在写作时思维发展的线索，也就是文章的脉络，怎样理清作者的思路？有五法可遵从。

一、依据体裁结构特点理清思路

作者安排思路，总要考虑文章体裁基本结构特点，并与之相适应，因此，我们抓住这一特点，也就能清楚地理解思路。学习小说可按情节结构；学习说明文，可按说明事物的顺序结构；学习议论文，可按提出问题、分析问题和解决问题的基本议论结构；学习记叙文，可按事情发展过程各阶段连成的结构；学习散文，可按"神"与描述片断的联系结构等，结构比较特殊的文章，还应在此基础上，进一步作具体分析，才能理清作者思路。

二、依据贯穿全文的线索理清思路

作者的思路，常常依据贯穿全文的线索而展开，只要抓住线索，作者的思路也就显示现出来了。如小说《项链》，作者就是按路瓦栽夫人借项链——丢项链——赔项链——原项链是假的这一线索展开思路的。

三、依据审题抓关键词理清思路

作者的思路，有时在文章题目关键词语上得以显现。如《夜走灵官峡》，题目中"走"字是关键词，我们就可从"走"——夜到灵官峡，后来由于天变路险，我决定不走——到石洞与成渝交谈，后来被他一家坚守岗位的精神所感动，又决定再走——迎着大风雪继续前进。

四、依据选材排列顺序及关系理清思路

阅读一篇文章后，我们找一下作者选择几个材料，按前后顺序排列一下，再看这样排列的原因是什么，沟通前后材料的关系，这样也能理

清作者的思路。如《海市》，作者选取了两个材料，一是儿时见到的虚无缥缈的海市，一是海岛上真实的海市。作者把儿时见到的虚无缥缈的海市放在前面，把见到海岛上的真实海市放在后面，两者联系，这次来山东蓬莱阁，仍想看到这美好的虚无缥缈的海市，可不凑巧，条件不具备，出现不了，于是怀着好奇心去寻，坐船寻到了一个真实的海市。这样，可见作者的思路是，以虚开篇吸引读者，然后引出真实的海市，以假衬真，由可见不可及到可见又可及地写出真实海市的美好。

五、抓文章中主句或关键句理清思路

有的文章在段落里有主句或关键句，找出这些句子，连在一起，就自然会理出作者的思路。如《我们打了一个大胜仗》一文，开头总括全文，概括四川抗洪救灾胜利后的大好形势，接下来，课文一至三段在结尾处，各有一个主句，分别是："还是社会主义好""还是共产党好""还是解放军好"。四、五段在开头各有一个主句，分别是："这次四川抗洪救灾，普通群众同样表现出十分可贵的舍己为人、不畏艰险、团结战斗的英雄气概""四川这次遭到特大洪灾，损失很大，但是在中央关怀和全国人民的支援下，一亿人民团结互助，自力更生，奋发图强，生产自救，取得了很大成绩"。把这些主句连在一起，作者的思路更是：抗灾为何出现大好形势——社会主义好（社会主义制度优越）——共产党好（党的正确领导）——解放军好（解放军大力支援）——四川人民群众不畏艰险，团结战斗——全国人民的大力支援和党中央的关怀。

当然，从作品中理清作者思路，还不止于这五法，这里是仅就一般而言的。

记叙文阅读法

文体阅读法之一，指根据记叙文的文体特点提出的阅读方法。记叙文，是指以记叙、描写为主要表达方式，写人、写事、写景、写物的各种文章。它通过具体生动的形象来反映社会生活，表达作者的思想感

情。阅读记叙文应注意以下几个方面:

一、弄清记叙的要素和线索。记叙文的要素,一般是指人物、事件、时间、地点、原因和结果。因为记叙文是记人、叙事、写景、状物的,而人的活动总是在一定的时间和地点内,事情也总有它的起因和结果,写景状物也总离不开人和事,所以如果对上述"六要素"都未搞清楚,就不能全面正确地理解文章的内容。由于作者写作的目的不同,所写的材料不同,选择的角度不同,作品的风格不同等,各篇文章"六要素"出现的情况是各不相同的。有些只写景而不叙事的记叙文(如朱自清的散文《绿》《春》等),就不具备全部要素。

线索是记叙文中贯穿全文的脉络,它把所有材料联结成一个有机的整体。一篇记叙文一般只有一条线索。阅读记叙文,就要注意找出文章的线索,并沿着这条线索来弄清的段落、层次,并进而理解全篇的思想内容。根据不同作品的题材、中心思想、作者的意图和表达效果的不同,各篇文章以什么为线索也是不相同的。有的以人物为线索(如朱德的《母亲的回忆》);有的以标题—文章写的主要事物——为线索(邵华的《我们爱韶山的红杜鹃》);有的以作者的行踪为线索(如李健吾的《雨中登泰山》);还有的以人物思想感情的变化为线索(如鲁迅的《藤野先生》)。此外,还有少数记叙文存在两条,甚至两条以上的线索。如夏衍的《包身工》就有主、次两条线索。主线是以包身工一天的活动为线索,写包身工在从黎明到黄昏十几小时的时间里,过着非人的悲惨生活,副线是以包身工制度的产生、形成、发展和必将灭亡为线索,深刻地揭露了这种制度的罪恶。又如鲁迅先生的《药》。也有一明一暗两条线索。明线是华老栓买人血馒头给儿子治病和华小栓之死;暗线是革命者夏瑜被杀。

二、掌握记叙的顺序。叙述是记叙文基本的表达方式。由于作品的内容、结构方式、作者的意图和风格等不同,采用的叙述顺序也是不同的。阅读记叙文要掌握记叙的顺序,才能更好地从文章的叙述中了解基本情况和过程,理解文章的条理、层次,并体会不同的叙述方式对表达中心思想的作用。在阅读中注意分析、掌握记叙的顺序,还可锻炼自己的逻辑思维能力。

记叙的顺序常见的有以下几种:

1. 按时间顺序叙述。完全按事情发生、发展和结局的时间顺序来写，叫顺叙（如陆定一的《老山界》）。不完全按照事情本身的发展顺序，而是把事情的结局或最激动人心的部分提到开头来写，然后再追本溯源，按时间顺序写下去，叫倒叙（如唐弢的《同志的信任》）。在记叙的过程中，有时需要插入另外的有关情节，再接叙原来的事情，这种写法叫插叙（如鲁迅《故乡》中写到"我"和母亲等待润土的到来时，插入一段关于杨二嫂的叙述）。记叙中有时还用一小段话，对前面所写的人或事作简要的补充交代，叫作补叙（如《牛郎织女》中写到牛郎给一个姑娘送上红纱衣，并把自己的情形告诉了她的时候，接着就有一段交代，补叙了织女的有关情况）。补叙和插叙的区别是：补叙大都没有完整的情节，前后也没有什么过渡的话。

2. 按空间顺序叙述。有的按远近的顺序（如《石湖》）；有的按上下的顺序（《如记金华的两个岩洞》）；也有按内外顺序写的（如《雄伟的人民大会堂》）。

3. 按事理的关系叙述。有的文章为了通过不同的人物和事件来表现中心思想，或者从不同的侧面来表现人物的思想性格，就不一定机械地按时间或空间顺序来叙述，而是把材料按事物间一定的关系来分类进行叙述，如李庄的《任弼时同志二三事》就是如此。

三、分析描写的作用。描写是作者用生动形象的、渗透感情的语言，对人物、事件和环境所作的绘声绘色的细致刻画。它是记叙文中最常见的表达方式之一。描写手法运用得好，就能栩栩如生地再现人物、事件和景物。阅读记叙文时，要注意分析各种描写方法，体会它对于刻画人物和表现中心思想的作用。

1. 分析人物描写的作用。为了塑造出真实丰满的人物形象，刻画出人物鲜明的性格特征，记叙文常从多方面描写人物。阅读时要注意分析、体会它的外貌描写（对人物容貌、衣着、神情、姿态的描写）、语言的描写（通常指人物的对话）、行动描写（人物的动作）、心理描写（人物的心理活动和思想状况）和细节描写（细小的事物、细微末节的描写）。描写人物有时还用侧面描写的方法。分析各种描写方法，可以更好地把握人物的性格特征，了解文章的思想意义。

2. 分析景物描写的作用。一般说来，景物描写主要起交代背景、渲染气氛、烘托人物和突出中心的作用。但在不同的记叙文中，它的地位和作用是不同的。在抒情散文中，情物描写重要在托物言志、借景抒情；在游记之类的散文中，景物描写本身就是主要内容；而在小说、戏剧等文艺作品中，景物描写主要是对人物性格起渲染、衬托的作用。阅读时，应当结合具体的人物、情节和作者的意图来领会景物描写的作用。

四、注意记叙中的议论和抒情。记叙中的议论和抒情，是作者直胸抒臆、表达自己的思想感情和观点的方法。两者常常是结合在一起的。记叙文中的议论与议论文中的议论不同。后者是文章的主要表达方式，用逻辑的方法说明某种深刻的道理，而前者则是为了揭示所记叙事物包含的思想意义，起到画龙点睛的作用，因而它带有强烈的抒情色彩。记叙文中议论有两种情形，一种是夹叙夹议，一种是先叙后议或先议后叙。从言论的发出者来看，由作者发出议论的叫直接议论，借助文章中人物的话来发表议论叫间接议论。

记叙文中的抒情，也是在叙述和描写的基础上，为更好地表达中心思想所运用的一种辅助方法。由作者直接抒发自己对所写的人或事物的思想感情，叫直接抒情；寓情于景或托物抒怀，叫间接抒情。

总起来讲，阅读记叙文，应当通过了解记叙的要素，懂得起码的要求；通过弄清线和顺序，掌握文章的结构；通过分析叙述和描写，了解文章的基本内容和基本思想；通过分析议论和抒情，了解作者的观点和感情。这样，大体上也就算精读了一篇文章了。

说明文阅读法

文体阅读法之一，指根据说明文的特点提出的阅读方法。

说明文以说明为主要表达方式，介绍客观事物、解说事理，从而晓人以理，给人知识。阅读说明文，目的在于从中汲取一定的自然和社会的科学知识，以适应生活、学习、工作的需要。实用性很强的说明文，阅读目的更具有迫切的实用性。阅读说明文，重点在掌握文章所要说明事物的特征。只有掌握特征，才能把事物同其他事物区别开来，真正认识事物，获得知识，达到预期目的。

阅读说明文,要理清说明顺序,了解各个说明点,从整体及其联系上把握文章的中心思想。说明文说明某一事物,总是抓住事物特征,以若干个说明点说明事物的某一问题或内容,从而告诉读者该事物在某范围的知识(或者说特征、本质)。而各说明点间的说明顺序又是阅读时了解说明点、把握中心的关键。说明顺序反映了客观事物自身的条理性,也符合读者认识客观事物的认识过程。理清说明顺序,也就从事物内部的科学联系上,从局部到整体地弄清了说明点和中心,把握了特征,认识了事物。

要准确把握文章说明了哪些特征或问题,把握中心思想,还可以从文章的标题、开头、结尾或每段的开头得到启示。

阅读说明文,要研究说明方法,看文章是怎样具体说明事物的特征和本质的。说明文常用分析和综合的方法,阅读时辨清哪是分说、哪是总说,先总后分还是先分后总,有助于搞清楚局部与整体的关系,准确把握特征。要根据文章所使用的说明方法,注意阅读说明文的目的,准确有效地阅读。对于"下定义",要认真研究所阐释概念的科学性;对于"分类",要注意标准、角度,读者自身不可混乱;对于"比较,比喻",应把注意力集中在被说明事物及其特征上;对于使用描写的,要注意描写手段所要表明的事物特点,等等。说明方法常常综合运用,读时应加注意。

阅读说明文,还要注意文章的语言。说明文的语言一般都准确简洁,浅易通俗,但它却准确地揭示了事物的特征,表现出科学性。阅读时加以重视并研究,可通过语言更好地认识客观事物。一般说来,可从词语、句子及句子的某个成分等方面注意它们所反映的性质、状态、程度、范围、主次等,力求从中领会事物的特征。

阅读解说具体事物并且实用性强的说明文,可本着实用的需要,根据实际可能情况,把阅读同生活、学习、工作等实践结合起来,对照实物,阅读文章,认识事物,获得知识。

议论文阅读法

文体阅读法之一，指根据议论文的文体特点提出的阅读方法。

无论哪篇议论文，都要通过议论方式论证或阐明某种基本观点和主张。阅读议论文，目的在于把握作者所要表明的基本观点和主张，即把握文章的中心论点。把握中心论点，不是仅仅记住一个结论，不能仅知其"如此"而不知"何以如此"，应该知其然也知其所以然，要紧抠住议论文的论点、论据、论证三要素，对于"证明什么""用什么证明""怎样证明"作较深入的研究分析。只有这样，才能把握了中心论点；也只有这样，才是把握住中心论点。

议论文的中心论点，常常在开头或文中或篇末鲜明地点出，读时可加以注意。但议论文对所论对象（即文章的论题）常常会提出若干个分论点，而这些分论点相互间存在着一定的逻辑联系。中心论点是其中居于统率地位的论点，是通过分论点间的逻辑关系显示现出来的，阅读时要着重研究其间的逻辑关系。一般说来，它们或者以并列关系对中心论点作面面观，或者以递进关系层层论证中心论点。阅读议论文，要了解文章提出了什么论点，有哪些分论点，分论点间是什么关系，居于统率地位的中心论点是什么。

当文中若干分论点起着支持、证明中心论点的作用时，它们也就成为理论论据。通过前边讲的阅读，读者也掌握了部分重要论据，在一定程度上明白了"所以然"。但中心论点得以确立的论据不止于此，而各论点本身也还有其各种论据。应对全部论据进行研究。阅读时根据"观点统率材料，材料说明观点"的原则研究：文章用了哪些论据，是用什么作为论据的（引证经典、数字、事实等），这些论据可靠、充分、典型的程度如何，等等。

议论文的论点、论据不是互相游离、孤立存在的，它们按一定的论证方法有机地组织在论证过程中。论证过程反映了客观真理的规律性，也反映着作者的认识、思辨的方法和过程。阅读议论文，必须了解文章的论证过程，研究其论证方法，从而使自己的认识与作者的认识在论证过程中趋于一致。为此，应从理清思路、剖析结构入手，从局部与整体的联系上，从内容与形式的统一上掌握全文。

有些议论文，主要是用论述的方法来阐述观点，而不是运用逻辑推理的方法来证明观点，即对所论问题作条分缕析的分析、阐述、解说，着重在讲清楚是什么、怎么样。阅读以这种议论方式为主的议论文，不要硬套"三要素"，找论点论据，而应明确议题，抓住中心，理清层次，分析文章论述了些什么观点、道理。阅读议论文除应注意论证与论述的不同方式外，还应注意文中非议论成分，如：说明写作原因和目的，提出论题前的基本情况或根据，结尾提出希望发出号召，等等。这些成分可以帮助读者更确切更具体地了解所论证的问题的实质。

议论文鲜明的观点、深刻严密的论证，是靠准确、鲜明、生动、富有概括力和分辩力的语言来表现的，阅读议论文的过程中要重视文章语言的阅读、理解。对用词准确、判断精当的语句，对结构复杂、逻辑严密的句子，对形象生动、富于表现力的词句，都应细加体味揣摩，以加深对文章所议论的道理的理解。

议论文可分多种，应根据不同种类议论文的具体特点，在基本的阅读法基础上加以变化。

散文阅读法

文学作品阅读法之一。散文是文学的一大类别，但在不同历史时期其含义不尽相同，在古代，散文指韵文、骈文以外的一切不押韵、不重排偶的散体文章，后来随着文学概念的演变和文学体裁的发展，散文又泛指包括小说在内的所有叙事抒情类散体文字。发展到现代，散文则是指与诗歌、小说、戏剧并称的一种文学样式，指一种在真人真事基础上，以叙事、记人、咏物、写景、抒情为主的文艺性记叙文。这里所谓散文阅读法，就是指根据这种散文的体裁特点提出的阅读方法。

散文取材广泛多样，行文活泼自由，记叙、描写、议论、抒情，无一不可，而又常常摘取生活中一个片断甚至点滴事件，或者自然界中一个小小的物件，来寄托作者的情思，表达他的思想愿望，令人读来意味深长。根据这些特点，散文阅读法的基本要领是：

一、抓住文眼，理清线索。这是阅读散文必须首先做到的一步。散文的一个根本特点是形散神聚。所谓"形散"，就是前面所说的"行文活泼自由"。或写景状物，或记人叙事，或议论抒情，皆如行云流水，运笔成风；或谈天说地，或论古道今，或取譬明理，多思接千载，视通万里。阅读中如果不一开始就抓住文眼，理清行文的线索和作者的思路，就会产生云里雾里，文意不可捉摸的感觉。著名散文作家秦牧说："散文虽'散'而不乱，全靠思想把一切材料统一起来，用一根思想的线串起生活的珍珠，珍珠才不会遍地乱滚，这才成为整齐的串珠。"（秦牧《线·珍珠·巧手——谈散文创作技巧》）一篇散文必定有一个中心思想，这就是所谓"神聚"。"形散"，提出了抓文眼、理线索的必要性；"神聚"，则提出了抓文眼、理线索的可能性。只要真正抓住了文眼，理清了线索，就为进一步理解散文的"形"，读懂散文的"神"奠定了基础。

文眼是点明或暗示中心思想的词句，它不但是文章的窗口，往往也是文章结构的枢纽。它或者写于文题，或者缀于篇首，或者嵌于篇中，或者列于篇末，或者文题照应、前后照应，通常是一些说明性、议论性、抒情性、或象征性的文句。阅读时只要细心揣摩，一般不难发现。只是抓文眼必须从全篇整体理解入手，又必须落实到理解全篇上，如果单纯地寻章摘句，抓住一言半语不加分析，不看它对全篇是否真正具有"点睛"作用，就认定它是文眼，则不但片面，而且无助于进一步阅读全文。

线索，指文章脉胳。它将文章各个局部贯穿起来构成一个完整、和谐、统一的整体。用以作为线索，通常有物件、事件、情感变化等，阅读时要注意分辨。掌握文章基本内容，弄清它的层次结构和作者思路。则是理清散文线索的基本方法。

二、体会情意，展现意境。凡是优秀的散文，都情真意挚，意境优美。在基本了解了文章内容，把握了它的主题之后，还应该反复诵读、品味，体会它的情意，展现它的意境。在此过程中，要明白任何一篇散文都包含着两方面的内容：一是作者所描写所记叙的事物，一是作者对生活的认识、感受和态度。这两方面有机地艺术地统一于文章之中，构成了散文具有无穷魅力的意境。因而必须注意领会客观材料与作者主观感受之间的统一关系，正确理解作者的观点、态度与思想感情。借景抒情的，要看它借什么景，抒了何样情，表达了何种意，以及怎样借景抒情达意；托物言志的也要用一样的阅读思路，看它托的什么物，抒的什么情，表达了什么意，以及怎样托物抒情达意。所谓展现意境，就是要在头脑中根据文中提示，想象出一幅幅生动的生活画面，并且品出其中的"味"来。要传达到作品中撩人心魄的情趣。情中景，景中情，象外象，味外味，都是展现散文意境所必须体验到并给予理性评价的。

　　阅读散文如果不是一种随便翻翻式的消遣性阅读，如果是学习或研究性的阅读，则通常与其他文学作品研读法一样，要经历理解性阅读、鉴赏性阅读和评价性阅读三个阶段，既弄清作品主题、社会意义，又获得美的享受。

　　三、分析语言，探讨写法。文学是语言的艺术，散文亦然。阅读散文，要从感受和理解语言入手；读懂了内容之后，又可回过头来分析语言如何贴切地表达了内容，创造了意境和本身的美。散文语言具有流畅性、生动性和抒情性，往往还具有很强的哲理性，这些都应该品味和分析。要看它怎样遣辞造句，怎样运用修辞功夫来表情达意，要看它具有何样的风格特征和打动人心的力量。分析语言，不是要它一定华丽，而是看它如何切合情意。除了直接分析它本身，还可用近似风格的作品和不同风格的作品进行比较，例如秦牧散文与杨溯散文语言风格的比较，朱自清散文与冰心散文的语言风格比较等。

　　至于探究散文写法，要从研究作者思路或构思入手，看他如何立意，如何选择，如何谋篇，如何布局，如何开端，如何开展，如何收结；要研究作者如何开展联想和想象，如何开合结合、疏密结合，如何完成和发展主题的。要做到对这些内容和方法的真切理解，最好仿写一两篇类似散文，或做做读书笔记，或写写评论文章。带着写文章的目的去读，历来证明效果特别好。

诗歌阅读法

文学作品阅读法之一。指根据诗歌的体裁特点提出的阅读方法。诗歌是文学中一大品类,"是一种最集中地反映社会生活的文学样式,它饱和着丰富的想象和感情,常常以直接抒情的方式来表现,而且在精炼与和谐的程度上,特别是在节奏的鲜明上,它的语言有别于散文的语言。"(何其芳《关于写诗与读诗》)就是说,诗歌这种文学体裁的基本特点是:高度集中,想象丰富,感情强烈,语言精炼,音韵和谐。根据这些特点,诗歌阅读法的基本要领是:

一、朗读吟诵,整体感受。读诗必须从整体感受开始,而整体感受的最好办法就是反复朗读,吟诵。无论是现代诗歌还是古代诗歌,也无论是中国诗歌还是外国诗歌,都只有在朗读、吟诵的基础上,读者的情感、经验和想象才能得到迅速反应,从而真切体味诗的音律美、情思和境界。默读可以作为朗读、吟诵之前的一个准备,也可以作为朗读、吟诵之后进一步回味、思考的一个环节,但如果没有充分的朗读、吟诵作基础,单是"看诗"就很难体味出诗情、诗意、诗味和诗美。好诗还要反复品读玩绎,读到能背诵方好。一开始朗读,就要注意发挥想象力的作用。美学家朱狄指出:"我们在读诗时有着某种近似于诗人写诗的经验,但这并不是一种知觉的经验;当我们读诗时,如果这首诗被高声地朗读,我们听到这些词,这是一种知觉经验,这种经验也伴随着正在被我们理解中的诗人写诗时的经验。所谓'金色的林荫地'(一个诗句),其实不是一种真正的知觉而只是一种想象,它或是一种生动的回忆,或是种可以被称之为建设性想象的东西,它构成了我们所谓的审美经验。因此无论是读诗或看画,我们必须去想象我们正在知觉的那些东西,否则词就不可能变成诗的形象。"(朱狄:《当代西方美学》)想象使词变成了形象。实质上所谓感受诗,也正是感受这种通过想象唤起的形象,而不是词本身。

二、分析感情,展现意境。朗读吟诵,整体感受是读诗的第一步,但仅有这一步是不够的，无论一个人的文化素养、社会知识和艺术感受力多强，读诗最初的整体感受都只是欣赏的开始而不是欣赏的完成。在此基础上必须进一步研读，揭示诗中情思的深沉含蕴和境界的更多层次，特别是因为诗歌高度集中性所决定的结构上高跳跃性的特点，使读诗者必须发挥自己的想象去填补诗句间或诗句后所隐去的内容。例如，贾岛《寻隐者不遇》："松下问童子，言师采药去。"此间是一问一答。问什么呢？没有说，但从答语中，可知是"师在何处"之类的话语。此下省略了"去何处采药"的又一问。这一问藏在"只在此山中"的童子答话里，是由"只在此山中"暗示出来的。既然"只在此山中"，不就可以找回来吗？不难见问者转忧为喜的情态，于是又有下一问："在此山中何处？"这才又引出童子的另一答语："云深不知处"。这又一问是由"云深不知处"暗示出来的。这一分析，便把全诗情思起伏变化的层次展开了，意境也展现出来了。正如有的学者所说：这首诗"全诗的感情层次，是在反复问答中随问者情思变化而结构的，来寻隐者时的那种向往；一答之后的那种失望；又一问一答之后的转喜为忧；又一问一答之后的由略带失望而转入更深的向往。正是这样层次变化，才使'寻隐者'的情思变得更为韵味无穷，让人遐想。"（罗宗强：《研究、还原、再创造——从〈唐宋诗文鉴赏举隅〉说到古典诗歌鉴赏中的一些问题》）又如苏轼《江城子》："纵使相逢应不识，尘满面，鬓如霜。"这是作者悼念死去十年的妻子作品。词中写亡妻有知，是第一步想象；知而能逢，是第二步想象；逢而不识，是第三步想象；不识之故，在于自己颠沛潦倒，尘满面而鬓如霜，是第四步想象。四步想象包含了四个层次的感情，一层深一层，对亡妻的怀念，对人世的慨叹、全含于词中，读者也随着去想象、去感受、去领悟。经过这样的分析，意境全出，诗味全出，主题也全出了。

有些诗歌情在言表，可以直接感受和分析到；有些诗歌情在言内，披文亦可以入情；有些诗歌情在言外，就要特别注意。这种诗，作者所要表达的情思不在字面上，也不包含在诗句本身的具体描述之内，而是另有寄托。因此，读这种诗时就不能机械地死抠字面，而要查阅有关文献，"知人论世"，了解当时社会政治生活和诗人际遇，弄清诗人写诗的用意，看它有何寄托。这样，才能准确把握诗歌的真情和真意。

当然，这种分析必须做到：第一，不能超越出诗本身所规定的结构界线。第二,必须与诗句的语义层次保持一致,读者经验的参与不超过诗结构所表明的或由整个情景(可由知人论世的方法来解决)所表明的范围,力戒穿凿附会。

三、领略音韵,研讨写法。领略诗歌音韵的美,首先要注意它的节奏。郭沫若说:"情绪的进行自有它的一种波状的形式,或者先抑而后扬,或者先扬而后抑,或者相同,这发现出来,便成了诗的节奏。所以节奏之于诗是它的外形,也是它的生命,我们可以说没有诗是没有节奏的,没有节奏的便不是诗。"(《论节奏》)例如闻一多的诗,"你等着我／泪珠在眼边等着／只须你说一句话,一句话便会碰落。"不仅构思新颖、炼字入神,而且音调优美,节奏动人。这也可以看出诗的节奏正是诗人情感活动的脉搏,从节奏的感受与分析,去把握诗人的情感,正是读诗的一个重要方法。而节奏本身的美,也足可以动人。另外,领略诗歌音律的美,还要注意韵律回环的美,应仔细品读和研究。

至于诗歌的写法,应首先注意其构思的独特性,同时研究它的修辞方式,意象的选取与组合等。

散文诗还常常使用比喻、拟人、夸张等手法,阅读时,也应注意。

小说阅读法

文学作品阅读法之一。特指根据小说的体裁特点提出的阅读方法。小说是一种叙事性的文学体裁,它的特点是以刻画典型人物为中心,通过完整的故事情节和人物活动着的环境的描写,来反映复杂的社会生活。典型人物、故事情节、典型环境就成了小说的三个要素。

阅读小说的方法,与阅读一般的记叙文有很多相似之处。阅读小说时,除注意《记叙阅读法》所述各点之外,还应紧扣小说的特点,注意以下几点:

一、分析小说中的人物,尤其要重点分析好主要人物的性格特征。小说主要领先塑造典型人物的形象来表达主题(中心思想),所以阅读小说首先就要注意分析人物的思想性格,尤其要通过对主人公的分析去看作品的倾向性和思想意义。分析人物，可从三方面入手：（1）分析人物外貌、动作、细节、语言、心理活动的描写，从多方面准确地把握人物外貌、动作、细节、语言、心理活动的描写，从多方面准确地把握人物形象的特征。（2）着重分析人物与人物、人物与环境的矛盾冲突。小说往往通过尖锐的矛盾冲突来塑造个性鲜明的人物形象，使人物有立体感。在关键时刻，人物怎样想、怎样做、最能突现其性格特点，分析人物时尤其要注意。（3）思考和发掘人物形象的思想意义。比如读了鲁迅的《药》，经过分析，知道了华老栓的性格是勤劳、善良、迷信、麻木。但还不够，要知道，小说塑造人物的目的，是用"这一个"去反映"那一群"，从而揭示社会生活的本质。华老栓的思想性格是旧社会许多劳动人民共有的，他的愚昧落后，是长期遭受剥削压榨与精神奴役的结果。经过这样的思考，就会同情华老栓，憎恨欺压他的剥削阶级。再进一步思考，就会认识到：要改变华老栓们的精神状

态和命运，最根本的办法就是推翻那个黑暗的社会。这才算达到了分析和认识人物的目的。阅读每篇小说，都应当经过这样的思考和发掘，才能深刻领会人物形象的意义。

二、熟悉并分析故事情节。情节是人物活动的一个个事件，是人物性格成长的历史，是表现小说主题（中心思想）的重要手段。所以阅读小说要注意熟悉和分析它的情节。熟悉情节，可采用朗读、编写提纲、复述内容等方式。分析情节，要与分析人物性格结合起来，因为小说的任何一个情节都是为塑人物和表现主题（中心思想）服务的。分析时，要看每一件事、每一个场面、反映了人物性格的哪一个方面。例如《孔乙己》中，孔乙己到酒店喝酒，周围的人对他嘲笑、与他争辩的情节，表现孔乙己偷窃、迂腐的坏毛病；孔乙己教"我"写"茴"字的四种写法和分豆给孩子们吃的情节，是表现孔乙己的自傲的善良的品性；孔乙己被丁举人打断腿后爬着到酒店喝酒，又谎称腿是跌断的情

节，是表现他受欺凌的悲惨命运和好面子的弱点。小说就是通过这一系列的情节描写来完成孔乙己复杂性格的刻画的。阅读时，要逐一分析，挖掘情节的意义。另外，分析中既要掌握情节发展的连贯性和完整性，从开端、发展、高潮、结局的全过程全面地理解作品的思想内容，又不能对情节发展的各阶段平均用力，应当把主要精力放在分析情节的发展和高潮部分。

　　三、分析环境描写的作用。正如茅盾在《关于艺术的技巧》中所说："人物不能不在一定的环境中活动，因此，作品中就必须写到环境。作品中的环境描写，不论是社会环境或自然环境，都不是可有可无的装饰品，而是密切地联系着人物的思想和行动。"（《茅盾论创作》第581页）可见环境描写在小说中是不可缺少的重要部分。阅读小说，就要通过分析环境描写的作用，更好地理解人物性格和作品的思想意义。比如鲁迅先生在《祝福》里多次描写祝福的情景，并且在写景时总是紧扣人物的思想感情来着笔，把写景和叙事糅合在一起，以揭示悲剧产生的历史根源和社会根源，对主题（中心思想）起了有力的烘托作用。分析环境描写，不应当孤立地进行，而应当与人物形象的分析结合在一起。当然，有时为了弄清小说的写作特点，也可以单独地抽出环境描写来分析，但那要在分析了思想内容以后再进行。比如阅读《在烈日和暴雨下》，（选自老舍《骆驼样子》），分析环境描写就首先要体会文章根据天气的变化对景物作生动真实的描写，有力地烘托了人物，突出了中心思想。写烈日，按天气变化描写了由闷热到暴雨的景物特征，使人真切地体会到主人公祥子拉车生活的艰难和痛苦；写暴雨，也根据天气变化，抓住由热到凉，由起风到下暴雨的景物特征进行描写，渲染了人物活动的环境气氛，间接地写出了祥子被暴雨倾淋的悲惨境遇。祥子在烈日和暴雨下一天的拉车情形，是祥子苦难生活的写照，也是旧中国广大劳动人民痛苦生活的一个缩影。可见景物描写是为写人和表现文章的主题（中心思想）服务的。

　　以上各点，并不是在阅读每篇（部）小说时都要面面俱到，而是根据各篇（部）小说的特点和读者自己的具体情况（阅读目的、时间、水平等），可以有所侧重。

剧本阅读法

文学作品阅读法之一。也叫戏剧文学阅读法，特指根据舞台剧本的体裁特点提出的阅读方法。剧本是戏剧艺术的文学部分，是舞台演出的基础和依据，由此兼具文学与戏剧二重品格。剧本的文学品格，指剧本是文学的一大类别，具有文学的一般性质和特征。这决定了阅读文学作品的一般方法可以运用于阅读剧本。剧本的戏剧品格，指剧本因受舞台剧的一般戏剧法则的限制而产生的性质和特征，如事件的强烈戏剧性、分幕分场、受舞台表演的时空制约、以及以人物语言（台词）为主要表现手段等。这决定了阅读剧本又必须有自己区别于其他文学作品的方法。剧本的二重品格又称剧本的二重性，是剧本的本质特征，无论是为演出而读，为评论而读，还是为鉴赏而读，都必须考虑到这一点。剧本阅读法基本要领如下：

一、通读全剧，掌握剧情。拿到一个剧本，不能孤立地单看一幕一场，而必须首先通读全剧，清楚地掌握全部剧情。要真正弄懂人物之间的关系，了解事件的来龙去脉，把握矛盾冲突的各种情况。这是理解并鉴赏分析剧本的前提。即使是只学习研究一个选场（如中学课本中节选的剧段，戏曲中的折子戏等）也必须以掌握全部剧情为基础。而这就必须通读全剧才能做到。偷懒的办法是听别人介绍剧情，但总不如自己亲自读剧本好。读剧最好是朗读，特别是分角色表情朗读，一边读一边体味剧中人物的思想性格（甚至想象到舞台上的形象），体味剧中人物之间的关系，领会剧中蕴含的一切意味，从而全面透彻地把握剧情。如能运用列提纲、编故事、复述情节、讨论分析等方式配合，阅读效果会更好。由于舞台剧受表演时间和舞台空间的限制，剧本中不可能连贯地叙述人物行动和事件的全过程，而必须把人物、事件、时间、地点高度集中（写进剧本中事件在舞台上表现为明场戏，通过人物语言等暗示的事件在舞台上则表现为暗场戏），要通过阅读，根据剧中的暗示联想和想象那些剧本中未直接地正面地表现出来的事件或事件环节，在头脑中构成一个连续的、完整的剧情映象。

二、抓住关键，分析冲突。冲突是戏剧的生命，阅读剧本不能不以分析冲突为关键。戏剧冲突是现实生活中的矛盾冲突的反映，总有它发生、发展直至解决的过程。这种过程，剧本通常以"序幕、开端、发展、高潮、结局、尾声"这样的结构方式来表现。无论是开放式结构（以事件发生、发展的先后顺序，从头到尾源源本本地复述，如《窦娥冤》）、锁闭式结构（戏剧倒叙法，一般从接近高潮处开始，也可先写高潮或结局，再溯本追源，层层剥开，如《雷雨》）、还是人像展览式结构（以某一人物或事件、物件为线索，逐个或逐群展示人物，表现时代风貌，如《茶馆》），往往都包含着这样一些结构要素。分析戏剧冲突，就是要抓住这些结构要素，首先分析冲突是怎样发生、怎样发展，又怎样形成高潮、怎样获得解决的。序幕是事件发生的背景，尾声是事件冲突获得解决后的效应，注意序幕和尾声，可以帮助理解事件的意义和剧作者的倾向（但很多剧本不设序幕，而把背景描写放在事件发展进程中进行，也不设尾声，让读者自己去联想和想象事件的未来效应，自己的倾向也隐藏在对整个剧作的描写当中）。发展、高潮、结局是冲突进行的几个主体阶段，应予充分注意。在此基础上，要分析这种冲突发生和之所以这样发展并获得这种解决的原因，判定其性质，以及这种冲突对于主人公对于社会的意义。分析冲突原因应当从主人公本身思想性格着手，更应当从人物关系乃至整个社会历史背景着手。分析冲突，应着力分析冲突的高潮部分。在这里各种矛盾交汇，达到热点，全面爆发，剧中各种人物的性格、整个戏剧的主题，都在这里完成。通过着力分析高潮，就可以比较深入准确地掌握剧中人物和剧本主题。（参见"戏剧冲突分析示例"条。）

三、把握个性、赏析语言。人物语言（台词，包括对话、独白、唱词）是剧本的主体，是剧本用以塑造人物、表现冲突、展示主题的主要手段，欣赏、分析和研究人物语言是阅读剧本的基本功。1. 赏析剧中人物语言，首先要把握它们的个性化的特征。优秀剧作的人物语言总是同人物的身份、性格和所处的具体情景相切合，能够表现人物独特个性的。如，繁漪不可能说出侍萍的话，屈原不可能说出郑袖的话，此情此景中不可能说出彼情彼景中才能说出的话。赏析中要根据具体情景，根据人物之间的关系具体分析人物语言，先理解它的个性化含义，再分析

作者这样刻画的妙处。2. 赏析剧中人物语言，还要特别注意读懂它的潜台词。戏剧理论家欧阳予倩说："潜台词就是台词所包含的深一层的意思，也就是那词句的本质，也就是台词所表达的人物的内心活动。"（《演员必须念好台词》）只有读懂了潜台词，即通过人物说的话，能够准确了解他丰富的内心世界，听出他话中之话，话外之话，体味出他的感情，他的思想，看得出他行动的可能趋向，才算真正读懂了台词。3. 赏析剧中人物语言，还应分析它的动作性特征。戏剧语言（人物语言）的动作性主要有两方面的含义。其一：人物语言是特定情境中人物所作出的情绪反应，读者可以透过这样的语言，窥视到人物在此时此地此情此境中的内心冲突过程——内在行动（即上面所述的潜台词性质）；其二：人物语言可以推动人物的活动（外在行动），推进情节的发展。人物总是处于特定情境中的人物，由于特定情境影响，人物必然要为达到某种目的而进行某种活动。在剧本中，由于人物活动主要靠台词来推动，所以读台词还要注意它是怎样在具体情境中推动人物这种活动，从而推进剧情发展的。

戏剧语言通常指戏剧人物语言。另外，剧本中还有舞台说明等一类叙述人语言，这类语言对帮助建立舞台空间感，帮助理解剧中人物有一定提示作用，读剧本时也应注意。

剧本是一种文学作品，除了上面根据它的戏剧品格提出的基本要领外，始终要抓住人物，让人物形象在自己头脑中活起来，根据人物和人物之间的关系去研究情节，研究冲突，研究戏剧的主题和社会意义。

读剧还可从美学角度去研究作者构思与表达的艺术技巧等。

欣赏诗歌应体味意境

诗歌是一种音韵和谐，富有节奏，分行书写，以凝炼抒情的语言形象地反映社会生活的文学体裁。许多人爱读诗歌，但不善于欣赏，这是为什么呢？一个重要的原因，就是没能体味诗歌的意境。

所谓意境，就是诗人的主观情感与客观描写融为一体而形成的一种足以引发读者心灵共鸣和美感享受的艺术境界。创造意境,是对诗人的要求;体味意境,则是读者欣赏诗歌的前提。

那么,怎样去体味诗歌的意境呢?

首先是懂得诗人的情感。"颂其诗贵知其人"(清人刘熙载《诗概》),对诗人的身世、遭际、心志、情感全然不知,怎能理解意境?如杜甫《羌村三首·其一》:"峥嵘赤云西,日脚下平地。柴门鸟雀噪,归客千里至。妻孥怪我在,惊定还拭泪。世乱遭飘荡,生还偶然遂。邻人满墙头,感叹亦嘘唏。夜阑更秉烛,相对如梦寐。""夜阑"二句是传世名句,正是出意境的地方;但真正要理解它,关键还在"世乱"二句。正是因为战乱之中侥幸脱险,偶然生还,才有相对如在梦中的心态。为"知其人",明其心,除在诗中体味外,了解诗人的生平、思想、联系自己的经历、感受,都是必要的。

其次要明白诗歌的技巧。与其他文学体裁相比,诗歌的抒情性最为强烈;但是,它必须"用活生生的形象来描写和表达,而不是用枯燥的概念和语言来直接讲道理,这是好的诗歌在艺术上的一个共同的特点"。(何其芳《诗歌欣赏》)总之一句话,诗用的是形象思维。那么,我们体味诗歌的意境,也要懂得诗歌运用形象思维的种种技巧。如"孤帆远影碧空尽,唯见长江天际流"(李白《黄鹤楼送孟浩然之广陵》),用的是白描,撷取一景,情在其中;"忽如一夜春风来,千树万树梨花开?(岑参《白雪送武判官归京》)用的是比喻,设喻高妙,景象明丽;"东边日出西边雨,道是无情却有情"(刘禹锡《竹枝词》),用的是双关,明为写景,意在言外;"野火烧不尽,春风吹又生"(白居易《古原草》),用的是对比,语浅意深,富含哲理;"遥望齐州九点烟,一泓海水杯中泻"(李贺《梦天》),用的是夸张,造语奇特,令人耳目一新。无论用何种技巧,都有一个共同特点,即努力造成一个鲜明的"形象",借助这一"形象"来传达诗人的内心感受,懂得这种种技巧,我们就能比较顺利地领会诗歌的意境。

再其次,要展开合理的想象,诗应该是最精炼的语言。高明的诗人所创造的诗中意境,常常含不尽之意于言外;欣赏者如能展开想象以补充这言外之意,就能领会诗中意境的丰富内涵。例如唐朝诗人刘长卿《逢雪宿芙蓉山主人》一诗:"日暮苍山远,天寒白屋贫。柴门闻犬吠,风雪夜归人。"作者似乎只是把一个特定的场景如实描绘出来而已;但如果读诗人能以"夜归人"的身份设身处地想象一番,恐怕不难领会寒天暮日的远山中因闻犬吠而知投宿有望、风雪无虞的欣喜之情。从这一点来说,读诗实在是一种创造性的劳动。

欣赏散文贵领悟文眼

许多有阅读经验的人认为:欣赏散文要"品"。品什么呢?品它的内在意念和道理。一篇散文,无论是叙事为主的(如朱自清的《背影》),还是抒情为主的(如秦牧的《土地》),或是议论为主的(即杂文。如鲁迅的《论雷锋塔的倒掉》),总包含着作者想要表示的某种意念和道理。尽管有的直露些,有的含蓄些,但是,"这个道理并不是高不可攀的,更不是玄之又玄,凡夫俗子所不能理解的。恰恰相反,这个道理常常是一个浅而易见的道理,人人体会过的,充满人世之间的,但还没有人这样通俗地、明确地提出过"(孙犁《耕堂函稿》)。古今中外一些优秀散文的价值,首先就在于文中这点人们"心中所有,笔上所无"的意念和道理引起了人们的情感共鸣,给人以难忘的启迪和教益。

要品出散文中的意念和道理,须识得散文的"文眼"。所谓文眼,就是内含意念和道理的凝聚点。抓住了文眼,就能准确把握文章的精神实质。例如《古今观止》评价《曹刿论战》时说:"远谋二字,是一篇关眼。""未战考君德,方战养士气,既战察敌情,步步精详,着着奇妙,此乃所谓远谋也。"识得文眼远谋二字,全篇内容要旨一目了然。

文眼可以是一个词,也可能是一句话、一段话;可以是一事,也可以是一物、一景;可在标题、篇头,也可在篇中、篇末;可以反复闪现多次,也可以集中在一处。例如《背影》之文眼,是写父亲那"肥胖的,青布棉袍,黑布马褂的背影"一句。以此为焦点,反映当时的世态炎凉和作者眷念父亲的深情。《土地》的文眼即题目二字,作者以此为主线,组织历史、现实、民情、风俗等内容,歌颂人民热爱土地,为保卫土地、繁荣祖国而进行的艰苦劳动和斗争。《论雷峰塔的倒掉》文眼也很明显:"那时我唯一的希望,就在这雷峰塔的倒掉。""然而我心里仍然不舒服，仍然希望它倒掉。""现在，他居然倒掉了，则普天之下的人民，其欣喜为何如？""莫非他（法海）造塔的时候，竟没有想到塔是终究要倒的么？"从文章标题到反复出现于文章首末的这些话中可见，此文的文眼只能是一个字——"倒"。由此寻思：禁锢人民的封建思想之塔终究要倒，压迫人民的封建统治之塔终究要倒——这就是作者通过白蛇娘娘故事传说的评述要告诉读者的意念和道理。

从写作角度讲，作者通过对生活的观察和思考，生发出一点意念，得到一个启示，这还是远远不够的。为了让这点意念和启示为读者接受，他还必须尽可能找到一个恰当完美的表现形式，这过程就是"构思"。高明的作者。常常将心中的意念或启示酝酿成一个较为明晰的表现体，即文眼，使之统领全篇。贯穿首尾。因此，能识得文眼，不仅能探求文章的主旨，而且可能理清文章思路，了解文章布局谋篇的特色。拿《岳阳楼记》来说，主旨自然不在写景，为何又要花许多的墨来描绘洞庭气象呢？抓住"忧、乐"二字，就能得出答案：篇首在交代撰文来由后，概述洞庭景色，发出"览物之情，得无异乎"的疑问；篇中分述令人"感极而悲"和"其喜洋洋"之二景；篇末指出这两种人都不合"古仁人之心"，应该"不以物喜，不以己悲"，从而自然得出"先天下之忧而忧，后天下之乐而乐"的结论。作者大段写景，实际上为了写人，最后是为了明理，构思新颖，精细而巧妙。种种散文的构思特色，大都可从文眼的设置安排中寻其奥妙。

名人读书法

造就一批理想的普通读者

几乎人人都读过书，而有些人终其一生都在"书的世界"以外兜圈子，不得入门之道，徒然浪费不少时光，掌握读书技巧，对那些求知的人们来说是至关重要的。它可以培养一批理想的普通读者。

下面就向读者介绍一些世界名人的读书方法。

带着问题有针对性地读并善加思考

叔本华的读书方法:"读书而不加思考,决不会有心得,即使稍有印象,也浅薄不生根,不久便又丧失。"大凡会读书的人,常常在头脑中装着一些问题。并把对这些问题的思考和书的内容联系起来。

根据不同的兴趣读不同的书

培根的读书方法:人读书,兴趣和意图是不同的,而书的内容和性质也有所不同。因此。"读史使人明智,读诗使人聪慧,演算使人精密,哲理使人深刻,道德使人高尚,逻辑修辞使人善辩"。

把同类书比较着读

歌伦比亚大学负责"阅读改进"的友琴·厄里希推荐的一种读书方法:拿几本同样范围和同样内容的书进行比较着读,从一本跳到另外一本,他说:"同时读三四本难懂的书,比读一本容易懂,因为一本可以阐明另外一本"。

重点处画线、批注

列宁的读书方法:列宁在读书时常在重点处划线并批注。他的《哲学笔记》实际上是由一系列读书札记、读书笔记和由读书阐发的论文组成的。在列宁手里,一支铅笔乃是一根针,可以把书中的意思和精义挖掘出来。

读书要分轻重缓急

这是培根提出的另一种读书方法:"有的书只要读其中一部分,有的书只须读梗概,而对于少数好书,则要通读、细读、反复读。"

难读的书可隔读、间断读

位格曼·浦位特和厄里希等人的读书方法:有些书开头难读,不好理解,这时,你可先隔过第一章往下读,然后再回过头来看第一章;当读一本很难懂的书时,不妨先读它的结论(科学家读专业书籍和论文时,就是用的这种方法)和摘要。然后再来从头读;有时不论你怎样开始,你都读不下去。这时,你就不要想马上把一本书吞下去,你可以把书暂时移开,过些时再读,结果它总会让你读懂的。

了解作者到底要告诉读者什么

哈佛阅读指导处处长威廉·白瑞所提倡的读书方法:许多人相信读书之法是从头读起,一直读完,这当然是读书的一种方法。可这种办法消耗太多的时间和精力,并不是所有的书都值得这样做的。一个很忙的读者所必须要求于一本书的,乃是作者到底想说明什么,想告诉读者什么,于是可以单刀直入而不顾其他,要想了解作者的意图,对书的序言和结语的了解便是十分重要的了。

读书既专心又有兴味

中国的李清照和林语堂所坚持的一种读书方式:兴味到时,拿起就读,读书时,要专心致志。

选好读书时间

卡耐基所提出的读书方法:最好的办法就是在 25 岁以前对围棋、麻将等娱乐不要过问,也不要过多喝酒。25 岁以前是读书的最佳时期,精力充沛,记忆力强。一天若能读一小时的书,会终生受益。在一天当中,当头脑清楚和工作状态好时,可读些你认为重要的书,而当疲劳时,可品尝小说和诗歌。人在写作或思考问题时看书,效益也是较好的。

为自我启发而读书

美国达母洛斯的读书方式:把读书当做一种消遣、一种享受总没有什么不对,只是如果你想成为一位成功者,你就应该为自我启发而读书。

名人读书三法

马克思读书有"三字秘诀":博(博览群书);记(折书角、画线、做记号以加强记忆);读(熟读成诵,以增强记忆力)。

毛泽东在校读书时坚持三不谈"不谈金钱、不谈琐事、不谈男女方面的问题。"

徐特立读书学习有"三法":日积月累法;古今中外法,借书摘抄法。

鲁迅说读书要有"三性":目的性、灵活性、广泛性。

茅盾经常采用"三式"读书法:第一遍,鸟瞰式(求得初步印

象);第二遍,精读式(品味作品妙处);第三遍,消化式(吸取各种精华)。

宋代理学家朱熹说,读书要心到、眼到、口到。

宋代苏东坡读书提要分为"三步":他谪居黄州时,每次读《汉书》都作"提要"。第一步是抄一段,第二步用三个字为题,第三步用一个字为题。后来,别人只要提出某段的头个字,他就能背出来。

清代曾国藩说,读书"三有":第一要有志(有志则断不敢为下流);第二要有识(有识则知学问无尽);第三要有恒(有恒则断无不成之事)。

读书忌"五失"——袁桷善谈读书

元代人袁桷善,少年时读书不得要领,费了不少功夫,却进步甚微。后来,他经过反复琢磨,总结出自己之所以如此,全在于"余少读书有五失"。因此,他大力提倡读书切忌"五失",并身体力行之,终于成为我国有名的文学大家。他所忌的"五失"是:

一、"泛观而无择,其失博而寡要。"即读书时切忌不加选择地求广博,不去循序渐进,择精研读,这样必然会事倍而功半,收获甚微。

二、"好古人信行,意常退缩,不敢望,其失懦而无立。"读书若一味迷信崇拜古人,退缩不前,丝毫不敢创新、超越,那就永远难以立业成事,大有作为。

三、"纂录实故,一未终而屡更端,其失劳而无成。"虽然辛辛苦苦,手不释卷,但心猿意马,变化多端,无主攻目标,只能是行行了解了皮毛,行行皆不精通,最终也是徒劳无得。

四、"闻人之长,将疾趋之,辄出其后,其失欲速而好高。"不依据自己的实际情况,事事跟在人家后面,盲目地模仿别人的长处,只会像"东施效颦""邯郸学步"一样,学不到真本事,后倒连自己的东西也丢失了。

五、"喜学为文,未能蓄其本,其失不甚者也。"好高骛远,不扎实地学习基本知识,打下坚实的基础,便奢想写出锦绣文章,只能是空中楼阁,失去的时间、精力就更多了。

曾国藩谈读书

一、要立志。"发愤读书,何必择地?何必择时?但自问立志真不真耳。"

二、要有识。"有识则知学问无尽";"文浅而亦获虚名,尤不可也。"

三、要有恒。"学问之道无穷,而总以有恒为主";"人而无恒,终身一无所成";"有恒则断无不成之事";"看书不必求多,亦不必求记,但每日有常,自有进境。"

四、要专一。"求业之精,别无他法,日专而已矣。艺多不养身,谓不专也。掘井多而无泉可饮,不专之咎也。"

五、要善于"从师"。"凡人必有师,若无师则严惮之心不生";"凡从师必久而后可以获益"。

六、要有"速度"。"为学譬如熬肉,先须用猛火煮,然后用慢火温";"如煮饭然,歇火则冷,小火则不熟,须用大柴大火乃易成也。"

七、要"多思"。"虚心涵泳,切己体察,朱子教人读书之法,此二语最为精当";"每日所看之书,句句皆物也,切己

体察，穷究其理，即格物也，此致知之事也。"

八、要勇于"实践"。"读书之法，'看、读、写、作'四者，每日不可缺一。""所谓诚意者，即其所知而力行之，知一句便行一句"。

不做书呆子，不要死读书
——陶行知论读书

教育家陶行知先生对"读书"问题曾作过精当的论述，读之可以得到许多有益的启迪。

陶先生认为，"读书"要有一个正确的目的性，那就是求真知、做真人、建设祖国、造福人类。他说："千教万教，教人求真；千学万学，学做真人。"他告诫我们："为读书而读书，为教书而教书，乃是亡国的教育。""死知识在头脑里装得太多，反而妨碍思想之自由，倒不如没有还要好些。"

陶先生还说："书籍有死的也有活的，怎样是活的书籍？我觉得书籍所记载的，无非是人的思想和经验，那个人的思想、经验要是很高尚的，与人生很有关系的，那就可算是活的书籍。若是著书的人思想、经验都没有什么价值，与人生没有关系，那就是死的书籍。我们教授小孩子，对于书籍的死活就不能不慎重，所教授的书籍，要有系统的，前后都能连贯得起来，不是杂乱无章的，这才是活的教育，若只知道闭着眼睛教死书，也不顾那书适用不适用，这样我敢说就是死的教育。"

陶先生认为，书本是前人社会生活经验的总结，书是要读的，但不能死读，要和现在生活联系起来加以活用。他反复教导我们："在生活即教育的原则之下，书是有地位的，过什么生活就用什么书，书不过是一种工具罢了。书是不可以死读的，但是不能不活用。""书是一种工具，只可看，只可用。看出是为着用，为着解决问题。断不可以呆读，认清这一点，书是最好的东西，有好书，我们就受用无穷了。"

陶先生"爱满天下"，特别关心下一代的健康成长，劝诫青少年切莫"读死书，死读书，做书呆子"，他把南京晓庄乡村师范学校图书馆命名为"书呆子莫来馆",以为师生鉴。

"中国人应该读三类书"
——吕叔湘谈读书

语言学家吕叔湘认为,"读书人"应该读三类书,首先是"有关自己专业的书",因为它们是一个专业人员的立身之本。第二类书是"与专业有关的其他门类的书",这类书对于开拓思路,增长见识,加深修养,提高理解、判断能力是很有好处的。第三类书籍则是"做一个现代中国人的必读之书"。每一个生活在今天的中国人都应该了解自己的民族,以及民族悠久的思想、文化、科学史,了解自己所处的时代、环境,以及在这种时代环境里萌生的各种新技术、新思潮、新文化。

把要读的书分成甲乙丙丁戊五类
——萧乾谈读书

著名作家萧乾说:我读的书,大致分这么几类:甲类是业务上需要的,必得有目的有系统地去读——这属于我正在研究的问题的范围。乙类是为了欣赏观摩而阅读的。此外还有两类书,读法有些不雅。一类放在厕所里(作为丙类吧),另一类放在枕畔(作为丁类),还有一种戊类,这大都是版式很小的书。每逢去医院或去车站接人,我必带上一本,为等候时翻阅。还有己类——根本不打算一页页地读,纯然为了查找用的。特别是工具书,像中外百科全书。

联系多种作品进行阅读
——钱钟书读书方法

我国著名作家和学者钱钟书,特别善于联系多种作品进行阅读。他的一篇读书"随感"——《读拉奥孔》表明,他在阅读这部著作时与之联系起来进行思考的作品竟多达近百种!他的美学专著《管锥篇》,是我国文艺比较学的奠基性著作,并代表了我国文艺比较学的主要成就。这些成就的取得,除了其他原因外,也是与他那高明的阅读方法分不开的。

着眼于各种作品之间的对比联系阅读方法,使阅读不再仅仅局限于接受性的思维活动,而是同时调动起回忆、对比、分析、鉴别以至进行新的推理和新的想象等多种思维功能。"单一经营"变成了"多种经营""综合经营",显然,那"经营效益"也就不可同日而语了。

做学问要甘于寂寞
——刘海粟谈读书

著名画家刘海粟在一次和年轻人的谈话中说,你们年轻,精力正旺,正是做学问的好时光,一定要甘于寂寞。你集中一段时间闭门学习,不去赶热闹,在社会上暂时不出现,没啥了不起。等你真正有成就,社会永远记得你,你就永远不会冷清,不会寂寞了。这是我的经验之谈。其实,越是怕寂寞的人,将来就会很寂寞。因为你把时间和精力都花在热闹场所,没有时间读书,没有时间研究自己的学问。在热闹场中混到老,什么成就也没有,最后社会不承认你,越老越寂寞,以后死得也寂寞。死后烟消云散,谁又记得你这个不甘寂寞的人呢?他还说,我这话可能不对，我也不是反对参加必要的社会活动，我只是对那些"不甘寂寞"的人提点意见：一个人的时间是有限的，要珍惜它。

略读、阅读、攻读
——王梓坤谈读书

王梓坤是北京师范大学校长。

他认为，读书有略读、阅读与攻读之分。工作之余，看看小说，翻翻画报，属于略读；一般的书籍、报章和杂志，内容浅显易懂，又未必事关紧要，看一二遍就够，这是阅读；至于攻读，那就是另一回事了。"攻"，指坚，无坚则无所谓攻。要攻的，大多是有价值、高水平而又比较艰深的著作，其中包括一些公认的名著。"坚"，常常表现为难点，难题，不容易理解的道理。攻坚之法，一在于钻研，二在于坚持。长期围困而且炮火猛烈，何愁攻城不下？何愁击石不开？

为学贵查原著
——温公颐谈读书

温公颐是天津南开大学哲学系教授。

温公颐教授在半个多世纪的读书治学生涯中，积累了丰富的读书经验，他说："治学不能只依据第二手资料，必须根据原著，马克思就注重原著的对照，而不满足于间接得来的材料。因为第二手资料固然可作参考用，但它毕竟不是完整的，而且难免有误。我们如果依照它就不免上当。如某书讲孟子'王馈金一百而不受'，实际《孟子》原文为'王馈兼金一百而不受'。'兼金'和'金'是不大相同的。

我近年写《先秦逻辑史》，力求遍读原著而后动笔，无非想尽量避免片面性和可能发生的错误而已。昔顾亭林写《日知录》，喻为采铜于山以铸钱，这具有深长的意义。如果仅买旧钱充铸，自不免于粗恶之讥，为学亦犹是已。"

读书要完成四个步骤
——克鲁普斯卡娅谈读书

苏联教育家克鲁普斯卡娅，提出读书要完成"四个步骤"的任务。阅读的第一个任务，是明了并掌握所读的材料；阅读的第二个任务，是思；阅读的第三个任务，是做必要的摘录；阅读的第四个任务，是总结从这本书中学会了哪些新东西：是否告诉了你一些新知识，是否使你学会了某种新的观察方法、工作方法和学习方法，是否激起了你某种新的想法，唤起了你某种特殊的情绪和愿望。

读书要循序渐进
——巴甫洛夫谈读书

苏联著名生理学家巴甫洛夫，在《给青年的一封信》中写道："要循序渐进。我一谈起有成果的科学工作所应具备的这个重要条件时，总不能不感到心情激动。要循序渐进，循序渐进，循序渐进。你们从一开始工作起，就得在积累知识方面，养成严格循序渐进的习惯。"巴甫洛夫如此强调循序渐进，道理是十分明显的：高深的学问，要从最基础的知识渐进而得，正如万丈高楼,首先要打好地基,然后一块砖一块砖地一层层地砌上去一样。

由此可见,循序渐进是一种按照知识的逻辑体系和自身的智能,学习条件,有系统、有步聚的科学读书方法。

"书在手头总要拿来翻一下"
——鲁迅读书方法

鲁迅知识渊博,著作丰富,他的16本杂文集,共有650余篇,内容包罗万象,被誉为"百科全书"。他为什么有这样丰富的知识呢?

1934年,鲁迅曾向青年读者介绍过一种博览读书的方法。他说,从童年时代起,就养成了一个良好的读书习惯,书在手头,不管它是什么,总要拿来翻一下,或者看一遍序目,或者读几页内容,到得现在,还是如此。

鲁迅的博览读书方法大致有如下几种:

其一:不专看一家之书,而博采众家之长。例如,鲁迅从小就受中国古典文学熏陶,七八岁时就读了诸家的名著。成年以后,更是广泛涉猎。所以,先秦两汉,到魏晋南北朝、隋唐五代、宋元明清,以及近代的名家名作他几乎无所不读,无所不评。光是先秦两汉和魏晋南北朝,他所研读的作家就有:孔子、老子、孟子、庄子、韩非、宋玉、司马相如、司马迁、刘向、杨雄、蔡邕、孔融、曹丕、曹植、嵇康、向子期、陶渊明、刘义庆、鲍明远、陆机、刘勰、昭明太子、杨苣之等,其中有好些作家是他重点研究的对象,并作过精辟的评价。

其二:不专看本专业的书,他涉猎专业以外的书。他不仅是文学家,而且也研究艺术、历史、哲学;他不仅对社会科学有高深的造诣,

而且对自然科学也进行了广泛而深入的学习和研究。如果分析鲁迅的知识结构，会发现他的知识是如此的广博。他的成绩主要体现在文学作品方面，文学集中地表现为"果"，而他的历史知识、社会知识、自然科学知识则主要表现为"因"。如他的自然科学知识，丰富了其创作。不仅《狂人日记》等小说依仗了医学上的知识，他的杂文更是广泛地利用自然科学方面的知识。故其作品，成了活的"百科全书"，人类知识的"万宝山"。

其三：不只看与自己观点相同的书，而且也看与自己观点不同的书，特别是论战对手的书，做到知己知彼百战不殆。鲁迅在对"新月派""民族主义文学""第三种人"的斗争，以及对"论语派"的批判时，之所以能向形形色色的反动文人投去一把把锐利的匕首、投枪，撕去他们的种种假面具，使他们"麒麟皮下露出马脚"来，就在于他翻阅了他们种种"吞吐曲折的文字"，所以"更明白所谓故人者是怎么样的东西"，知道他们的一切"阴面的战法"，这样猛然一击，易致论战对手的要害。

其四：不专看本国书，多看看外国有关的书，以便得到更多的启发。鲁迅十分注意"多看外国书"，他说，他的小说创作是因为看了外国的小说，尤其是俄国、波兰和巴尔干诸国的作品受到启示而写的。鲁迅也"常看外国的批评文章"，外国的文艺理论书籍。他曾反复研读过日本厨川百村的《苦闷的象征》、俄国普列汉诺夫的《艺术论》，同时，十分努力地从事马克思主义文艺理论的学习和研究，并向国内介绍。他还把翻译作为"博览外国的作品"，故他一生的著述，翻译与创作各占半数。

泰山不辞握土泥丸而能巍峨屹立，长江不弃涓滴细流才成浩瀚汪洋。鲁迅正是广泛阅览，多方汲收，方才臻于精深博大。

"不动笔墨不看书"
——毛泽东读书方法

"不动笔墨不看书"，这是毛泽东同志非常赞赏的读书方法。从青年时代起,毛泽东就身体力行这条成功的治学经验,坚持不辍。他常说,读书的方法要"四多"——多读、多写、多想、多问。这里说的多写,也就是多做读书笔记。

毛泽东的读书笔记有以下几种形式:

内容摘录:毛泽东青年时代,课堂听讲写"讲堂录",课后自修写读书录,选抄全篇文章的选抄本,摘录精要的摘录本,共有好几网篮。毛泽东长期保持着这种写读书笔记的习惯。延安时期,毛泽东摘录艾思奇的《哲学与生活》约3000字。他写信给这位哲学家,说:"你的《哲学与生活》是你的著作中更深刻的书,我读了得益很多,抄录了一些,送请一看,是否有抄错的。其中有一些疑点(不是基本的不同),请你再考虑一下……"这样就把读书与研究、探讨结合了起来。

标点符号:毛泽东每读一本书,都要在重要的地方画上圈、杠、点等各种符号。早年读德国鲍尔生著、蔡元培译的《伦理学原理》,全书逐字逐句都用毛笔加以圈、杠、点、单杠、双杠、三角、叉等符号。延安时期读的《共产党宣言》《资本论》《哥达纲领批判》《列宁选集》《国家与革命》《列宁关于辩证法的笔记》《斯大林选集》,许多段落、章节都作了圈点与勾画。20世纪50年代初开始一直陪伴他的一套乾隆十二年武英殿版线装二十四史,850册,每册都有他圈点、勾画的标记。现存中南海的毛泽东藏书,由于不少书反复阅读,每读一次就用一种颜色的笔圈点、勾画,以至朱墨纷呈、点线交加。

旁注批语:在谈到失而复得的《伦理学原理》一书时,毛泽东曾说:"我当时喜欢读这本书,有什么意见和感想就随时写在书上。"《伦理学原理》全书10万多字,但毛泽东用工整的小楷写在页边、行间的批语就有12100多字。延安时期读的《辩证法唯物论教程》的两个版本,毛泽东在书眉上与空白处写了13000字的批语,其中第三章"辩证法的根本原则",他用隽秀的行草字体写了近千字的评语,对原著作了扼要的概括,既有赞同的评语，又有联系中国革命实际对某些观点作的引申、发挥。在《旧唐书》"李义府传""杨再思传""刘幽求传"的页边写道：李义府笑里藏刀，杨再思是佞人，刘幽求能伸不能屈。寥寥几字，把读书的"意见和感想"表达得相当精辟。

读书日记：1937年，李达把刚出版的《社会学大纲》寄给毛泽东，毛泽东读了很高兴，认为是中国人自己写的第一本马克思主义哲学教科书。他反复精读这本好书，并续写中断的"读书日记"。"日记"第一篇写道："二十年没有写过日记了，今天起再开始，为了督促自己研究一点学问。看李达的《社会学大纲》，1月17日至昨天看完第一篇，'唯物辩证法'，从1～385页。今天开始看第二篇，'当作科学看的历史唯物论'，387～416页。"嗣后，他每日认真记下读书进度。

改错纠谬：对书中不正确的观点或引用不当的材料，也用笔记形式改正。如《新唐书》"徐有功传"说"命系庖厨，何足惜哉"，毛泽东认为说法不当，指出历史上志士仁人"以身殉志，不亦伟乎！"《南史》"孔靖传"说"十岁便能为盗，长大不一定为盗"，可惜这种形而上学的推论，"今天也还有之"。在《辩证唯物论教程》旁批中，毛泽东用简略的话指出其不正确处，如："此例不甚清""这种说法是不对的"，等等。毛泽东读书非常仔细，连书中错别字、不妥当的标点符号，也一一加以纠正。这反映了毛泽东严谨的治学精神和刻苦的攻读精神。

评价推荐：毛泽东笃志嗜学，博览群书，孜孜不倦，读到具有现实意义的精彩篇章，他热心向党或党的领导干部介绍推荐。50年代，他读到《三国志》"郭嘉传"，就向党内做了推荐。他希望领导干部从中得到启示，说话办事要"多思""多谋"，反对少谋武断。读到汉代文学家枚乘的《七发》，他又写了千余字的书评，一起印发党内。1965年，当他读到《后汉书》中的"黄琼传""李固传"时，又认为两人的传值得一读，在反复研读后，批了"送刘、周、邓、彭一阅""送陈毅同志一阅"。刘少奇、周恩来、邓小平、陈毅等同志在百忙中都及时阅读了。毛泽东这种独特的读书笔记对全党读书学习风气的形成，无疑是有力的推动。

"小、少、了"
——夏承焘谈如何做读书笔记

夏承焘,我国著名词学研究家。他依自己的体会把做读书笔记的经验概括成三字诀:小、少、了。

(一)小,是说用小本子记。我从前用过大本子做笔记,把读书心得和见到想到的随时记在一个案头大本子上,结果不易整理,不易携带。后来读章学诚的《章氏遗书》,其中有一段讲到做读书笔记,说读书如不即做笔记,犹如雨落大海没有踪迹。我就用此意把自己的笔记簿取名为"掬沤录"。我开始改用小本子,一事写一张,便于整理,好比现在的长片。苏东坡西湖诗曰:"作诗火急追亡逋,清景一失后难摹"。(《腊日游孤山访惠勤、惠思二僧》,"亡逋"指逃亡的人)创作如此,写心得体会做笔记亦当如此,有用的知识才不致于在眼前溜掉。

(二)少,是说笔记要勤,但不要记得太多,要记得精。古代书少,后来书一代多一代,后人要把所有书读完,就要有古代人几倍的年龄。章学诚批评这种人说:读书犹如饮食,如果有人要多住几十年,吃光天下的好食物,这不是狂妄可笑的话。做笔记要通过自己的思考,经过咀嚼,然后才落笔。陆机《文赋》中有两句话:"倾群言之沥液,漱六艺之芳润"。这是说做文章,我以为做笔记也应有"倾沥液""漱芳润"的功夫。如果不经过消化,一味抄书,抄得再多,也是徒劳。顾炎武著《日知录》,自比采铜于山,往往数月只成数条,可见精炼之功。这里,我所说的笔记要记少,是指每条的字数而言,条数却要记得多。每一个问题陆续记下许多条。孤立的一小条,看不出学问,许多条汇拢来,就可成为一个专题,扩充为 篇论文。顾炎武的《日知录》,钱大昕的《十驾斋养新录》,王念孙的《读书杂志》,都是这样积累起来的。

(三)了,是说要透彻了解。记下一个问题,应该经过多次思考,要求作彻底的了解。有时要经过漫长的时间,才会有接近于实际的认识。浅尝辄止,半途而废,便前功尽弃。所谓了,就是要让所学到的东

西,经过思考,在自己的头脑里成为"会发酵"的知识。如果是思想懒汉,即使天天做笔记,也难有多少心得,那只能叫作"书抄",叫作"知识的流水账",严格说来,不配称为"读书笔记"。

读书与藏书

教师必备知识丛书

图书馆建设

图书馆溯源

最早的图书馆出现在两千多年前的周朝,那时称为"盟府",《左传·僖公五年》有"勋在王室,藏于盟府"的记载。唐代经学家孔颖达有疏曰:"以勋受封,必有盟要(约),其辞当藏于司盟之府也。"司盟之府即是掌管盟约的地方,这就是图书馆的雏形。春秋时的思想家老聃当过周朝的"守藏室之吏",管理着"百国之书",因此守藏室又是图书馆最早的一个名称。

我国古代有一种叫作阁的传统楼房,是作为远眺、游憩、藏书和经佛之用,以阁特指藏书之楼,相当于现代的图书馆。汉高祖时,相国萧何在未央宫正殿北面盖了三座藏书阁,命名为天渠阁和天禄阁,天渠阁收藏入关时所得到的秦国图籍。汉宣帝时,曾在天渠阁中召集当时著名学者,论定五经(即诗、书、礼、易、春秋),至汉咸帝时,这里又成为藏书之阁。

秦汉的时候,还建造"石室"以藏图书档案。《史记·太史公自序》曰:"秦拨去古文,焚灭诗书,故明堂石室金匮(即处柜)玉版图籍散乱。"《汉书·高帝记下》则说:"丹书铁契,金匮石室。"到了唐代,图书馆仍以石室相称。颜师古注曰:"以石为室,重缄封之,保慎之义。"为了更好地藏书并实施教授,唐代还设立崇文院,作为专门藏书的地方。崇文院设学士若干人,为太子属宫。古时还建立"秘阁",专门收藏珍贵图书,作为皇家图书馆。

从汉代到唐代，秘阁都由秘书监执管，到了宋朝，宋太宗在崇文院中建造秘阁，收藏了史馆、昭文馆、集贤院所有真本书籍一万多卷及古画墨迹，并设立称为"直秘阁"的官阶来执掌秘阁事务，下面又设立校理、检讨等官来负责管理工作。

明朝时建立了文渊阁，专门收藏图书。那个时候，私人藏书极盛，常熟人藏书家毛晋（1599—1659）藏书8.4万余册，大部分是宋元刻本，他建了汲古阁、目耕楼来储藏这些图书，是我国历代私人藏书最多的人。嘉靖末年鄞县（今宁波）人范钦在宁波月湖之西建天一阁，藏书7万多卷，几经损失，解放后尚存1.3万多卷，包括明代地方志和登科录等。天一阁是我国现存最古老的藏书楼。

到了清代，图书馆得到更大的发展。乾隆年间共建立了7个阁。位于北京紫禁城内的文渊阁建于乾隆40年（1775年），《四库全书》的第一份就藏在这里；位于河北省承德避暑山庄的文津阁也是建于1775年，所藏图书在咸丰10年（1860年）英法联军入侵时被烧焚。乾隆44年（1779年）在江苏镇江金山寺内建文宗阁，咸丰3年（1853年）被火烧毁；1780年又在江苏江都县（今扬州）的大观堂建文汇阁，该阁也在咸丰4年（1854年）被火烧毁；乾隆47年（1782年）在沈阳故宫以西建的文溯阁，现在属于辽宁省图书馆，乾隆49年（1784年）在杭州西湖孤山圣因寺藏书堂建的文澜阁是第7个阁，咸丰10年（1860年）倒塌，光绪6年（1880年）重建。此即为现在的浙江省图书馆。

清朝末年，图书馆规模更大，内容更丰，藏书更众。1910年成立了"京师图书馆"，收藏了南宋皇家的书籍。1928年中华民国改之为"国立北平图书馆"，新中国成立后正式称为北京图书馆，即首都图书馆。馆内藏书达950多万册，包括古代重要典籍、各种文版的马列经典著作，中国革命文献各种学术著作，大量中外社会科学与科学技术书刊以及少数民族文版的图书等，其中古籍善本30余万册，包括《永乐大典》《四库全书》以及其他古代写本和刻本等，是我国藏书最丰富、规模最大的图书馆。

中国历代藏书馆阁

中国历代文献资料极其丰繁，真可谓浩如烟海，汗牛充栋。对此浩瀚的文献资料，历代帝王和达官显贵，乃至文人雅士均能够予以高度重视，以便从中汲取营养，借鉴治理社会的得失。正因如此历代官方和公用藏书馆阁应运而生。

守藏室：周朝，周天子藏书室。春秋时思想家、道家的创始人老子做过"守藏室之史"，即管理藏书的史官。

天禄阁：汉宫中藏书阁。汉高祖时创建，在未央宫内，收藏各地所献的图书。刘向、刘歆父子等曾在阁中校雠所藏书籍，编撰成《别录》《七略》，为我国图书馆学、目录学奠定了基础。

秘阁：历代封建王朝宫中藏书之所。晋以前多称"中秘""秘府"，自晋始称为"秘阁"。宋太宗端拱元年（988年），于崇文院中堂建造秘阁，选择史馆、昭文馆、集贤院所有真本书籍万余卷。

弘文馆：又称修文馆、昭文馆，唐代中央政府藏书兼教育、咨询机构。负责典藏经、史、子、集四库图籍，兼掌校雠、修纂之事。唐初曾藏书20多万卷。

北堂图书馆：即天主教学图书馆，北京自明万历二十八年（1600年）利玛窦来华传教建立。据1938年整理藏书时统计，共有西文书5000册，中文书8万册，其中有许多中外罕见本。

七阁：清代专储《四库全书》修成，全书缮写7部，分藏于7个地方，即"七阁"。迄今得以保存下来的有四阁。

涵芬楼：商务印书馆藏书处，专贮珍贵图书。商务印书馆从清光绪末年即搜集南北藏书家散出的孤本秘籍多种，曾选取其中部分编为《涵芬楼秘籍》等。

京师大学堂藏书楼：1902年创建，1912年改为北京大学图书馆。藏书楼创建初期，调集了江浙等地官书局刻印的书籍，并接纳康有为创办的强学会所藏图书，以后又收进很多私人藏书。这些珍贵的文化遗产，是教学科研的重要文献资料，在国际上也享有盛誉。

京师图书馆：1909年，以南学典籍及内阁大库残卷为基本藏书，又购进部分私人藏书，于清宣统二年（1910年）成立。1949年改名为北京图书馆。

京师通俗图书馆：辛亥革命后在鲁迅先生的关怀指导下，我国成立的一个最早的大众化图书馆，创建于1913年。1956年改称首都图书馆。

北海松坡图书馆：它是为纪念蔡锷（字松坡）而建立的图书馆。1916年蔡松坡病故，其师梁启超倡议在上海设立松坡图书馆。1922年迁入北京，解放后，并入北京图书馆。

东方图书馆：商务印书馆对外开放的图书馆。1924年建立后，将涵芬楼之所藏全部迁入。1932年2月1日，日本侵略军纵火将东方图书馆五层大楼及所藏书刊焚毁一空。

子洲图书馆：全称为陕西省绥德县子洲图书馆。始建于1925年，初名是绥德县立图书馆，1942年为纪念李子洲烈士改为此名。

中国科学社明复图书馆：中国科学社所属图书馆，1930年建于上海，因纪念该馆创始人胡明复博士而得名。中国科学社1920年于南京建立图书馆，1929年迁入上海，1958年与上海图书馆、历史文献图书馆、报刊图书馆合并组成上海图书馆。

蚂蚁图书馆：是在中国共产党的影响下，于1933年建立的进步图书馆。其办馆目的是"使得无产者有书看"，使要读书而无力购买的穷苦青年能得到学习的机会。

子民图书室：建于1947年的进步图书馆。其宗旨是为了纪念蔡元培（字子民）先生，继承"兼容并包"的精神，发扬民主科学的传统。1949年2月北京解放，子民图书室并入北京大学图书馆。

上述历代藏书楼阁所藏书籍大部分属于社会科学范畴，但也有少数藏书属于自然科学范畴（例如：中国科学社明复图书馆）。这些藏书馆阁在不同的历史时期，均对文化信息的广泛传播和推动社会前进的步伐，发挥了不可估量的作用。

图书馆的社会功能

图书馆是一个国家或民族的文化窗口,也是一个国家和民族的文明程度的标志。

西方学者写的图书馆史,一般可上溯到公元前,距今 4000 多年。西方中心论者对东方图书馆的情况似乎未曾注意。其实我们的甲骨文也是古代的图书,它的内容、数量与对后来文化的影响,比西方发现的巴比伦一带的泥版文书丰富得多,时代前后也不相上下。古代图书多与古人祭祀、宗教信仰有关,图书保存的地方也多半在神殿里。先有文字,后有图书;有了图书,就有藏图书的地方,近代称之为图书馆。

写图书史,往往上溯到中世纪教会办的藏书机构。但中世纪的"图书馆"的功能与今天大家使用的图书馆大不一样。如果中国图书馆史也仿照西方的写法,可以回溯到中国的秦汉时期。刘邦带兵入咸阳,先抢出秦国宫中的图书。秦国以前,老子为周守藏史。如果由此再上溯安阳殷墟中的甲骨文,可以算是中国最早的图书集中的地方,不过那是储存占卜的记录,也可以勉强叫作图书吧。秦汉以下,历代皇室都没有宫廷藏书机构。由于书籍数量历代在增加,为了管理方便,进行了图书分类。北京图书馆的藏书,直接继承历代的宫廷藏书,也是按经、史、子、集分类的。古书可用四部分类法,处理近代新书,四部分类就不够了,于是采用了西方近代图书分类法。

古人读书靠背诵、记忆。现代人读书不可能皓首穷经。现代人利用图书,主要是备咨询、检索,而且有了电子信息,用不着死记硬背,而且检索的数据,记录比人脑记忆又准又快,死记硬背的读书范围越来越缩小。

由于知识更新频率越来越快,对图书馆的要求也与古代不同。现代图书馆的职能,势将随着时代的前进而不断更新,现代学术分类趋向细密,今后图书馆也将由综合型向专业型分工。只有这样,才便于专业读者的使用。

面临知识更新加快的 21 世纪,学校教育受年龄和时间的限制,社

会成员参加工作后，各专业都面临知识老化问题，都有知识更新的要求。为解决这一问题，光靠学校是不够的。在校学习的知识，过三五年，有的学科甚至一两年，即需更新。受教育是人人的权利，为了完成工作岗位的任务，人人也有更新知识的责任。除了专业培育机构外，图书负担着对国民进行终身教育的任务。整个社会是个大学校，各类图书馆在社会中是一所不受年龄限制，对全民进行终身教育的大学校。图书馆的社会职能，是任何一所学校所无法代替的。

记得在小学五六年级时，班上有个小图书馆，设在教室的一个角落，有几个书柜，有几种杂志和图书，杂志是班上同学凑钱订阅的，书籍是历届同学自动捐赠的，其中有不少名著，如《镜花缘》《老残游记》《封神演义》《安徒生童话》等书是小学时在班上这个图书馆第一次阅读的。小学课文中选有《老残游记》明湖居白妞说书一段，引起我看全书的兴趣。看了全书，发现课本上选的是书中的精华部分，全书并不像选的那么精彩。我当这个小图书馆理员，每天下课后晚走一小时，留下来为同学办理借书、还书，自己也可以看书或做功课。有时，时间到了，看书的同学还未看完，舍不得离开，我就打破常规，允许他们把书带回家，第二天带来归还。这种通融办法偶尔为之。我能为大家办事，有一种感情上的欣慰。记得我的前任主管同学叫陈运畴，我是从他手中接过书柜的钥匙。我的老同学陈运畴如健在，也该有八十多岁了。

几十年来，我作为读者，受益于图书馆者甚多。9 年前，我开始到北京图书馆工作。现在有机会为读者服务，也算是报答图书馆的一片诚心吧。

图书馆："大学的心脏"

12—13 世纪欧洲出现了最早的大学，随着教学规模的扩大，捐赠图书的增加，慢慢建立起了大学图书馆。经过七百多年的发展，大学图书馆早已成了高等学校三大支柱之一（师资、图书馆、实验室），成了高等教育事业的重要组成部分。

人们常常用"大学的心脏"来强调大学图书馆在高校中所处的重要地位。丰富而有特色的藏书，现代化的技术设备、合理的馆舍布局使大学图书馆成为大学师生学习、教学和科研中心，国际国内间学术交流中心，知识传播和人才造就中心。不管是世界一流的大学图书馆，还是后起之秀的发展中国家大学图书馆，都把藏书建设放在图书馆发展的首位。世界高校最大的哈佛大学图书馆藏书上千万册，超过一些国家的国家图书馆；我国高校最大的北京大学图书馆现有藏书430多万册，1998年新馆建成后额定藏书量将超过700万册，成为亚洲高校第一馆。可以说，藏书是图书馆生存的资本，藏书的充分利用是图书馆这个大学的心脏能健康跳动的保证。进入20世纪后，大学图书馆纷纷将现代化技术（电脑、缩微制品、视听资料、联机网络、复制技术）应用于图书馆管理中。非印刷型资料的收藏扩展了图书馆藏书范围和空间；图书馆日常业务工作的计算机化，大大提高了图书馆服务效率、拓展了服务范围。所有这一切，都使大学图书馆成为吸引优秀教师投身高教事业、众多莘莘学子选择大学深造的重要因素。

　　没有高质量的图书馆就没有高质量的教育，这一点已成为高等教育界和图书馆学界的共识。为此许多国家通过法律、法规形式对大学图书馆的设立、组织结构、人员配备、藏书建设、馆际协作、经费预算、自动化应用、读者服务等方面作了详细规定。这就保证了大学图书馆在法律的轨道上顺利发展。我国也制订了《教育法》《高等学校图书馆规程》，但受经济、文化发展的制约，高等教育事业与发达国家还有一定距离。因而建设高质量的大学图书馆，推动高质量的大学教育发展，是我们高等教育界和大学图书馆界面临的共同任务。

图书馆图书分类法

　　我们国内图书馆普遍采用1975年出版公布的《中国图书馆图书分类法》（简称《中图法》对馆藏图书进行分类。这种分类法把图书资料分为5大部类，22个类（如下）。

马克思主义、列宁主义、毛泽东思想 ……………	A	马克思主义、列宁主义、毛泽东思想
哲学 …………………………	B	哲学
社会科学 ……………………	C	社会科学总论
	D	政治、法律
	E	军事
	F	经济
	G	文化、科学、教育、体育
	H	语言、文字
	I	文学
	J	艺术
	K	历史、地理
自然科学 ……………………	N	自然科学总论
	O	数理科学和化学
	P	天文学、地理科学
	Q	生物科学
	R	医药、卫生
	S	农业科学
	T	工业技术
	U	交通运输
	V	航空、航天
	X	环境科学
综合性图书 …………………	Z	综合性图书

  这22个大类又分成若干二级类目，二级类目又分为若干三级类目，等等。《中图法》的标记符号采用汉语拼音字母与阿拉伯数字相结合的混合制号码。一般用一个字母表示一个大类，用字母加数字表示下级小类。比如：

  B 哲学（第一级类目）

  B1 世界哲学（第二级类目）

  B12 古代哲学（第三级类目）

  又如：

  G 文化、科学、教育、体育（一级类目）

  G0 文化理论

  G1 世界各国文化事业概况 }（二级类目）

  G2 各项文化事业

G22　　广播电视 ⎫
G23　　出版事业 ⎬（三级类目）
　　　　　　　　⎭
G231　　（四级类目）

G2311　（五级类目）

由于"T 工业技术"大类门类多发展快，故对第二级类目用双字母表示：

TB　一般工业技术

TD　矿业工程

TE　石油天然气工业

……

据统计，《中图法》中所有的类目大约有 4 万个。

图书馆的文献种类

文献是"记录有知识的一切载体"。这些载体既有图书、报刊，又有视听资料（声像资料）、缩微复制品，它们都是图书馆的馆藏对象。图书馆所保存的文献各类可用下图表示：

```
                         ┌─马列主义著作
              ┌供阅读的书─┤ 哲学书籍
              │(普通图书) │ 社会科学书籍
              │          └─自然科学书籍
              │          ┌─科技报告（研究报告）
              │          │ 政府出版物
              │          │ 会议文献
     ┌─图书──┤─特种文献─┤ 专利文献
     │        │          │ 技术标准
     │        │          │ 学位论文
图    │        │          └─产品样本
书    │        │          ┌─字典、词典
馆    │        │          │ 百科全书、类书
的    │        └供使用的书┤ 年鉴、手册
藏    │         (工具书) │ 目录（书目）、索引
书    │                    │ 图谱、地图
     │                    └─文摘
     │                   ┌─杂志
     ├─报刊─────────────┤
     │                   └─报纸
     │                   ┌─缩微胶卷
     │                   │ 缩微卡片
     ├─缩微图书资料─────┤ 缩微印刷片
     │                   └─缩微胶片
     │                   ┌─影片
     │                   │ 唱片
     │ 视听资料         │ 幻灯片
     ├─(非文字记录)─────┤ 录音带
     │                   │ 录像带
     │                   └─照片
     │                       ┌─磁带
     └─计算机阅读型资料──────┤ 磁盘
                             └─磁鼓
```

工具书类别

看书读报，难免会遇到一些不懂的字、词；编撰文章，时常会碰到一些典故、名句需查找一下出处。这就需要借助工具书。这里提供一些常用的工具书，供大家参考。

△书目——是记录图书名称、作者、卷册版本的工具。

△索引——是将图书、报刊资料中的各种事物名称（如字、词、人名、书名、刊名、篇名、内容主题名等）分别摘录，或加注释，记明出处、页数，按字序或分类排列，附在一书之后，或单独编辑成册，是检寻图书资料的一种工具。

△字典——是汇集单词的工具书，它按某种查字方法排列，并一一注明其读音、意义和用法。

△词典——是汇集语言里的词语的工具书。它按某种次序排列，并一一加以解释，供人查阅用。普通词典（辞典）汇集通用的调整语，专科调整典（辞典）汇集某一个或几个相关专科的词语。

△年鉴——是汇集一年内重要时事文集和统计资料的工具书。

△年谱——是探讨历史人物生平资料的工具书，一般均以年月记载人物生平事迹。

△年表——是按年代顺序，用表格形式编制而成的查考时间或大事的工具书。

△手册——是汇集某一方面需要查阅的义献资料的工具书，包括某一专业的基础知识及一些基本的公式、数据、规则、条例等。

△政书——是汇编历代或某一朝代政治、经济、文化、制度方面资料的工具书。

△类书——是辑录古代群书中各门类或某一门类资料的工具书。

如何使用学习工具书

学习中,经常需要查找一些字、词、句、事件、典故、人物等,这就要借助于工具书。每种工具书,都有它侧重的服务对象。

查找常用字,可用《新华字典》《同音字典》。

查找冷辟字,可用《现代汉语词典》《中华大字典》《古汉语常用字典》。

查找现代词语,可用《现代汉语词典》《新华词典》等。

查找文言虚词,可用《文言虚字》《词诠》等。

查找古代词语,可用《辞源》《古代汉语常用字典》《辞通》。

查找人名,可用《辞海》《中国人名大辞典》《中国历史人物辞典》。

查找成语典故,可用《汉语成语词典》《常用成语典故选释》等。

查找历史事件,可用《辞海》《简明中外历史辞典》等。

查找马列著作篇名、文句以及诗歌文句出处,可分别用《马克思恩格斯全集目录》《辞海》《古代诗词曲名句选》等。

查找官职名,可用《辞海》《辞源》等。

查找地名,可用《中国古今地名大辞典》《世界地名词典》等。

打开知识宝库的金钥匙

——介绍书目知识

书籍浩如烟海,同学们常常不知从何找到自己所需的图书;读书时,遇到不懂的字词句或问题,又无老师时,就不知怎么办。"书目"就是你读书的良友,求知的向导,取宝的钥匙。

世界上每年要生产许许多多的书,经过书目工作者分门别类的整理,逐一登记造册,便成了多个国家的"国家书目"。在我国,叫《全国总书目》,还有《全国新书目》。这样,浩瀚的书海,便被浓缩成一百或二百来本国家书目了,了解和查寻都非常方便。

假如你有兴趣跑图书馆的话,请你不要忘记"书目"这个朋友。它会像导游一样,带你漫游知识宝库。

图书馆都设有"目录室"或"目录柜",各阅览室也设有反映辅助藏书或开架书刊的目录,供你查阅使用。

图书馆的目录分书名目录、著者目录、分类目录和主题目录。书名目录是根据书名而组织起来的。它能回答你按书名找书的问题。

著者目录是按著者的姓名组织起来的,它主要帮助你:找某位著者的某种著作;查找馆中所藏某位著者的所有著作;找某位著者用某种方式(著、译、辑注)发表的著作。

分类目录是按科学分类体系,分门别类组织起来的,它能帮助你解决:关于某一门学科或其中的一个问题有些什么著作;这门学科或这个问题属于哪个学科或那个大问题,其中有哪些著作;这门学科或这个问题本身又包括些什么分支科学或小问题。其中又有些什么著作。分类目录主要解决不知道具体书目名,但需查找有关资料之用。

此外，还有主题目录，它按字顺组织起来，揭示每个主题有些什么书。可以帮助你按照一定的题目查找图书。

以上四种目录，基本上按照两种方式组织起来：一是字顺的，按照标目上的"字"的顺序排列。其查字方法有：笔顺笔划；四角号码；部首；汉语拼音音序等排检法。汉语拼音音序排检法使用者较多。另一种是按图书分类体系组织起来的系统目录，它的结构与图书分类法的结构一样。

藏书指南

怎样买书

一、要结合自己的兴趣、爱好和工作购书，切忌浪费闲置。如你爱管理，管理和知识方面的书，对你有益处；如你爱好文学，那些传世的文学名著不可不读。只有购买自己的有用书，才不致成为"书籍收藏家"。

二、广泛涉猎，注意程度。任何一门科学与其他知识都是有所联系的，学建筑要牵涉到地质学、力学等，学摄影必须具备起码的绘图构图等知识，在购书时，要有所侧重，对各方面的知识要有所理解，只有"懂"才能"精"。

三、要认真看内容提要，注意购的书是否有新意，并与同类的新书进行比较，看是否有自己的兴趣和爱好，同时要避免存书重复。

四、注意书籍的配套和实用性，如有上册无下册，有下无上等，都不利于系统学习，只能一知半解，对工具书和其他学科的普及性读物要着重购买，占有大量资料，供学习参考。

教师藏书的范围

苏联教育家苏霍姆林斯基认为一个真正的教育者，要有三种藏书（一）关于所教的那门学科方面的书（二）关于可以作为青年学习榜样的有关人物的生活和斗争事迹的书（三）关于人（特别是儿童、少年、男女青年）的心灵的书（即心理学方面的书）。他认为教师不仅是自己学科的教员，而且是学生的教育者，生活的导师和道德的引路人。你收藏的每一本书，都好比是在你的教育车间里增添一件新的精致的实用工具。

书的知识

1. **图书开本** 所谓开本，是指一本书幅面的大小。目前我国用于书籍印刷的平板纸主要是 787×1092 毫米和 850×1168 毫米两种尺幅。将它们开切成幅面相等的 16 开 ~32 开的书，便称为 16 开本、32 开本。由于平板纸尺幅有大小两种，所以也就有大 32 开、小 32 开之分。小 32 开通常称 32 开，是我国书籍中最多的开本。

按照开本尺寸大小，可分为大型本、中型本、小型本。4 开、6 开、8 开、12 开的为大型本。16 开、18 开、20 开、23 开、24 开、25 开、28 开、32 开、36 开等为中型本。小型本指 40 开、42 开、48 开、50 开、64 开、100 开、128 开等。一般又称 50 开、64 开、100 开、128 开为袖珍本。

787 毫米×1092 毫米和 850 毫米×1168 毫米的纸张以及与之配套的印机不完全符合国际标准，给国际图书交流和图书管理现代化带来不便。1987 年国家标准局颁布了新的图书杂志开本标准。它分为 A、B 两

个系列。今后,图书开本将逐渐过渡到这样几种:16 开(A4)、大 32 开(B5)、小 32 开(A5)、大 64 开(B6)、小 64 开(A6)和 128 开(B7)。很明显,16 开多用于大专教材和期刊,64 开用于连环画,128 开用于袖珍本,32 开用于一般书籍。

2. **封皮** 又叫书皮。它既对书芯有保护作用,又有美观作用。平装书的封皮由五部分组成。

封面。又称封一。上印书名、著者、译者、出版者名称。有的还印上一两句揭示图书内容、能引起读者兴趣的话。

封里。又称封二,是封面的里面。多为空白页,也有印上目录、前言的,但极少。

封底。又称封四。封底和封面相连,因此有些书的封面图案延续到封底。均印有标准书号和定价,有的还印上责任编辑和装帧设计者的姓名。

封底的里面叫封底里,又称封三。一般不印东西。有些书特别是期刊在这一页印上目录、图片或广告。

书脊。又叫封脊。除了薄本书,一般都有书名、出版社名。有的印上丛书名。多卷集的有卷次或册次。图书放在架上,书脊就成为识别书籍的主要标志。装帧设计好的,一般都注意书脊上文字清晰醒目。丛书、多卷书的书名、出版社名称位置应固定,这样排在书架上整齐划一。现在有些图书的书脊,装订不好,搞得歪七扭八,或者在运输过程中被包装绳勒出一道深深的凹印,实不可取。

3. **护封** 护封即包封,又称护书纸,是封皮外面的另一张外封皮,多用于精装本。护封的封面、封底和书脊上的文字基本上和封面一致,只是图案设计上有所变化。护封前后有勒口,可以包住封面。还有一种半护封,又叫腰封,高度为封面的一半,可增加书籍的装饰美。

4. **勒口** 亦称折口。是精装书的护封或平装书的封面和封底的切口处多留出一定宽度的部分,折向内侧。勒口上通常印有图书内容介绍、提要,或者印有著者的小照、内容介绍,也有印责任编辑和装帧设计者姓名的。

5. **飘口** 精装书或简精装书的封面封底要比书芯的三面切口多出一部分,目的是保护书芯。

6. **踏步口** 又称梯标。多用于辞书。在书籍外切口右上角处,打上空缺或翻阴注上符号,便于翻检。

7. **衬页** 封二和扉页、正文和封三之间的空白页。

8. **环衬页** 即连环衬页,是用两张连接的衬页粘贴在封二后和扉页及正文末和封三之间。平装本一般不加环衬;有些较厚和锁线订的平装本也只加前环衬页。精装本必须有环衬,使封面全部翻平,保持封面平整美观,并使封面和书芯的连接更加牢固。环衬用纸一般较好、较厚,有的用彩色纸或印上图案。

9. **扉页** 又叫内封、副封面,它在封面和衬页之后,正文之前。扉页的内容和封面相同,只是较封面更为丰富和详尽,比如印上封面没有的丛书名称和副书名等。扉页上有的也印有装饰图案。

10. **切口** 平装书的书芯包上书皮或精装书做好书芯之后,都要用切刀机切光书的三面。切这三面时,要按不同书籍的规格进行,如大32开本规格应是140毫米×203毫米。书籍的上方为上切口,即书顶;下方叫下切口,即书根;翻动的一侧叫外切口,即翻口。

11. **订口** 即和外切口对称的一侧,是书籍装订的地方。

12. **平装装订** 有四种方法。在书页订口对折处用铁丝订的方法叫骑马订,多用于页数不多的小册子和期刊。铁丝容易生锈,书籍难以长期保存。在书页订口对折处把各个书页用线连锁在一起,称为锁线订。将书页在书脊处用胶水粘结,称为无线胶粘订,简称无线订。胶水质量或操作技术不佳,会使书页脱落,是其不足之处。还有一种方法,就是在接近书背的地方,用三眼线订,或用铁丝订,很薄的书甚至可以用缝纫机线订,这称之为平订。无论是锁线装订还是无线装订,订口即内白边必须有足够的宽度。有些书籍,版心太靠近订口,结果是翻看靠近订口处的文字很费劲;书越厚,困难越大,书脊处往往很快裂开,使一本书一分为几。

13. **精装** 精装书籍和平装的区别,主要在封皮上。精装书书壳因软硬不同,可分为软面精装和硬面精装。前者用牛皮纸、薄纸板或二者裱在一起,后者用硬纸板做衬底。衬底外面贴有不同材料,因而有全亚麻布面精装、全漆布面精装、塑料胶化纸面精装、布脊纸面精装、人造革面精装、绸缎面精装、羊皮面精装、牛皮面精装等区别。其封面和书脊一般经过文字、图案烫金处理,有的还对书口染色。书脊有平脊和圆脊两种。很明显,由于印刷用纸、书壳材料、装帧设计等方面的差异,精装书可区分为一般精装、特精装和豪华本等。

介于精装和平装之间，有一种半精装或假精装。它们的封面纸较厚，封面也有勒口，封面一般有塑料压膜。有些平装书封面也用塑料压膜，它和精装书有一个明显区别，封面不能平展开来。

精装本印制精美，不易折损，便于长期保存。使用率较高的工具书，如词典、百科全书多采取精装形式。因为精装书价格较高，所以有些书籍一次出版时，既印平装本，也印少量的精装本。

14. **活页装** 可分三类：活页文选，穿孔结带活页装和螺旋活页装。活页装中，除我们常见的日历、月历外，其他现在很少。

15. **散页装** 多用于小画片、明信片等，用纸袋、塑料袋等将散页装在一起。

以上都是书籍的外观形式，是采购图书时应当十分留意的。封面的格调应与书籍内容协调。高雅的著作应有高雅庄重的封面。有些书籍，仅就其封面设计而言，便具有一定的收藏价值。其立意深邃隽永，能给人以无限遐思和美学欣赏，方寸之中展现出广阔世界。而有些书籍，装帧设计的媚俗倾向相当严重。本来是一部有价值的关于期货贸易的著作，封面图案却满是钱币钱袋。有些虽说不上媚俗，但也不能带给人美感。有些书籍，版心不正，书口歪斜；书口裁切不当，两页纸连在一起，还需要读者自己仔细地再加工。图书出版格式、装帧设计、印刷装订，都是保证书籍外观质量的重要环节，也是藏书者特别看重的地方。

16. **版本记录页** 又称版权页，是书籍版本情况的记录。多印在扉页的背面下部或出书的最后一页的反面，也有印在封三或封四上。版本记录的内容包括：书名、著译者、出版、印刷、发行单位名称、用纸规格、开本、印张、插页数、字数、出版年月和版次、印次、印数，中国标准书号、定价。

17. **印张** 指印一本书需要多少纸张，因为一张纸可以两面印，所以两个印张才算一个全张。一令纸是500张，1000印张就是一令纸。

18. **字数** 不管书中标题多大插图多少，都按横格字数乘每页行数乘总页数求出全书字数，若全页都是照片或插图，则不算字数。

19. **版次** 指第几版。印次指第几次印刷。一般说，版次较多，印刷次数较多的书是畅销书。初版书出版后，经过作者重大修改订正的叫修订本，经过重大增补改写的叫增订本；重排后再印，即为第二版。版权页上有某年某月第几版第几次印刷的记载。不同版次记录了作者学术思想变化的历程。一般来说，时间越靠近现在、版次越靠后的，质量越好。但这不是绝对的。

20. **印数** 指一种书所印的累计数。如某种书在第二次印刷时，印数为"24001—34000"，就说明前一次已印24000册，这次是从24001册算起，又印了10000册，累计积数是34000册。

21. **主书名页和附书名页** 主书名页一般就在扉页位置的，也有照原版影摹，然后上版雕刻的。后者称影刻本。

写刻本——一种是刻字工人写的字，整齐方正，称匡体字，即今天的印刷体字形。另一种是书法家手迹，称软体字。

活字本——即宋代毕升发明活字印刷术后，使用活字印刷术印的书。清代又称活字版为聚珍版。

铅印本——近代铅字排印版刷的书，又称排印本。

石印本——19世纪中叶，外国石印技术传入中国后，使用该技术印刷的书。

影印本——近代将原书用照相制版方法复印的书。

什么是标准书号

标准书号，指国际标准书号和中国标准书号。国际标准书号（International Standard Book Number，简称ISBN）设计的目的是使每一种出版物都有一个唯一的、简便的识别号，以便有效地利用计算机系统进行管理。ISBN号由冠有"ISBN"字符的10位数字组成。10位数字分为4段，中间用短横式空格隔开，如：ISBNT—5013—0833—0。

第一段，组号（groupidentifer）是国家、地区、语言或其他组织集团的代号，由国际书号中心（InternationalI SBNA geacy）负责分配，组号可取1~5位数字，长短视组区图书出版量而定，出版量大，位数小；出版量小，位数大。全世界英语图书出版量最大，大得两个1位编码——0和1，中文则是7。其他小语种、小国家，小地区的组号位数递增，

如，台湾957，香港962等。第二段，出版者号（publisher identifier）是代表组区内所属的一个出版者（出版社、出版公司、独发行商等）的编号，由组区中心分配，长度为1~7位，位数视出版者图书出版量而定，组号与出版者合称出版者前缀。它是一个出版在国际上的标准代号，取数为1~8位。第三段，书序号（titleidentifier）是某一出版者所出某种图书的编号。书序号由出版者负责管理分配，分配原则是一个定价单位一个书号。其长度视出版者前缀而定，但每个出版者的书号长度是一定的。第四段，检验（checkdigit）是ISBN第10位数它的值和前九位数存在一定关系。用10至2依次乘以9位数（称为加权），将乘积之和与校验码数相加，应能被11整除。可以整除的编号为合法编号。否则说明编号有错误，是非法的，校验码可取0~10中任何一个数值，数值等于是10时，用X表示。

ISBN在任何情况下都禁止重复使用。如果由于抄写错误，使一种书带上了错号，应将此号从编号中删去，不再使用。并将错号及其书名报知组区书号中心。

根据国家标准《中国标准书号》（G5795—86）的规定，我国图书1987年1月1日开始使用中国标准书号（此前，我国图书使用统一书号。从1988年1月起，正式废止）。中国标准书号由两部分组成。主体是ISBN，可独立使用，组号是一位数字7。我国获得了1亿个ISBN编号，按每年出书10万种计算，可使用1000年。我国出版社代号由中国ISBN中心分配。该中心分5个出版量等级，设置了113410个出版社代号。最大的出版社10家，编号由两位数字组成，图书编号量100万个。最小的出版社可设10万家，编号由6位数字组成，图书编号是100个。

1991年5月17日国家技术监督局正式批准、颁布了国家标准《中国标准书号（ISBN部分）条码》（GBI2906—91）。根据这一标准的规定。从1992年1月1日起。出版社应将ISBN条码印刷在图书封底（也可根据需要将条码印刷在图书封二）。这将简化促进图书发行、管理、流通的自动化工作。除ISBN原有的数据码和校验码外，条码增加了前缀码部分，前缀码恒定为978。是国际物品编码协会分配给国际标准书号（ISBN）系统专用的前缀码。

中国标准书号的另一部分是图书分类——种次号。它与ISBN之间用水平线或斜线隔开。目前我国出版发行单位和图书情报机构主要采用手工方法检索图书和排架。图书分类——种次号正是为顺应我国图书分类统计和销售陈列工作现状，参照全国统一书号编制的。

藏 书 印

人得到一部喜爱的书，都会高兴地在书上签上自己的名字或加钤藏书印，以表明书的归属，得到一种满足感。

签名，一般都在书的封面。有的人为了不影响封面装潢的美观，将名字签在书名页，并写上何年何月购于何时及某些感想，记下某些和书有关的趣事。

在书籍上用印始自唐代。中国自古，皇帝的占有欲最强烈而且也能够尽可能地占有他想要占有的东西。最好的书和画当然是皇帝收藏的对象。李世民自书"贞观"二字，制作"贞""观"二小印。李隆基自书"开元"二字，制成一印。它们都曾用于内府藏书，虽然印章文字简单，没有"鉴赏珍藏"一类字眼，但可以看作是鉴赏图章的滥觞。当时集贤院等藏书也都用印。它们是最早的藏书印。

这时候，私人藏书家也开始在自己的藏书上用印。如韩愈写诗称颂的李泌有"邺侯图书刻章"印。宋代的苏东坡有"赵郡苏轼图籍"印，王晋卿有"晋卿珍秘"印。它们都是为藏书而专门镌刻的藏书印。到了明代，藏书印便在酷爱风雅的士大夫层中盛行起来。

藏书印所刻文字，有的人仅用名章，或在姓名之后加一"藏"字，或是"某某藏书""某某珍藏"等。有的在姓氏前面加上郡望，有的以书斋名称入印。也有人不用姓名，仅钤闲章而已。

古代有些人，在藏书印上夸耀门庭，刻上先辈"什么官职多少代孙"或自己的官职、自己的功名，未免显得俗气。有些人以诗人印或以对后人的期望之言入印。这些藏书印就不是短短几个文字所能容纳的了。有的藏书印文字竟长达一百五六十。

也有以藏书印明志的，如清代洪颐煊的"宁静以致远"、清劳格的"实事求是，多闻阙疑"等。有的人是治印自娱，如清末潘祖荫藏有黄

丕烈"百宋一廛"和吴骞"千元十驾"散出之书,乃刻印"分廛百宋架千元",有些藏书印对藏书者的闲情逸致表现得淋漓尽致,如"杏花春雨江南"就是。

藏书印记名之外可以记年。古人有这样做的。现代作家茅盾先生也有一方"玄珠六十八岁后所读书"的印章。

至于将自己的肖像刻成印记,就更别具一格了。

藏书印盖在何处十分讲究。一般都不盖在书的封面,无论线装书还是今天的铅印本都是如此。一个人或许含有几方印章,最主要的一方,应盖在书名页的著者或编纂者的姓名下面,最好能贴近书的边框。每册书的末页的下角,也应当盖一印来压卷。如果还有其他藏书印,可以分别盖在序文前后和里封面版框的空白处,贴近下角。假如一本书他人已经收藏过、书名页已用印若干,那么自己的藏书印宜钤在最上一方印之上,显示出流传收藏的顺序。若下角仍为空白,还是盖在下角为宜。

用印一定要端正,印章多为规则的方形或长方形,也有圆形、椭圆形和不规则形。印泥的质量要好。刚用过印时不宜把书合上,应让印色晾干,或衬一吸墨纸以防染到另一书页。有些印泥渗油,容易损坏书籍。印色不好,时间久了会由红转黑,可涂上双氧水,干后即恢复红色

藏 书 票

得到心爱的书籍,也可以贴上藏书票。藏书票是收藏者的藏书标签。

藏书票源于德国,以后逐渐流行于欧美和日本。在 20 世纪 20 年代传入中国。

藏书票大小和邮票差不多,大一些的如扑克。它实际上是袖珍版画,图案取材广泛,表现手法多样。它可以是彩色的,也可以是黑白的。有的小巧,有的活泼,有的庄重,有的典雅。图案及图案风格依藏书者兴趣而定。图案设计常有浓郁的民族特色和地方特色。有些藏书票印上某种花卉、动物图案,表达藏书者的志趣,有一定寓意,比如"骆

驼"表示藏书者的吃苦耐劳,"牛"表示藏书者的埋头苦干。反腐倡廉的今天,有人以京剧包公的脸谱为藏书票,边上有"公正廉明"四字,中国京剧院的藏书票上也有京剧脸谱图案,反映了该单位的性质和藏书特点。

除了图案,还可以有"某某藏书""某某爱书"的字样。国际通用体例,要有"EX—LIBRIS"或"EXLIBRIS"("我的藏书之一")字样。

藏书票虽有手工绘制,但更多的是采用木刻、石版、铜版等,其中又以木刻居多。可以自制,也可以请人代制。

藏书票一般贴在书籍的首页或扉页上。它除了作为藏书标记,也是很美的书籍装饰品。

因为藏书票可以作为独立的艺术品,于是在世界各国出现了许多藏书票收集爱好者,建立了不少藏书票收藏协会。叶灵凤是我国最早的一位藏书票收藏家。不少作家都有自己专用的藏书票。

家藏图书的保护

家庭藏书可以不像图书馆那样登录,但至少应有一本藏书记录或曰藏书帐,记下什么时间得到什么书籍,便于查检。

家庭藏书可以分类保管、分类上架入箱。前文介绍的分类法和中国标准书号可以作为分类的参考。如果再细分,比如文学书籍类下分中国文学、外国文学,中国文学下又分文学理论、各个历史时代文学、各种体裁文学作品等,就需要去查一下分类法了。当然,只有藏书特别多时才这样做。欧洲一些国家的居民,因家庭藏书量庞大,就请图书馆员帮助整理、分类。我国有些人家,藏书虽不多,却也有给图书一个分类号的,很是有趣,大约是受了常去图书馆的影响。

林语堂先生谈到家庭藏书时这样说过:"书籍绝对不应分类。把书籍分类是一种科学,但是不去分类是一种艺术。"现在一般家庭,居室狭小,能摆下一两个书柜就很不容易了。书柜可以成为装饰,比如精装

书放在一起，大32开、小32开书籍分开摆放，显得整齐利落。不按分类法排架，可以把常用的书籍放在容易拿到的地方。实际上，大凡自己的书柜，不用太长的时间，就容易记住某本书的位置。闻一多先生的书斋，书籍摆放就没有什么规律，书架之外，桌子、椅子上到处是书。参观过中南海毛泽东故居的人都知道，他的书籍，除了书橱，床上甚至厕所里也都有书。这与主人爱读书的习性有关，把书带到哪里，看完后就常常放在那里，让书籍"随遇而安"。散乱，也是一种拙朴的美。

对书籍的保护，最主要的当属防火。古人有积石储书，也有以铁函铁柜储书的。但一般是用书柜书箱。我们今天藏书，应使书柜书箱远离火源，也不要靠近电源，防止电源线老化失火。

其次是防水防潮防霉和防虫蛀。书籍万不可置于地面。如果用书箱，应与地面间留有一定空隙。古人为防止书籍霉变虫蛀，有曝书之举，即农历六月六日将书置于阳光下暴晒。其实不一定是六月六日，在伏天和初秋天气晴朗的日子都可进行。早晨凉爽时将书置于凳上，两面翻过，晒一天。晒过之后，连凳一起移于阴凉通风处，放置一段时间再入柜入箱。现在人们早已不再晒书了，特别是有了空调和吸湿机，能除去空气中过多的水分，这不仅对书籍有利，对衣物的存放也有好处。

书籍不宜久置阳光下，以防纸张变黄变脆。书柜应避开阳光直晒。

藏书要经常通风。空气流通是防霉防虫的关键。书籍摆在架上，不可挤得过紧，不可放得太满。书箱盖和书柜的柜门要经常打开。放书的房间要经常开窗。

看书前应洗手，以免汗渍污染书籍，减少霉菌滋生的条件。

我国云南、四川、贵州、甘肃、陕西等省高海拔地区的阳坡草地上生长有一种芸香草，又名"臭草""牛不吃"。这种草有一种特殊的香气，置于书橱内有防虫蛀作用。人们已从这种草分离出芸香草油等物质用于防腐剂原料。其残渣可做纸浆原料。芸香草的香气挥发掉之后，防虫蛀作用也就没有了。

现代防虫蛀药物极多。有些化学制品对书籍有损害。可注意选择天然药物制品。

图书摆放时，精装书、平装书可直放，书脊朝外，便于查找。摆放时，如果一层未装满，可放一个书档，以免书松散歪斜，造成书背弯曲、书页卷曲。线装书较轻，不宜直立放。对配有函套的线装书，也是平放较好。开本大的图书不能硬塞入低的书架格内。

书架、书柜中要保持清洁,灰尘不仅污染图书,也容易引起虫蛀和霉烂。受损的图书要及时修补,尤其图书页角的皱折,要随时整平。为了记住看到图书某一页,要使用书签,不要折角。

书刊染有指痕,可用棉花浸上肥皂水擦洗一两遍,然后用吸水纸将水分吸干。

书刊受潮起霉迹,可用浸过明矾水的棉球擦洗,然后用吸水纸把水分吸干。

书林漫步

有趣的"书喻"

"书"重要吗?是的。用正喻,高尔基说:"书籍是人类进步的阶梯。"惠普尔说:"书籍是屹立在时间的汪洋大海中的灯塔。"运用反喻,罗斯福说:"没有书籍,就不能打赢思想之战,正如没有船只不能打赢海战一样。"西塞罗说:"没有书籍的屋子,就像没有灵魂的躯体。"正、反喻一起用,莎士比亚说:"书籍是全世界的营养品,生活里没有书籍,就像没有阳光,智慧里没有书籍,就像鸟儿没有翅膀。"书既然那么重要,无怪乎郭沫若要高喊:"我要往图书馆去挖煤去哟!"

"开卷"就会"有益"吗?非也。用反喻,菲尔丁说:"不好的书也象不好的朋友一样,可能会把你戕害。"霍姆林斯基说:"不好的读物,就像一扇沾满油污的窗户，透过这扇窗户，什么也看不清。"那些淫秽的读物，使一些青少年迷失方向，走上了犯罪的道路，不是这方面的证明吗？为此，俄罗斯有一句谚语："好书如挚友，终生不相忘。"列夫·托尔斯泰说得更好"理想的书籍是智慧的钥匙。"

那么怎么读书呢？古人刘向用正喻"书犹药也，善读可以医愚。"提出了一个"善"字。马克思流亡英国时，到不列颠图书馆博览群书，图书管理员大惑不解。马克思用反喻道："如果人们要认识世界和改造世界。人们就不要只在一块草原上去赏花呀！"提出了一个"泛读法"。朱熹用正反喻："读书譬如饮食，从容咀嚼，其味必长；大嚼大咽，终不知味也。"提出了一个"从容"的要求，如此等等。

名人书斋集趣

书斋是古代文人学士读书著说的居室，书屋的名称，往往能表达主人的性情和志趣。

老学庵：陆游晚年的书屋叫"老学庵"。据作者《老学庵诗》自注："予取师旷老而好学和秉烛夜行"之语，从此表示要活到老学到老。

七焚斋：明末著名学者和文学家张溥的书屋为"七焚斋"，也叫"七录斋"。因他自幼爱好读书，所读的书一定要亲手抄录，抄完朗读一遍，随即烧掉，接着又抄，抄了又读，读了又烧，这样有时竟达六七次。

聊　斋：清代著名小说家蒲松龄的书屋为"聊斋"。聊：即闲谈。蒲松龄借别人闲谈讲的故事作为素材，在书屋里加工整理，故取名"聊斋"。

古藤书屋：康熙二十三年，朱彝尊因携带小吏进宫抄书，被人弹劾降级，谪居宣武门外海波寺街，因院内有两株紫藤，朱彝尊就把他的寓所取名"古藤书屋"，在这里从事《日下旧闻》的写作。被谪以后，他并没有消沉，用了两年时间撰写刊印了《日下旧闻》，翻阅了一千六百多种书籍，为北京留下了一部珍贵的地方文献。

绿林书屋：现代伟大的文学家、思想家、革命家鲁迅的书屋为"绿林书屋"。"正人君子"诬贬鲁迅先生为"学匪"，鲁迅以此名斋而讥之。

何妨一下楼：现代诗人闻一多的书屋为"何妨一下楼"，因闻一多在云南研究《楚辞》《诗经》时，常常是旬日不下楼。

犹贤博弈斋：现代散文学家朱自清，把书屋取名为"犹贤博弈斋"，其意是在这里著书立说和创作，还是比赌博下棋要好。**菊香书屋**：毛泽东生前在中南海丰泽园将东厢房辟为自己的书房，取名为"菊香书屋"。毛泽东酷爱菊花，"菊香"最能表现这位伟人高洁，无畏之志。毛泽东在这里广泛阅读了古今中外的重要书籍。**非有斋**：抗日战争时期，黄炎培在成都写了一首诗，题为《重做人》。其中第三节说："困难来，我再生，谁死谁生，愿与顽敌拼，身非我有……早把我身，献给人民，献给国家非我有。"从此，黄炎培便把自己的书屋更名为"非有斋"。**磨剑室**：爱国诗人柳亚子，在吴江黎里故居有一书房，名曰："磨剑室"。这是他早年读书的地方。这书房名，取意于唐朝诗人贾岛的《侠客》诗："十年磨一剑，霜刃未曾试，今日把示君，谁有不平事？"柳亚子并自称"磨剑室主"。**积微居**：语言学家，《词诠》的编撰者杨树达先生的书斋名。取《荀子·大略》"尽水者火，积微者著"的意思命名书斋，表示做学问要从点点滴滴做起，积累多了，方可有所成就。

名人笔记拾趣

唐代诗人白居易，用很多陶罐，把日常所记的分门别类投入罐中。到一定时候倾倒出来，整理成篇，据说，类书《白氏大贴》就是由此写成的。

宋代诗人梅尧臣，每次外出，总要带上一个布袋，灵感一到，随手便将诗句写在纸条上投入布袋之中。一次外出，他与同船客人和唱诗文。人们见他吟句成诗，无不佩服。后又看了他布袋里写满诗句的小纸条，不禁赞叹道："满腹珠玑，实乃血汗疑成！"

龚自珍是用一个竹篓来贮存自己的诗作，即《竹篓笔记》。1839年，他辞官回故乡杭州，在家逗留一段时间后返回北方，历时8个月，行程9000里。旅途中每有诗作便写下投入竹篓中。旅途结束后，共得诗315首，取名《已亥杂诗》。

近代著名气象学家竺可桢，从1910年在美国哈佛大学读书时起开始坚持每天写日记。现在得以保存是他从1936年1月1日到1974年2月6日（即他逝世前一天）共38年又37天的日记，这套达10册、约800万字的日记，不仅忠实地记录了他周围的自然和社会的演变，而且也反映了他作为科学家的为人和治学的勤恳严谨，从而使他获得了"日记科学家"的美誉。

英国大文豪狄更斯做笔记的方式更为奇特。他到了晚上，如侦探一般，在伦敦街头仔细观察、谛听，然后记下来。这种做夜游笔记的习惯，使他与英国下层社会始终保持着联系。

美国作家杰克·伦敦的房间里，到处插挂着小纸片，原来每片纸上都是他的笔记，写着各种美妙的词汇、生动的比喻和有用的资料。

观唐代诗人读书

唐代诗人张籍，著有《张司业集》，其作深受白居易推崇；然而就是这位张籍，早年以为吃下杜诗，自己也可以成为一个像杜甫那样名声显赫的诗圣。有史料记载："张籍取杜甫一帙，焚取灰烬，副以膏蜜，频饮之，曰：令吾肝肠从此改易。""吃"书，诚然是"读书的态度"之一种，如此投机取巧法，结果大概只能令"吃"者拉肚子罢了。后来的诗人张籍，决非如此"吃"成的。这个典故向我们提示了，无论我们如何崇拜某人或某著作，却不可由崇拜而迷信，以至于尚未打开书卷，读书的态度就"歪"了。

唐代著名边塞的诗人高适，在任两浙观察使期间，路过杭州清风岭时，为山景所迷，留宿僧房；是夜赏月归来，诗兴勃发，在墙上题诗一首：绝岭秋风已自凉/鹤翔松露湿衣裳/前村月落一江水/僧在翠微闲竹房。次日高适乘船离开清风岭，发觉钱塘江水是随潮汐涨落的，月落时分江水只剩"半江"了。一个月后，他从台州办完事回杭，重上清风岭，欲将题墙诗中的"一江"改为"半江"；尽管这之前，已有人替他改过来了。但这种求是的精神，便是读书必要的态度。

唐朝诗人李贺，骑一头小驴背一只古锦囊，于天地之间驰骋想象，吸收中国神话和民间传说的精髓，熔铸词采，每得到一个佳句，便写下投入囊中，回到家里将它整理成诗，创造出新奇瑰丽的诗境来。读书另一个重要的态度，便是活学活用；正如古人之所言：行千里路，读万卷书。

鲁迅著作伴终身

——毛泽东晚年的读书生活

读鲁迅著作，是毛泽东晚年读书生活中的重要内容之一。毛泽东曾说过："我和鲁迅的心是相通的。"在半个多世纪的革命岁月里，毛泽东与鲁迅并没有见过面，也没有直接的书信往来，那么，是什么把这两位中华民族的一代伟人的两颗圣洁的革命的心紧紧地联系在一起的呢？可以说就是鲁迅的著作。在中外诸多的现代作家中，毛泽东非常爱读鲁迅的著作。

70年代初，毛泽东已经年近80高龄。健康状况也越来越差。就在这样的情况下，他还天天躺在床上坚持读平装单行本的鲁迅著作和其他各种书籍。1972年9月，文物出版社出版了北京鲁迅博物馆编的《鲁迅手稿选集三编》（线装本）。这本书共收有鲁迅手稿29篇，编者说这29篇都是从尚未刊印的鲁迅手稿中选出来的。我们收到出版社送来的

样书后，立即将这本书送给毛泽东。毛泽东见到这本书后，不分昼夜，一有空就翻阅。手稿选集里有的字写得太小，他就用放大镜一页一页一行一行往下看。有时，他一边看，一边还不时地用铅笔在手稿选集上圈圈画画。毛泽东为什么爱看鲁迅的这本手稿选集呢？毛泽东生前很爱欣赏名家字画和那些书写诗词、警语、格言、楹联等等的名人墨迹。他说，工作之余，看看名人字画、墨迹，这也是一种休息。鲁迅的这本手稿，都是在"语丝"稿纸上，用毛笔竖写的行书体，字迹清楚，运笔流畅自如。所以毛泽东常常翻看。有时，他把鲁迅的这本手稿选集当成鲁迅的著作来读，有时，他也把它作为鲁迅的墨迹来欣赏。

毛泽东自从1971年生病以后，大都躺在床上借助放大镜看单行本的鲁迅著作。后来视力愈来愈差，在这种情况下，经当时中共中央办公厅同意，国家出版局于1972年2月初，责成人民文学出版社特将50年代出版的带有注释的十卷本《鲁迅全集》排印成少罩的大字线装本。由于字要印得大，原来一卷的平装本印成大字线装本后，就要印成9～10个分册。为了能让毛泽东早点看到新印的大字线装本《鲁迅全集》，采取印好一卷送一卷的办法。毛泽东则收到一卷就先看一卷。他老人家看这样的线装本图书是看得很快的，常常是这一卷看完了，下一卷还没有送到。有一次，新到的一卷看完后，他还想往下看，可是书还没到，便风趣地说：我又"断炊"了。待毛泽东收到全书时，他也差不多都读完了。

毛泽东阅读过的这部线装大字本《鲁迅全集》，现在还保存在中南海毛泽东故居里。打开函套，可以看到许多册的封面上都画有红圈圈，有的画一个，有的画两个，还有的画三个。这红圈是什么意思呢？这是晚年毛泽东读书的一种习惯，他每读过一遍就在书上画一个圈作为标记，读过几遍就画几个圈。画三个圈就说明他已经读过三遍。在第五卷第五分册的封面上，还留下了毛泽东亲笔写的"吃烂苹果1975·8"。这几个字是用红铅笔写下的，从字迹来看，虽然没有当年那种遒劲潇洒、奔放流畅的独特风格，但它是毛泽东晚年对鲁迅著作的真挚感情的体现，也是他晚年读书的坚强毅力和顽强的治学精神的真实写照。

毛泽东和他的书

　　中南海丰泽园里四合院的西厢房,是毛泽东同志藏书的地方。36个一人多高的黄色木制书柜,布满房间,书柜里摆着马、恩、列、斯的经典著作和各种政治、经济、哲学、军事、史地书籍及线装古籍,还有科技、文学等书籍和报刊。西厢房是毛泽东藏书和读书的地方,南、北、西三面是一个个紧挨着的书柜,靠东窗下有一个单人沙发和一个小茶几,毛泽东常常一个人在这里静静地读书、思考。

　　从西房沿走廊向正房走去,正房门前写着"菊香书屋"四个字,西间是书房,东间是睡眠和后来办公的地方,中间是吃饭和休息的地方。这里依然是一个书的世界。除了书架上摆满各种书籍之外,饭桌上、茶几上、床上,就连卫生间里,无处不是书,无处不放书。这些书都是毛泽东平时喜欢阅读的。例如,床边就放着大字本的《国家与革命》《自然辩证法》、线袋本的《古文观止》《孙子兵法》《唐诗三百首》和《物种起源》等,旁边还放着一个放大镜。书上勾画的各种圈点、符号、标记和批语,密密麻麻,历历在目。在卫生间马桶前面的凳子上,也摆着书,书页翻开,似乎是主人刚刚翻阅后离去的样子。据工作人员介绍:这里的一切都是毛泽东生前的原样。他从不放过任何一点可以利用的时间,就是上厕所,也要捧起书来读几段。他读书,要是入了神会忘记睡觉吃饭;外出视察,也从不放松读书;据毛岸青、邵华回忆:50年代初,毛泽东买到一套线装本的《二十四史》,共485册,他非常爱读,由于经常翻看,许多册的封面和一些地方都磨破了,这套书一直伴随在他身边,他50年代读过它,60年代又看过,直到1975年病魔已经缠身,写字手都颤抖了,还在许多册上亲手写下了"1975.8再阅""1975.9再阅"的字样。

　　毛泽东读书不仅注重内容,而且注意方法,1917年毛泽东为同学肖子升《一切入一》的自学笔记写了一篇《序言》,仅500字,精辟、系统地叙述了他在青年时期的治学方法。《序言》开宗明义地说:"吾生也有涯，而智也无涯。"他主张学习之道，一要积微起纤，日积月累，不要眼高手低，好高骛远；二要广汇百家之流，不要囿于一家之言，偏执于一孔之见；三要梳篦条理，弃其糟粕，取其精华，不要囫囵吞枣，生吞活剥；四要持之以恒，锲而不舍，不要一曝十寒，半途而废。这都是他的切身经验，终其一生。

毛泽东藏书知多少

中央档案馆从1989年开始接手管理中南海丰泽园毛泽东故居的藏书。经过4年艰辛劳动，初步清点毛泽东藏书共有9万多册，包括经、史、子、集线装古籍和中外哲学、文学、历史、经济、科技等方面的著作。其中毛泽东作过重要眉批和圈批的有1300多册，有的反复勾画过，说明看过好几遍。目前他们正在做两项工作。一是对藏书进行清理打扫、消毒、除虫，等等；二是按照科学体系，将书目输入电子计算机，最后出版一本毛泽东藏书目录。

鲁迅与图书馆

鲁迅先生生前一直想完成《中国文学史》和《中国字体变迁史》。然而，他的夙愿终于未能实现，这除了当时他所处的险恶环境之外，另一个重要原因就是缺少一个藏书丰富的图书馆。1933年6月，他在写给曹聚仁的信上说："我数年前，曾拟编《中国字体变迁史》及《文学史稿》各一部，先从作长篇入手。但即此长篇，已成难事，剪取欤，无此许多书，赴图书馆抄录欤，上海就没有图书馆，即有之，一人无此精力与时光，请书记又有欠薪之惧，所以直到现在还是空谈。"

鲁迅先生治学严谨，他所运用的资料，大多是从图书馆翻遍群籍而获得的第一手资料。他认为，有志于学术著作，一定要多看原著，从原著中取得资料，否则便很难跨越前人的成就，鲁迅先生的《中国小说史略》《古小说钩沉》《唐宋传奇集》《小说旧闻抄》等等，都是他长期在图书馆孜孜不倦获得的劳绩。

鲁迅先生晚年在酝酿《中国文学史》和《中国文字变迁史》的时候，脑子里经常浮现出他所熟悉的北京图书馆的影子。他曾对许广平同志叹道："北京本来还可以住，图书馆里的旧书也还多。"许广平同志回忆说："北京有很好的图书馆，这是先生时常所怀念的。"许寿裳先生也回忆说："他时常对我说，颇想离开上海，仍回北平，因为北平图书馆可以利用。"鲁迅先生在一封信上说："我还是喜欢北京，单是那一个图书馆，就可以给我许多便利。"从鲁迅如此重视图书馆可见掌握资料是多么重要。

鲁迅开的书单

鲁迅先生生平是不随便为青年开列书目的，但个别青年去请求他指导时，他还是不吝赐教的，为许寿裳先生的儿子许世瑛开列的一个中国文学入门书目便是例子。下面就是鲁迅先生开列的原书单：

一、计有功（宋人）《唐诗纪事》（四部丛刊本，又有单行本）。

二、辛文房（元人）《唐才子传》（今有木活字单行本）。

三、严可均《全上古……隋文》（今有石印本，其中零碎不全之文甚多，可不看）。

四、丁福保《全上古……隋诗》（排印本）

五、吴荣光《历代名人年谱》（可知名人一生中之社会大事，因其书为表格之式也，可惜的是作者所认为历史上的大事者，未必真是"大事"，最好是参考日本三省堂出版之《模范最新世界年表》）。

六、胡应麟（明人）《少室山房笔丛》（广雅书局本，亦有石印本）。

七、《四库全书简明目录》（其时是现有的较好的书籍之批评，但须注意真批评是"钦定"的)。

八、《世说新语》刘义庆(晋人清淡之状)。

九、《抱朴子外篇》葛洪(内论及晋末社会状态,有单行本)。

十、《唐摭言》五代王定保(唐文人取科名之状态)

十一、《论衡》王充(内可见汉末之风俗迷信等)。

十二、《今世说》王晫(明末清初之名士习气)。

顾颉刚开的书单

《京报副刊》的主编孙伏园,曾经给当时文化界的知名人士各送去一份征题,请他们为青年开出一份"必读书"的书单来。著名的历史学家顾颉刚所开的书单,与胡适、梁启超、林语堂等人开来的大不一样。他开书单的目的是:第一,要青年认清自己努力的方向。第二,要青年不要读死书,死读书。他的书单不叫"必读书",而叫"有志研究中国史的青年可备闲览书",书后加有小注,这十四种书是:一、《山海经》。读这部书,可知战国时人对于宇宙和生物的想象。二、《梁武石室画像》。从中可知汉代人的神化、伦理思想,及其起居生活。三、《世说新语》。读此可知六朝人的思想风度,四、《洛阳伽蓝记》。读此可知北朝人的生活和他们崇信佛教的状况。五、《大唐西域记》。记西域诸国的神话和佛教势力。六、《唐人说荟》。聚唐人短篇小说甚多,可见唐代人的思想与文艺。七、《宋元戏曲史》。述戏剧演进之历史。八、《元秘史》。叙成吉思汗及乌阔台的事迹。九、《马可·波罗游记》。读之可见十三世纪的东方文化。十、《陶庵梦忆》。读此可知明代人的生活梗概。十一、《徐霞客游记》。十二、《桃花扇》。十三《西秦旅行记》。十四、《南洋旅行记》。

季羡林喜爱的十种书

季羡林在开列的"我喜爱的十种书"中写道:

一、《红楼梦》 本书刻画人物达到出神入化的境界。人物一开口,虽不见其人,但立刻就能知道是谁。在中外文学作品中,实无其匹。

二、《世说新语》 这也是本奇书。当时清谈之风盛扇。但并不是今天的"侃大山"。而要出言必隽永有韵致,言简意深,如食橄榄,回味无穷。

三、《儒林外史》 结构奇特,好像是由一些短篇缀合而成。作者惜墨如金,描绘风光,刻画人物三言两语;尤以讽刺见长。作者威仪严然,不露笑容,讽刺的话则入木三分。

四、《李义山诗》 义山诗词藻华丽,声韵铿锵。有时不知所言何意,但读来仍觉韵味飘逸,意象生动,有似西洋的 PurePoetry(纯诗)。诗不一定都要求懂。诗的词藻美和韵律美直接诉诸人的灵魂。汉诗还有一个字形美。

五、李后主词 他不用一个典故,但感情真挚,动人心魄。中国历史上多一个励精图治的皇帝,没有多大分量。但是,如果缺一个李后主,则中国文学史将成什么样子?

六、《史记》 此书真正意义不在史而在文。时至今日,不可一世的汉武帝,只留得"西风残照汉家陵阙",而《史记》则"光芒万丈长"。历史是最无情的。

七、陈寅恪《寒柳堂集》

八、陈寅恪《金明馆丛稿》 他从不用僻书,而是在人人能读人人能解的典籍中,发现别人视而不见的问题。他这种本领达到了极高明的地步,为学者所折服。陈先生不仅是考据家,而且是思想家,他对中国文化的理解,实超过许多哲学家。

九、德国 Heinrichuluders(吕德斯)《印度语文学》 在古今中外的学人中，我最服膺，影响我最深的，在中国是陈寅恪，在德国是吕德斯。我读他那些枯燥至极的考据文章，如读小说，成了最高的享受。

十、德国 E·Sieg（西克）W·siegling（西克灵）和 W·Schulze（舒尔茨）《吐火罗语法》 吐火罗语是一种前所未知的新疆古代民族语言。三位德国学者通力协作，经过二三十年的日日夜夜，终于读通，而且用德国学者有名的"彻底性"写出了一部长达518页的皇皇巨著，成了世界学坛奇迹。

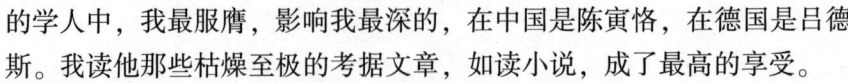

名人童年爱读什么书

俄国作家普希金读过狄德罗和卢梭的法文原版著作，以及古希腊诗人荷马和普卢塔克的许多法文译本，如《奥德赛》和《伊利亚特》等。

俄国作家果戈理童年时爱读宗教道德内容的作品，特别是描写圣徒生活的著作。俄国剧作家奥斯特洛夫斯基像普希金一样喜欢普卢塔克的作品。奥斯特洛夫斯基全家都爱读普希金的书。

英国作家、数学家和逻辑学家卡罗尔少年时期读得最多的是狄更斯的作品和神学著作。从幼年起就写小剧本和家庭杂记。

沙皇尼古拉二世幼年就读了大量书。而真正认真读书则是在进入成年之后。他退位后关在皇村时，为孩子读了不少书。皇村的孩子俄文差，所以他常常用英语和法语为他们读书，如大仲马的《基督山伯爵》等轻松的作品。

苏联俄罗斯作家布尔加科夫9岁时就读了雨果的《巴黎圣母院》，他还读了许多俄国作家的经典著作和外国作家的童话，他最爱读富尔曼写的描写彼得大帝年轻时在荷兰学造船当木工的一本书。

苏联俄罗斯作家布宁什么都读，如莱蒙托夫、茹科夫斯基、屠格涅夫、麦考莱、莎士比亚和别林斯基等俄国和英国文学批语家和历史学家的作品。后来他迷上了普希金的著作。英国学者和作家托尔金受母亲的影响，幼年只读宗教书籍。少年时期开始用他学会的十来种语言读欧洲国家的叙事诗。俄国女诗人茨韦塔那娃幼年读过姐姐书柜里的《普希金选集》。她尤其喜欢《叶甫盖尼·奥涅金》和《茨岗》。

苏联俄罗斯女诗人阿赫马托娃假期只被允许读涅克拉索夫的厚厚的一本选集。母亲给她读杰尔查文的诗。她13岁时已能看法文书，爱读波德莱尔和魏尔兰的诗。英国甲壳虫乐队主唱列农幼时爱读英国作家卡罗尔《艾丽丝漫游奇境记》。7岁起就开始自己写书，第一本书叫《运动和速度画册》。

对世界青少年成长影响重大的名著

《约翰·克利斯朵夫》（法）罗曼·罗兰著
《爱的教育》（意）亚米契斯著
《木偶奇遇记》（意）科洛迪著
《彼得·卡门青》（瑞士）赫尔曼·黑塞著
《牛虻》（爱尔兰）伏尼契著
《莎士比亚戏剧故事集》（英）兰姆姐弟著
《简·爱》（英）夏绿蒂·勃朗特著
《呼啸山庄》（英）艾米莉·勃朗特著
《挪威的森林》（日）村上春树著
《尼尔斯历险记》（瑞士）拉格洛夫著
《钢铁是怎样炼成的》（苏联）奥斯特洛夫斯基著
《福尔摩斯探案集》（英）柯南道尔著
《波洛探案集》（英）阿加莎·克里斯蒂著
《麦田里的守望者》（美）塞林格著
《飘》（美）米切尔著
《凡·高传》（美）欧文·斯通著
《西游记》（中）吴承恩著
《格林童话集》（德）格林兄弟著

梁实秋谈书

从前的人喜欢夸耀门第，纵不必家世贵显，至少也要是书香人家才能算上相当的门望。书而曰香，盖亦有说。从前的书，所用纸张不外毛边连史之类，加上松烟油墨，天长日久密不通风自然生出一股气味，似沉檀非沉檀，更不是桂馥兰薰，并不沁人脾胃，亦不特别触鼻，无以名之故名之书香。书斋门窗紧闭，乍一进去，书香特别浓，以后也就不大觉得。现代的西装书，纸墨不同，好像有一股煤油味，不好说是书香了。

不管香不香，开卷总是有益。所以世界上有那么多有书癖的人，读书种子是不会断绝的。买书就是一乐，旧北平琉璃厂隆福寺街的书肆最是诱人，你迈进门去向柜台上的伙计点点头便直趋后堂，掌柜的出门迎客，分宾主落座，慢慢的谈生意。不要小觑那位书贾，关于目录版本之学他可能比你精。搜访图书的任务，他代你负担，只要他摸清了你的路数，一有所获立刻专人把样函送到府上，合意留下翻看，不合意他拿走，和和气气。书价么，过节再说。在这样情形之下，一个读书人很难不染上"书淫"的毛病，等到四面卷轴盈满，连坐的地方都不容易匀让出来，那时候便可以顾盼自雄，酸溜溜地自叹"丈夫拥书万卷，何假南面百城？"现代我们买书比较方便，但是搜访的乐趣，搜访而偶有所获的快感，都相当地减少了。挤在书肆里浏览图书，本来应该是像牛吃嫩草，不慌不忙的，可是若有店伙眼睛紧盯着你，生怕你是一名雅贼，你也就不会怎样从容，还是早些离开这是非之地好些。

从读书到写书

在一些人的心目中,作家是十分神秘的,犹如一个魔术师,文章一篇一篇地发,作品一本一本地出,肚子里怎么会有那么多可写的?就不会写"干"吗?

有如上疑问的来信,我就曾接到过许多封。特别是青少年朋友,似乎对"文学"有种特殊的感情,自然,所提问题,也就越发地多。

有的问:"作家的梦怎样才能圆上?"

有的问:"我写作多年,寄出的多,退的也多,我很想知道,文学之路应该如何走?"

……

复信是劳累的,却是认真的。但每每在回答问题的末尾,我总会告诉他们要写书就要先读书的"必由之路"。

兴许有人会说,书是人人都读的,这与写作有多大关联?我的体会是,要想写书,必先读书。这种读书,不是囫囵吞枣,不是一目十行,而是要在"懂"字上下功夫,从中汲取写作的"营养"。还是从我走过的路谈起。

我的老家在北京市房山区南尚乐镇半壁店村。那一年,我小学毕业,考入了涿州第一中学。那是一所河北省的重点中学,美丽的校园、一流的教师,教学设施也十分齐备。特别令我兴奋不已的是学校里有个大图书馆,报刊杂志多,藏书也很多。在农村长起的我,一下子跳入"书的海洋",犹如饥肠辘辘的孩子猛地来到丰盛的筵席前一样贪婪。

我成了图书馆的常客。饥不择食,狼吞虎咽,只要有时间我就往图书馆跑,躲在一角看个痛快。

一天,学校又购进一批新书,大多是中外文学名著。这可是我梦寐以求的"宝贝"呀。在帮图书馆里的王老师忙了一阵之后,我兴冲冲地借了五册书抱回了教室。

一周后我去还书,想再换回一批来。不料,王老师问我:"这么快就看完了?"

我点点头。

她从中抽出一本书说:"这是法国短篇小说大师莫泊桑的小说集,你说说,这本书共收了多少篇作品?作者的写作风格是什么?《羊脂球》为什么要那样开头?《项链》的结尾有什么特色……"如同连珠炮,直"轰"得我抬不起头来。

说实在话,那些问题我一个也回答不出。因为我连想也没想。

王老师批评了我:"看书,一定要在'懂'字上下功夫。看书如同吃东西,只图快,没有把营养吸收,吃得再多又有何用?看了书,要弄懂,这样对欣赏、对写作才有好处。"

我的脸红了,要求把书拿回去重读。

为了读懂,我把老师提的问题一一记下来,又逐个到书中去寻找答案。两周后又去还书,并把问题答卷交了上去。

王老师看了看,笑了:"这回一重读,看似慢了,可注意'消化',变成了营养吸收了,这不反倒快了?这就是慢与快的辩证法。你说,是不是这么个道理?"

我把老师的话牢牢地记在心里,并在读书中去实践,有时还详细做了读书笔记,把写作特色、优美词句等一一抄写下来。后来,我读了大量的中外名著,受益匪浅。

这些年,我出版了章回体长篇小说《山猴子》《宗介华含谜小说选》、游记散文集《访澳旅丝》等二十余本书,作品多次获奖,有的作品还译成英、阿、印地、法、西班牙等六种文字介绍到国外。每当青少年朋友请我题词,我总会毫不犹豫写下这么两行发自内心的话:

切记,书中藏有黄金。

读书,作家必由之路。

酸萝卜下酒

很多时候,独坐花园,手捧一本杂志或是一份报纸,一个人静静地阅读，静静的思考。阳光仿佛在身旁款款展翅，清风挟带着各种各样的花香不时亲吻我的脸庞。世界很大，世界又很小，在这种时候，把心情托付给散发墨香的铅字，岂不是人生之中最为愉悦的事？

朋友说我太过陈腐，都什么年代了，还惦念着那份"书卷子气"。我一笑置之。是的，校园内像我这种埋头书堆的人确是少了，更多的人热衷的是追这追那，热衷于购买款式天天翻新的时装，在接二连三的舞会里，连续不断的聚会上忙个精疲力尽才是他们最为痛快的事情。一千个人自有一千种不同的活法，我从不在意别人怎么样，重要的是检查自己在日子面前是否一天比一天充实。若是有人问我读师范这几年有何收获，我就会指着那口塞满书籍的木箱，满脸自豪地说："这就是我最大的收获！"

家里每月都按时把生活费邮来。每次周末，从邮局走出的第一件事就是到城里的新华书店和各种书摊走走，只要遇到自己喜欢的书，就会毫不吝惜地买下来。直到华灯初上，抱着一大摞书饥肠辘辘地走在回校的路上，心里有种说不出的狂喜。宿舍里静悄悄的，有时，顾不上吃饭，点上一支红烛，就着摇曳的烛光，津津有味地从头到尾翻阅起来。作者深邃的思想就像溪流一样从字里行间汩汩地流出来，一直流到我渴盼的心里。尽管风雨操场上舞会狂劲的音乐不时袭击过来，也丝毫不能影响我的兴致。是呀，有什么比我更幸福呢，在墨香芳菲的书籍与书籍之间，让心灵和眼睛同时接受美的洗礼，岂是平常人能享受得到的？

读的东西多了，头脑的蕴含量便与日俱增。所谓心境澄明，如何分辨美丑我是十分明晰的。遇到年老的乞丐或是无助的孤儿我会掬一把同情的泪，献出一点微不足道的心意；读到或碰到可恶可憎的事情，我忍不住要拍案而起，咬牙切齿。久而久之，当夜深人静，独自一人走在校园小径的时候，内心深处便会有一种东西想涌出来，倾诉的欲望像常青藤一样爬满心壁。于是，我飞奔入教室，抓起纸笔，就着窗外碎银似的月光写下这种灵动。日子一长，写了厚厚一大摞，好友帮我整理抄正投了出去，不想，竟然有好几篇变成了铅字！

寒假，背着一旅游包书籍回到家里，母亲数落着我："你呀你，真

是书呆子，看隔壁人家小林，去省城读书才半年，打扮得多帅，还带回一个漂亮女孩哩！"

我哑然无语。还是教书的父亲理解我，他笑吟吟的说："哈哈，我们的儿子读书跟我喝酒差不多。"是呀，父亲教学之余，喜欢杯中之物，而下酒菜却总是普普通通的酸萝卜条。据说这是当年下乡当知青养成的习惯。

近年，母亲经商挣了不少钱，下菜也该换成卤鸭或者至少也应该是花生米麻辣胡豆什么的。可父亲还是钟情于他的酸萝卜条儿，还自书了一幅"酸萝卜下酒，其乐无穷"挂在客厅自勉哩！

还是父亲概括得好，看来"艺术源于生活"不会错。我对读书写作之情有独钟大概也是从"酸萝卜下酒"的格言中一脉相承下来的吧？

伴书一生

我这个人不属于讲起话来滔滔不绝的那一种，可是一提起书却总是神采飞扬。古代有"禄蠹"，我呢，可以算是一只"书蠹"吧。

读书是我生活中的一大乐事，为此付出了鼻梁架上沉甸甸的眼镜，并且镜片上的圈圈有日益增多的趋势，即使付出这样沉重的代价也依旧乐此不疲。方寸之间有着多么广大的世界啊！而固执的我又一贯认为，中国的文字是世界上最奇妙的文字。那么普普通通的几千个小方块，被拆开又拼起，拉长又锤扁，可以组合成或平淡或华丽或深沉或雅致的文字，而我正可以透过它们去感受创作它们的人们有着怎样温柔敏感的心灵，又不必担心有窥探他人隐私的嫌疑，实在是叫人拍掌称快。而身为书虫的我，一旦隐进那些文字方阵里就像被梦魇住了一般，一时半会儿是出不来的。爹妈上班临走前千叮咛万嘱咐要烧的饭，就在我多看了几页书的犹豫中变成了一锅糊饭。

逛书店又是一大乐事。鉴于自己目前还是一个穷学生，看到书店里那些包装越来越精美的"大部头"，除了慨叹寸纸寸金以外，再没有别的。不过，买不起，摸一摸也是好的。从书架上拿下一本厚厚的《新诗鉴赏词典》，那种沉甸甸的实在感立刻占据了我的整个心灵，感觉一下子充实起来。信手翻开一页，嗅嗅那油墨的清香，恨不得真变成一条书虫钻进去把每个字从头至尾啃个干干净净。可一翻书后的定价，只好理智地将它放回原处。在书店里的望书兴叹，逼得我不得不去特价书市和旧书摊。不过这是别一种幸福，一种不但可望而且可及的幸福。买到一本可心的书而又不至于超出我的财力支付范围，那种成就与满足感真说不清楚。

借书是读书的最高境界，我以为。书非借不能读也，这永远是一条颠扑不破的真理。看看自己的书橱，大多数成年累月被摆在那里而我只是经常像赏玩古董一样地翻一翻，却从不投入地读一次，心里不觉惭愧。总归是自己的书，什么时候看不是一样？借的书就不同了，那不是你的所有，并且以后很可能就再难得有重逢的机会，这绝无仅有的邂逅你难道不倍加珍惜？

读书所以买书，财力不济便去借书，而不管怎样，我是下了决心一辈子都要做书至死不渝的情人了。

从阅读内容"破译"个性的方法

心理学家认为，对于不同类的阅读也可反映阅读者的不同个性，以下是十几种类型：

一、喜好阅读报刊新闻杂志的人：这类人常对时事很感兴趣，他们常常属意志较为坚强的现实主义者，同时也具有思想敏锐、易接受新事物的特点。

二、喜好阅读历史书者：这部分人往往踏实、勤奋，他们多不喜欢把时间花费在不切实际的空谈或闲扯上，也不愿参加社交活动，他们对建设性的工作兴致勃勃。甚至废寝忘食。

三、喜欢阅读他人自传者：这类人往往具有强烈的好奇心，并且可能具有一定的野心，但他们处事又往往较谨慎，在作出决定前往往会周周密密考虑有关方案的利弊，并进行周详的可行性分析。

四、喜爱阅读科幻小说者：这类人往往具有高度的想象力和富有创造力，他们对自己的将来往往都有一个自我设计和计划，当然这些自我设计和计划并非都能实现。

五、爱阅读经济杂志的人：这部分人常具有极强的竞争心理，凡事都想超人一等，不甘落后。

六、嗜好阅读爱情小说者：这类人往往感情丰富，性格也较为乐观，并且常富于直觉，属于第六感观敏锐者。他们在遭受打击或挫折后常能较快地重新振作起来，善于面对现实。

七、喜好阅读时装杂志者：这类人往往很看重自己在他人眼中的形象，也很注意自己的身份，在日常生活中他们往往会努力改善自己在别人眼中的形象。

八、爱好阅读妇女杂志者：若对于一位女性读者而言，这类人往往具有较强的进取和自立精神，她们希望自己事事都出色，有意为自己争一项"女强人"的桂冠。

九、爱阅读侦探故事者：这类人常有解决难题、接受挑战的愿望。在实际生活中他们也很可能是解决难题的好手。他们很愿意去处理、解决一些他人不敢染指的难题。

十、喜爱阅读娱乐性杂志者：这部分人往往生性乐观，富有同情心。他们往往较为幽默和诙谐，擅长谈论富有趣味的话题，属于能为他人带来快乐者。

十一、喜好看漫画者：这类人往往具有喜欢玩乐、无拘无束的性格。他们较随便，甚至可能把生命也看得并不那么认真。

十二、喜欢阅读恐怖故事者：这类人常把实际生活看得很沉闷、枯燥无味。他们的内心常有寻找刺激及冒险的倾向。

把书当玩具

望子成龙的父母是怕孩子说："我不爱读书。"其实，孩子对书的兴趣完全可以从"玩"中培养，香港报纸"父母教室"栏目的撰稿人杨锦郁女士身体力行，并初见成效。

当杨女士的孩子还在襁褓中的时候，她就开始为孩子准备书。因为孩子幼小，所以她挑选了图画较大、色泽活泼的立体书，还有专为儿童设计的塑料书、有声书。当杨女士忙着做家务时，七个月大已经能坐稳的儿子，便在婴儿床里安静地翻书、啃书。而当孩子一岁多时，杨女士已为他领了图书馆的借书证。如今，五岁多的儿子已能津津有味地读书了。虽然儿子因要求陪读而时时打扰妈妈，但是看到儿子爱书、读书的模样，杨女士甚是欣慰。

把书当玩具，并非要孩子学到具体的知识，而只是培养他对书的兴趣，让他知道，书像其他玩具一样是有趣味的。由于孩子的身边随时有童书可翻弄，在撕、啃的过程中，随着年龄的增长，他会发现书里蕴藏着许多有趣的人和事，孩子不满足被动地听大人讲解，他开始主动地、独立地读书。一种习惯的养成，在玩中建立起来，这比日后逼孩子念书轻松多了。

另外，不论孩子喜欢不喜欢读书，但他们都喜欢和父母在一起读书的气氛，聆听父母温柔亲切的话语。因此，把书当玩具，不是单纯地把书给孩子，它更需要家长的引导和讲解。

年轻的父母们，不妨也给你们的宝宝买几本书当玩具！

最佳的读书心理

最佳的读书心理，起码要具备以下几项内容：

一、纯洁的心境。在阅读之前把一切荒杂、繁琐的念头拭去，使心境如一块水晶，一池清水。

二、渴求的心欲。读者要有如饥似渴的求知欲，要有浓厚的兴趣和爱不释手的感情。

三、安静的心绪。读书的心绪要安静，呼吸应均匀，克服慌乱、烦躁和紧张。

四、明确的心志。在读书的整个过程中要有一个念念不忘的目的。

五、专一的心力。读者在阅读时要把全部精力倾注在阅读对象上面，加强感觉器官和思维器官的活动，造成大脑的兴奋中心。

读书与卫生

> 读书有益乃古训，
> 增长知识益身心。
> 忽略卫生犹过度，
> 眼睛近视病缠身。

这就是说，读书本来是一件好事，但是，如果不讲读书时的卫生，也会有损人的身体健康。

为什么读书必须注意卫生？这是由书刊的具体状况和人的生理机能决定的。书刊多是由铅字排印，油墨印刷，在书刊的印刷过程中就会沾上铅、苯等有毒物质。同时，书报是传播知识的工具，图书馆、阅览室的书，经过许多人看，读者若是有病，书页上难免沾上病菌、病毒和寄生虫卵，就是自己的藏书也难免借给他人或沾染上灰尘。这就告诉我们，读书不讲卫生是不行的。

读书讲卫生要注意哪些呢？

首先，要改掉读书看报时用手指沾唾沫翻书页的坏习惯。

谈到这个问题，使我们想起《金瓶梅》问世的一段公案传说。明朝巡抚王杼得到《清明上河图》，被奸相严嵩知道。他依仗权势，向王杼索取。王杼不愿意，便请来一个临摹高手，照画了一幅，送到相府。严嵩得到此画异常高兴，一天，拿出此画给当时文人唐顺之观看。唐顺之和王杼素来有矛盾。他看后冷笑说："相爷受骗了，这是摹本。"严嵩闻听此言，恼羞成怒，随即捏造罪名，将王杼处死。王杼的儿子王世贞为了报杀父之仇，便以《水浒》中西门庆、潘金莲的故事为蓝本，敷演成篇。王世贞一面写，一面雇来梓工刻版，令以毒汁濡墨印刷。随写、随印，随送给唐顺之阅读。墨浓纸粘，唐顺之频频用手蘸口水掀书页，毒汁随口水入嘴，不久就把唐顺之毒死了。这个故事虽不可全信，但说明很多人有用手指沾唾沫翻书页的习惯。"病从口入"，许多病可因此而染上，这不能不引起读书人的注意。

其次，读书前后认真洗手。

书不只一个人看，特别是图书馆的书，看的人很多，有健康人，也有患各种疾病的人，认真洗手既可防止把病毒传给别人。也防止自己被传染。饭前洗手尤为重要。可惜相当多的人有一种错觉，认为书报是干净的，因而把读书前后洗手给忽略了。

再次，注意保护眼睛。

由于读书需要思想集中，需要用眼、用脑，因此读书时要有正确的姿势，要坐端正，眼睛与书的距离不要太远，也不宜太近，以距离一市尺为宜。许多人有趴在桌子上看书，或躺着看书的习惯，这都有损眼睛，特别是有人在乘车、走路时也读书，颠簸震动会使书本与眼睛的距离变换不定，造成眼睛疲劳，久而久之，形成远视眼。另外，有的人读起书来，废寝忘食，看得时间很长，有损身体健康，读书效果也不会好。所以，注意读书卫生的人读四五十分钟就休息一会儿，休息的时候，看看远方，看看天空或花草树木，使眼肌放松，消除疲劳。

讲究读书卫生还要讲究读书环境，读书时光线要适宜，不要在黑暗地方读书，也不要在光线过亮的地方读书。亮度在50～100勒克司（照明单位）比较合适。读书最好有一个较为安静的地方。

有的人边吃饭边看书报，这不仅影响集中精力，也不利于消化系统运动，因为读书需要大脑思考，吃饭也需要在大脑指挥下进行，这样做不是影响读书效果，就是对身体不利。

奇特的书

书史漫长，书种繁多，浩如烟海。除人们经常看到的各种开本的纸质书外，世界各地还有许多种类不同，制作材料不同，结构形状不同，

阅读方式不同的奇书，选录几种，以飨读者。

甲骨书

甲骨书距今已有3500多年的历史。甲就是乌龟、甲鱼的腹甲，骨就是牛、羊、猪等动物的骨头，刻在上面的文字叫甲骨文。

金书

斯里兰卡古都阿努拉达普拉的一座古庙中曾挖掘出一部金书。金书共7页，记载着一部印度古代的史诗，每一页都是用纯金薄箔制成。据考，这册金书是大约1400多年前由印度传入锡兰的。

钢书

在南美洲巴西圣保罗市中心广场上，陈列着一部钢书，这部共有1000页的奇书均用不锈钢薄板铸刻并装订。书中记载着圣保罗城市的历史沿革、风土人情、名胜古迹。

铜书

铜书，也称青铜器书，文字刻在或铸在青铜器上面，叫"金文"或"钟鼎文"。保加利亚西部的加布罗沃城，保存着一部世界上制作最精巧的青铜书。全书22页，重8斤，镌刻的都是警句格言。

竹书

竹书，大约出现在商朝末期，直到战国时代才普遍使用。人们把字刻在竹片上，用绳子把竹片穿起来。我国出土的考古文物，刻有孙子兵法的竹简就是竹书。此外，印尼至今仍有工匠用火烤过的扁平竹皮，上刻文字，做成竹书作为手工艺品出售。

木书

直接用木材做的书，出现在大约公元1世纪。它的书页简直就是一块块小黑板。它先在木板上平涂一层蜂蜡，再用尖嘴金属小棒刻蜡写书，最后用金属把小黑板"装订"成册。在朝鲜朴而古客刹的古塔基座内，发现了一本印在木板上的经书，这部木头书估计是公元700年前后的印刷品。

泥书

古代的亚述国曾出版一批用粘土制的书。书页的幅面为32厘米×32厘米，厚度为2.5厘米，用木棒写字，泥板晒干后，再放到窑里烧，其样子像块"砖"。书的页码有几十页的，也有几百页的。叙利亚发现了世界上最古老的辞书，是由1.5万多张黏土薄片制成的。

砖头书

古代亚述帝国曾在巴尼微的地方建都（现在的伊拉克摩苏尔附近）。近代的一些考古学家就在这座皇城的废墟中，挖掘出了亚述巴尼拨王（公元前7世纪）的图书馆。在这座古图书馆中仍有几万块砖头书。

据考证，在亚述帝国时代，一些能工巧匠以黏土制成大小、厚薄都很适当的片子，呈半干状态时，在片子上面写上文字，然后经炼烧，就成为砖块般的"砖头书"了，这种书按顺序编号。一部书就是一大堆砖块。

在叙利亚也有人挖掘到一部砖头辞典，它是由1.5万块黏土薄片组成的，被称为世界最古老的辞典。

丝绸书

丝绸书，又称帛书和缣书。即把字写在丝绸上，丝绸书出现于我国春秋战国时期。

树叶书

树叶书出自印度，把柳树叶压平，切成一定的形状，装订起来，书边镶金，就是一本很别致的树叶书了。当然，古印度最出名的书是"贝叶书"。这种书用贝多罗树的阔长叶子，用水沤后加工制成，它是一种很好的书写用品，多用来写佛经，故佛经又称为"贝叶经"。

纸草书

尼罗河三角洲有一种草，其茎经剖开、整平、磨光等工序，可成为书写用品。这就是对埃及文化起过重要作用的"纸草书"。这种从古埃及的坟墓里发掘出的用纸抄写的书籍，今天还有不少珍藏在各国博物馆里。英国考古学家兰德尔于1888年游历埃及时，在古董市场上买到一卷纸草书，它是迄今世上最古老的数学书了。美国珍藏有一张纸草地图，这是一幅古埃及金矿的平面图，画于公元前1170年，是目前所知的世界上最古老的地图。

羊皮书

在涉及欧洲历史的一些作品中常提到一种"羊皮书"。羊皮书开始盛行于公元前的地中海各国。羊皮纸用羊羔的皮除毛、磨光制成。越薄越珍贵，最薄的一卷可以放入一个胡桃壳中。至中世纪，欧洲各国都普遍用羊皮纸制书了。羊皮书代价是惊人的。一本书就是一群小羊。

1964年，有个日本人出400万法朗的高价，想购买一本叫《世界末日》的羊皮书，结果被书主人拒绝。原来此书封面用铜、金、宝石做成，重210公斤。书中有551个金字，所用的羊皮纸需耗费303张羊皮。

伦敦图书馆里有许多戴着"脚镣手铐"的书，那就是珍贵的羊皮书。由于这种书容易被盗，于是得锁起来。这是图书馆绝无仅有的怪事。

人皮书

目前世界上至少有100册用人皮装订的图书。在人皮装订的图书中，最有名的一本是法国著名天文学家、诗人卡米尔·弗拉马利翁博士的诗集《空中的土地》。据说，当时有一位伯爵夫人非常喜欢这个博士的诗，她在遗嘱中提出要用自己肩上的皮装订这本书。现在，这本书的封皮上烫有这样几个法文金字："遵照一位女士的心愿，用她的皮装订而成"（1982年）。这本书一直为卡米尔博士收藏，他死后，被一个美国藏书家购去。

石书

缅甸大释迦提寺里供奉着一部世界上最重的石头书，每一页都是一块高1.5米的大理石，上面刻着佛经。

蜡书

古罗马人在木板中间挖好框子，里面嵌进蜡，用棒子代笔（铁或象牙制成）在上面刻字，然后在板子一边扎眼穿绳，订成一本书。

纸书

公元1世纪，我国劳动人民发明纸，为人类的文化发展作出了卓越的贡献。

塑料书

近年，高强塑料印制的全塑书已经问世。这种书印制精美，图照清晰，不易撕毁，可以清洗，适宜作幼儿读物和广告图册。

帽子书

秘鲁歌德伯泽人所读的书，看上去像一顶顶帽子。这种帽子书是用十多层布围成帽圈，每层布上都粘着书页，一顶帽子相当于一本书。当地人认为，书是文明的象征，是至高无上的，把它当成帽子表示崇敬。

在歌德伯泽人的乡村学校里，教师发给学生的课本，就是一顶顶的帽子，在课堂上课时，学生都拿着"帽子"在学习。学习结束了，学生们就戴着"帽子书"回家了。

立体书

是用硬纸印成的，每一页中间粘着仿造实物按比例绘制剪贴成的各种不同的厚纸模型。打开时，书里粘着的模型马上就会站起来，和书页上印的彩色画面相配合，组成一幅美丽的立体图案。这种书易引起儿童对知识的兴趣，成为孩子们的良师益友，如日本有两本叫作《动物的婴儿》和《魔术师的末日》的画册，就是这种立体印刷物。英国霍尔马克儿童读物出版社，出版了反映历史名胜的折叠式的立体画书籍。《美国里程碑》书内有屹立在纽约港口的"美国自由神"，还有"林肯纪念碑""国会大厦"等近10种立体、折叠式的美国名胜。这种画层次分明，栩栩如生。哥伦比亚兰多姆出版的立体书《最》介绍了世界最长的脖子、最高的人、最大的雕像、最高的房子，很容易被孩子们记住，深受小读者的欢迎。

无声的书

用无声纸做的书在翻动书页时没有任何声响，特别适于播音员使用。

激光书

利用全息摄影术，针尖大的地方可容纳上百页的书，指甲盖那么大的面积竟可储存100亿页的书。

电子书

利用电子计算机储存图书资料，阅读时再通过输出设备转译成文字。联邦德国出版的这种辞书，重量虽只有70克，但包括4000条辞目，用书时只要把想查阅的单词开头两个字母转入书盒内，按几个电键，电子书马上会显示你所要查的有关条目。

防盗书

英国图书被盗的现象越来越严重，为此，英国一家公司研制出预防图书被盗的特殊装置。把每本书都用一根金属带子封好，如果小偷把书从存放处拿起，那么到了出口处就会被发现。安装在那里的一个特别装置上的信号灯就自动亮了，而且机器人还发出了"小偷，站住！把书交出来！"的声音。

能发光的书

含磷的油墨印刷的书，在夜间没有灯的情况下，字迹发光，便于阅读。

有香味的书

书里印有不同的画面，发出不同的香味。例如，书上印的玫瑰花，不但看上去颜色鲜艳，而且能闻到扑鼻的玫瑰花香。美国格罗西特和邓拉普出版公司为孩子们出版的香味书《咱们上山去吧》，用手触摸书中的热可可茶、西瓜和松子，即可嗅到可可、西瓜和松子的香味。这是因为书中的纸是用带不同香味的纸剪贴上去的。

手掌书

在刚果东北部的亚米开齐人居住的地方，有一种书店叫作"掌心店"。这种书店其实里面一本书也没有。书店的主人只是雇用了几名当地被公认为有学问的人。需要读书的人，只须说明要了解哪些事情，就会有懂得你需要的"书"的内容的人，拉起你的手，用紫色草汁在你手掌上写下所需要的文字，就算是"手掌书"了。这种"手掌书"最长的可以从手掌写到双臂上。

可以吃的书

用能吃的纤维制成纸，用能吃的油墨印刷，再经过消毒，既是精神食粮，又是物质食粮。

能洗的书

这种书弄脏了可以放在水里洗洗再看。原来它是印在布上的书，每一页就像一块印着漂亮图案的小手帕。一本书就像一叠订在一起的印花手帕。这是意大利的蒙达多利出版社为一两岁的孩子出版的书，不易撕坏和弄脏。

可取暖的书

在伊拉克古城尼尼微的遗址，人们发现了一种2000多年前的古书。这批古书是用泥土烧制成的，25～30厘米见方。考古学家们发现在寒冷的夜晚，人们可以将它烧热带上床，一面读书，一面取暖。

缩微图书

用缩微照像的方法把文字和图案照在照片上，通过阅读器阅读。

能说会唱的书

英国斯太勒格林公司为少年儿童出版的画册《金鹅》，在封底的空白处镶有微型唱片，另一张硬纸下端镶嵌有一支小唱针。用手指转动唱片，使唱针与唱片接触，并在唱片上滑动，这时就可以听到书中的说唱声。据说国外有些出版的书中，还装置着很精致的录音带，打开扉页就等于启动了开关，书中就会播放音乐或人物对话。

这种会说话的书，照顾了少年儿童的心理特点，语音简炼，增强了感染力，加深了对书中内容的理解。

卷帙浩繁的书

1668—1672 年，英国爱尔兰大学出版社推出了一套 1112 卷本的《不列颠议会文件》。这套世界上最多卷本的出版物重 3.3 吨，以每天 10 小时计算，通读一遍需花 6 年的时间。爱尔兰大学耗去相当于 3.9 万美元的金锭印刷了 500 套豪华版的《议会文件》，这套书全部用印度山羊皮装帧封面，仅这一项材料，使 3.4 万头山羊成了牺牲品。

动物捉迷藏的书

美国凯斯特图里尔图书公司和美国瓦伊金出版社出版的《捉迷藏的英文字母书》，为了引起孩子学习英文字母的兴趣，在字母的空白处有一个引键，牵动一个字母引键，就会出现一个以该字母为首的动物图像。比如牵动"O"的引键，字母当中的空白处就会出现猫头鹰睁着眼睛的图像，推回引键，猫头鹰就会闭上眼睛慢慢地消失。这种形式，不仅使孩子们记住了字母，而且记住了以该字母为首的那个动物的名称。

最古老的书

现存世界上最古老的一本书，于公元前 3350 年问世。这部古书用莎草纸手抄，是考古学家在菲瓦城一座古墓里发现的。它目前收藏在巴黎国立图书馆。

最大的书

缅甸曼德勒城库特多塔上的佛经，雕刻在 729 块大理石的正反两面上。每块石板宽 3.5 尺，长 5 尺，厚 5 寸，重 2 吨多。如果你每天阅读 8 小时，读完这部佛经约需 1 年零 3 个月。据说这本总面积超过 5 公顷的石书，请了 100 多名最好的石匠，花了 39 年的工夫才刻成。这是世界上杰出的文化遗产之一。

微型书

袖珍小书，以我国出版最早，清朝光绪初年，书商为便于考生携带《四书》《五经》，就把书缩小，字体小到一粒大米的地方可排 8 个字。

1889 年，华沙出版的《普希金诗选》。全书 268 页，版面仅为 28×

18 毫米，近似邮票大小。

世界上最小的书是日本微型艺术家新野设计的小巧玲珑的读物。书中印有名诗人的儿歌，封面由皮革制成，书名烫金，而书仅长1.4毫米。

大如门板的巨书

英国出版了一种长 2 米，宽 1.7 米的巨型书。这是一本小说选集，名字叫《红色的精美》，里面共收集了 70 几篇小说。

为了妥善保存和防止盗窃，这本巨型书陈列在一个洞窟博物馆里，每天慕名参观的人络绎不绝。

最小的书

日本印制的《花语》一书，重量为 0.0076 克，仅有拇指的指甲那样厚薄，可以从一枚缝衣针的针眼中穿过，总共有 100 多页，写的全是花鸟的奥秘，当人们阅读时，需要放大镜，并用小摄子来翻页。

早在 1933 年印度孟买就出版了一本世界上最小的书。此书长 2.54 厘米，宽 1.47 厘米。尽管它极小，但却全文刊印了古印度论述宗教和哲学思想的《薄伽梵歌》（史诗《摩河婆罗多》第 6 卷的一部分）。书中有很多插图。全书长达 160 页，是用印度语印刷的。

出版最快的书

澳洲有一本书，像彗星掠过天空似的，成为世界纪录大全中新的一页，是世界上出版最快的书。这本书的名字叫《哈雷彗星经过澳洲上空》，只用 17 小时 50 分的时间就抢印出来，打破了伦敦哥奇出版社在 1983 年创下的 26 小时 10 分的纪录。

这当然不计写作的时间在内。作家米高·晏奴在下午 6 时 10 分把原稿交上，到了次日中午，就印出 2 万册，在墨尔本出售。

在抢印的过程中，作者、摄影师及出版人都不睡觉，保证这本书及时印出来并没有错误。为了赶时间，装订部聘了人手，摄影师则不时拍照，把生产书的每一个过程都拍摄下来。

空无一字的书

纽约一家出版社别出心裁地出了一部"怪书"，很快便以每本 3 美元售出 11200 册。这本书的书名叫《什么也没有的书》，用硬书皮装帧，"怪书"之奇在于名副其实，书中篇幅虽多达 200 页，却空无一字。

最昂贵的书

1454年出版的总印数21册中的一本《古腾堡圣经》，1987年6月9日在美国纽约市拍卖，卖方是卡尔和利里基金会，买方是得克萨斯大学，以240万美金成交了这本仅42行的圣经。

用金子宝石装饰的书

在伦敦图书馆珍藏着一本用金子宝石装饰的书。1964年有个日本人出400万法郎的高价想买走这本书，但遭拒绝。原来此书封面用铜、金、宝石做成，重100余公斤，书中有551个金字。

带锁的古书

苏联里加市一个旧书店收购到一本题为《字宙志》的巨型古书。这部罕见的书用羊皮装帧，封面上还加了把锁。作者是著名的历史学家谬斯特。书中记叙了欧、亚、非三洲地理情况，还有大量的地图、插图等。

长达五华里的书

硬笔书法《红楼梦》长卷工程正在江苏省盐城市中国书画墨青研究室进行。作者武微波从1988年5月1日开始，到11月下旬已写到26回，长1华里。长卷以传统的八行书形式为整体书写，据介绍，长卷工程全长约5华里。

针尖上的百科全书

1960年诺贝尔奖获得者，物理学家费曼向科学界提出把大英百科全书写在针尖上的课题，25年以后，美国加州史丹福大学研究生纽曼，利用比一粒原子宽不了多少的电子束，创造了这个奇迹，实现了费曼的设想。

费曼向科学家们提出把整本百科全书写在一个针尖上的目的是启发科学家们去研究缩微技术可探索的最大限度。而这位美国年轻的研究者获得这一成果，完成了这项十分有趣的任务，这真是世界上极为罕见的创举。当然他也拿到了费曼许诺的1000美元的支票。

把诗集印在被单和衣服上

美国女作家桑德拉·霍克曼有不少异乎寻常的惊人之举，有一次竟将自己出版的一本诗集印在被单和衣服上。当别人问及这样做的原因时，她认真地解释说："我的诗通过被单和衣服悬挂在绳子上，这比只能在光线好的图书馆阅读的书，要好得多。"

名人读书轶事

教师必备知识丛书

孔夫子韦编三绝

孔夫子即孔子（公元前551—前479年），名丘，字仲尼，春秋时鲁国（今山东曲阜）人，是我国古代著名学者和大教育家。他多才多艺，学问渊博。孔子曾说自己并非"生而知之者"，他的学问都是通过勤奋学习、努力钻研而得来的。

孔子从小就死了父亲，家境贫困，未能受到良好的教育，只有通过自学来求得学问。他从15岁起开始发愤读书，因为没有人教，在学习上遇到难题就多方向人请教。孔子的学习兴趣很广，从不放过任何一个求知的机会，而且不论学什么，都要问个明白。孔子曾说过："知之为知之，不知为不知，是智也"，表现出勤奋好学的精神。

孔子年轻时曾周游列国，开阔眼界，增长知识。到了晚年，孔子回到家乡，从事编书和讲学工作。这时他的工作很忙，但仍然坚持学习。有一次，他得到一部《周易》。这是一部很难懂的古书，许多人都不敢去研究它，但是，孔子决心要读懂弄通。他把用竹木简写成的几十斤重的《周易》抱回家去，逐字逐句仔细阅读，一遍不懂，就读第二遍，还不懂就读第三遍。这样读来读去，因为读的遍数太多了，把串联竹木简的牛皮带子都给磨断了多次，换了多次新带子。最后，他到底把这部书读懂了，并向弟子们详细地讲述了《周易》的内容。因为孔子读《周易》磨断了多次牛皮带子，后人就把这个故事编为一句成语，叫作"韦编三绝"（韦：熟牛皮；韦编：指用牛皮绳编联起来的竹简书。三：概数，指多次；绝：断），以此形容孔夫子勤奋好学的精神。

苏秦刺股

战国时候有个叫苏秦的人，年轻时游说秦王，秦王没有采纳他的"联横"主张，结果落得贫乏形枯，回到家，"妻不下絍，嫂不为炊，父母不于言"。苏秦并不因此而恢心，立志发愤读书。当天，他就打开书籍，伏案诵读，研究兵法。夜晚读书到昏昏欲睡的时候，就用一把锥子刺破大腿，血一直流到脚上。一年后，苏秦又以"合纵"的主张去游说六国，终于造成六国联合抗秦的局面，被授于六国相印。

编蒲抄书的故事

路温舒，字长君，西汉巨鹿东里（今河南新郑）人。他少年时代就非常热爱学习，但是由于家里穷，每天都要到野外去牧羊，没机会进学校读书。他常常想，如果我能一边放羊，一边读书，那该多好啊！

本来，放羊的时候也是可以读书的。可是在西汉的时候，书籍主要是用竹木简做成的，这样的书，不仅价钱很贵，而且份量也很重。路温舒买不起这样的书，其实即使有了这样的书，牧羊时带去阅读也非常不方便。为此，他感到很苦恼。

有一天，路温舒赶着羊群来到一个池塘边，看见那里长着一丛丛的蒲草，又宽又长。他灵机一动：这种蒲草这么宽，不是很象古代抄书的竹木简吗？用它不是一样可以写字，可以作成书吗？这样的书，不仅不用花钱买，并且也比用竹木简做成的书要轻便得多，牧羊时就可以带着去阅读了。于是，他就采了一大捆蒲草背回家，切成跟竹木简一样长短的片子，编联起来。然后向人家借了书，挤时间抄写在加工过的蒲草上面，做成一册一册的蒲草书。

有了蒲草书，路温舒就不愁没书读了。他每次出去牧羊，身边都带着这种书，一边牧羊一边读。读完一本，再抄一本。这样学习了一段时间，获得了不少知识以后，他便请求到狱里去做小吏。乘着做小吏的机会，又刻苦钻研，学习了当时的律令，因而被提升为狱吏。县里有什么疑难问题，都找他出主意、想办法。

路温舒不怕困难，刻苦用功，终于掌握了丰富的知识，从一个放羊娃成长为西汉时期一个有名的法律学家，对当时的刑法提出过很好的意见。

凿壁借光

匡衡，字稚圭，西汉东海人，出生在一个农民家庭。他从幼年起，就喜欢读书钻研学问。可是家境贫困，给他学习带来了极大困难。白天，繁重的田间劳动，使匡衡无暇看书，晚上因买不起灯烛，也没法学习。后来他发现隔壁一家人家，经常点灯很晚才熄。他想，要是能把这家的灯光借来，不就可以解决看书问题了吗？于是，他用凿子在墙上凿了个小孔，灯光立刻从孔中射过来。他高兴得跳了起来。从此以后，匡衡每天干活回来，就蹲在这小孔之下借助一点微弱的灯光读书学习，直到邻家熄灯以后，他才上床睡觉。

不要工钱只读书

匡衡凿壁借光看书的勤学故事已被人所熟知，而他"不要工钱，只要借书给我读"的故事就很少被人知晓了。

也就是在凿壁借光以后，匡衡家里仅有的几册书，已经读得烂熟，又没有钱买新书，怎么办呢？他的一个同乡有很多书。他便托人介绍，

要给他家当长工。条件是:"不要工钱,只要借书给他读。"那家主人见有利可图,便同意了匡衡的条件,匡衡便在劳动之余,贪婪地津津有味地读起书来,直到把那家的藏书全都读完,才辞去工作,另求学习之路。由于他刻苦学习,后来终于成为西汉时期的著名学者和政治家。

王充站书店

东汉时有位杰出的唯物主义哲学家,叫王充,浙江人。他出身贫寒,无钱买书。但当时的书店允许读者进店阅读。王充便利用这个有利条件拼命地读书,不分春夏秋冬,不论阴天晴天。每天大清早,他就带上干粮,等书店一开门就进去阅读。他跑了这家书店,又跑那家书店,一直读到傍晚书店关门,他几乎读遍了洛阳所有的书店,博通"百家之言",写了《论衡》这部充满唯物主义精神的不朽之作。还写了《问孔》《刺孟》等反射封建正统思想的书,成为当时有名的大学者。

悬梁、负薪、囊萤

汉朝的孙敬,读书常到深夜。为了防止瞌睡,他在房梁上拴了一条绳,把自己的头发系到绳上。只要一打盹,马上被绳拉醒,然后又继续读书。

汉朝的朱买臣,家境贫寒,靠卖柴维持生活。他刻苦好学,常常一面背着柴走路,一面读书。

晋朝的车胤，夜读无钱买灯油。夏天，他捉了许多萤火虫，装在一个薄而透亮的夏布小袋里，借助萤火虫放出来的光，照书阅读，坚持不懈。当然，对于今天的青年来说：以上的学习方法未必可取，但这种刻苦学习的精神却是难能可贵的和值得学习提倡的。

祖莹苦读

从刚刚懂事时开始，祖莹就爱上了书籍，他家里的书籍堆满了沿墙壁放置的书架。他先是有些好奇，看大人不在时，就爬上爬下地取下来翻看。他不断地向父亲询问，识的字越来越多，看书的兴趣也越发浓厚，常常是展开书卷看个不止，忘记了吃饭，耽误了睡觉。

父母注意到这情形，担心孩子劳累成病，就出面制止，不让祖莹再读书。但是，对于好学的孩子，那能禁止得住。祖莹把将要熄灭的炉灰，让它重新燃烧起来，于是祖莹便摊开书兴致勃勃地尽情阅读。

刚满八岁时，他已经能把《诗经》和《尚书》一字不漏地背诵下来，这一事实引起了人们的惊奇，争着传说祖家出了个"圣小儿"（神童）。

这消息引起了北魏当政人的注意，选拔祖莹去做"中书学生"。这使祖莹获得了更好的学习环境，加上他不懈的攻读，进步很快，不仅获得了更渊博的知识，并且还能写出一篇篇优美的文章。

映雪、映月

晋朝的孙康，家贫没有灯油。冬夜，他常蹲在雪地里，借着积雪映出来的微光看书。由于专心致志，刺骨的寒冷他不觉得。

南北朝人江泌，他夜里读书点不起灯，就借助月亮的光照来读，每

当月亮西斜,光线被房子挡住的时候,他就爬到房顶上去读。有一次困极了,险些从房顶上摔下来,把睡意也吓跑了。接着,他便又捧起了书本,苦读起来。

古庙夜读

施洋幼年贫寒,晚上读书点不起油灯。当时,村子里有一座叫隆兴观的古庙,庙里点了一盏长明灯,日夜都亮着。施洋晚上就到庙里去,坐在神像前,借助长明灯的光亮读书。天气寒冷,脚冻得难受。起初他不时地站起来跺脚,后来觉得这样浪费时间,便削了一根又光又滑圆木棍,把它放在脚底下,一边读书,一边用脚不停的来回搓,搓暖了脚,也就能安下心来读书了。

苏东坡抄《汉书》

苏东坡读书非常刻苦认真。一天,友人朱载上登门拜访,等了很久才见东坡急急忙忙地出来迎接。苏东坡道歉说:"刚才我作些每日要作的作业,竟忘了朋友,实在无礼,望友见谅。"说罢和朱载上步入客厅,落座后,朱载上问东坡:"刚才先生说的作业是什么?"东坡说:"抄《汉书》。"朱载上说:"以先生的天才,看一遍就可终生不忘,何苦还要用手抄录呀!东坡笑笑说:"我读《汉书》时每叙一段事我抄三个字为题目,作为提示,便于背诵。第二遍时减为抄两个字为题目,现在只抄一个字为题目,这样背诵起来就不会忘记了。"朱载上赞道:"怪不得先生才学超群,原来先生是如此下功夫读书的。"

苏东坡续对

苏东坡少时在父亲的指导下，博览群书，知识渊博，每每受到别人的称赞，因而年少气盛，颇有些飘飘然。有一次，他乘兴写了一副对联：

识遍天下字
读尽人间书

没几天，门前来了一位白发老翁，手持小书一本。口称特来登门向小苏求教，苏东坡接过书本一看，不觉愣住了：书上的字，自己竟连一个也认不得！老翁笑着说："还望博学的小苏赐教。"苏东坡越发脸红耳赤，只得认错："请老先生原谅小生一时兴狂。"老翁走后，苏东坡赶紧提笔将对联改了一下：

发愤识遍天下字
立志读尽人间书

黄鲁直苦读

宋朝有一个很爱写作的人，名叫黄鲁直，他为了提高写作水平，找来古今中外的大量书籍，昼夜苦读。有一天，他到开封相国寺去，得到一本宋子京写的《唐史》初稿，便如饥似渴地读起来。这本初稿宋子京修改了很多地方，有的字已经看不清了。稿纸的空白地方，密密麻麻地写满了蝇头小字，煞是难认。黄鲁直没有退却，以坚韧的毅力细心攻读。对于宋子京所改动的字句，从遣词造句、拟形摹声，到修辞用字、表情达意，进行精心的学习研究。他把修改前的文字抄在一个本子上，又把修改后的文字抄在一个本子上。前后对比，探索作者删、增的奥

妙，弄清繁简的原因，找出修改的道理、用意。黄鲁直的写作水平逐日提高，成了一名出类拔萃的文学家。

这个故事告诉我们：一要多读，二要深读。

警枕苦读的司马光

在我国的史学著作中，有一部浩繁的巨著——《资治通鉴》，这部书是继《史记》之后的又一部历史名著，在史学界有重要的价值。此书作者就是以枕圆木"警枕"而出名的史学家司马光。

司马光，字君实，公元1019年出生于北宋陕州夏县（今山西夏县）。他自幼聪慧，勤奋好学。小时候他和哥哥、弟弟们一起学习，感到自己的记忆力比较差，便想办法克服这个弱点。每当老师讲完课，哥哥、弟弟们读上一会儿，便一个个丢开书本，溜到院子里玩耍去了。唯有司马光独自伏案，一遍又一遍地高声诵读，直到背得滚瓜烂熟才肯罢休。他孜孜不倦地埋头读书，常常忘记饥饿和疲倦，家里人喊他吃饭，直到饭菜冰凉，他还顾不上吃。他常对人说："读重要的书，不可不背诵。因为只有能够背诵，才能利用一切空闲时间，比如骑马赶路的时间，或者半夜睡不着觉的时候，一面默诵字句，一面思考它的含义。这样就可以收获大，进步快。"

19岁那年，司马光科举成名做了谏官，虽然任官朝廷，但他刻苦学习的勤奋精神丝毫不减。他笃爱史学，博览群书。每天紧张地处理完繁杂琐碎的公务后，便捧起《汉书》《唐书》等书籍认真阅读。《史记》以下的正史，以及野史杂说、公文案卷，他无所不览，因此上下数千年的重要历史事件，他都了如指掌。

为了抓紧时间读书，他在自己的房子里专门设计了一套别致的特殊卧具：一张坚硬的木板床和一个小圆木枕头。他为什么要用粗糙的圆木做枕头呢？原来，他读书入迷，经常看到深夜，困倦了一躺下就不知不觉地睡着了。睡醒后，又常常责怪自己。为了刺激自己读书学习，他想了好多办法，都不理想。后来，他便做了一个小圆木枕头，因为硬梆梆的圆木枕头,放在木板床上容易滚动,入睡后,只要一翻身,或者头稍稍一动,那"枕头"就滚落地上,脑袋便会磕在木板床上,从而立即惊醒,马上又可继续攻读。司马光风趣地给这个小圆木枕头起了个名字,叫"警枕",这个"枕头"整整伴随了他一生。

长期的勤学苦读,扩大了司马光的知识领域,为他著书立说打下了坚实的基础。公元1066年,司马光开始主持编写著名的历史巨著《资治通鉴》。司马光编写这部重要的历史书籍前后花了19个春秋。这部书根据大量史料,考证事实,剪裁润色,上至战国,下迄五代,囊括16个朝代,共1362年的史实,计294卷、300多万字。内容以政治、军事为主,略述经济、文化、法律等。书名起用《资治通鉴》,目的在于使封建统治阶级从历史治乱兴亡的重大事件中吸取经验教训。

司马光主持编写的浩繁巨著《资治通鉴》,为史学界留下了一座丰碑,光彩照人,永世长存。

岳飞的学习精神

家境贫寒的岳飞,从小就喜爱读书,白天拾柴,也从不放过空余时间,边走路边读书。晚上点不起油灯,岳飞就把白天拾来的枯柴点起来照明诵读。有时入迷了,整夜的读呀、背呀。学习启发岳飞的智慧,锻炼了他的记忆力。他博览群书,尤其喜欢《春秋左氏传》和《孙吴兵法》,并能精读熟背,他通过勤读苦练,写得一手好文章。那有气壮山河、激励人心的《满江红》就是他的杰作之一,还有"莫等闲,白了少年头,空悲切"等诗句。

陶宗仪摘叶著书

你听说过有在树叶上著书立说的吗？长达30卷的《南村辍耕录》就是元末明初著名学者陶宗仪在一片片树叶上写出的。

陶宗仪，浙江黄岩人，自幼励志成才，酷爱读书，百家学说，历代史书以及医农杂著无不涉猎。他因生活困难，不得已离乡背井，流落到江苏、松江，置了几亩薄地。每当种田空暇的时候，就到田边的树荫下歇息，想到一点东西，立即取出随身所带的笔墨记下。

当时因纸价昂贵，陶宗仪吃穿尚且勉强，那有这么多钱买纸？心里想，若能以树叶代纸，岂不是取之不尽，用之不竭？摘几叶一试，果然可用。以后，他就将自己的治学心得及所见所闻及时记在树叶上。写完一页，便放在旁边一种大腹敛口的瓮里，装满了一瓮就埋在树下土里。如此日复一日，积满了十多瓮树叶。

转眼十年已过，陶宗仪把瓮里的树叶取出来，在学生帮助下逐叶抄录整理，编撰成书，取名为《南村辍耕录》。此书内容广泛，记载了许多元代政事，典章制度及文物建筑、文学艺术等，在史学和文学上有一定参考价值。

"读遍天下书的人"

明末清初的爱国主义思想家、著名学者顾炎武自幼勤学。他6岁时启蒙，10岁就开始读兵书、史书、文学名著。他每天都要给自己规定读书计划。有时为了加深理解和记忆，每天读完后还要把所读的书抄写一遍。三年之间，他读完了《资治通鉴》，也抄完了一部《资治通鉴》，使一部书变为两部书。

顾炎武读书时还非常注意做笔记，学习心得。如《日知录》，原是他少年时代读书时所作的笔记，其中包含着丰富的知识和独到的见解。后来成为一部重要的书籍。

温故而知新，每年春秋两季，顾炎武都要按照预定计划温习半年来读过的书籍，他边默诵，边听人朗读，发现差异，立刻翻书查对，他规定每天这样温课两百页，温习不完，决不休息。

顾炎武这样勤奋地读了几十年书，到45岁时，读完各种诗文几万卷。在他的家乡已经找不到他尚未读过的书了。因此，顾炎武决定遍游天下，读遍"天下书"。他在长途旅行中也驮着书籍随行，骑在马上随时默默地背诵他读过的书，锻炼记忆力，碰着背不上的地方，就赶快停下来，拿书来查看。

顾炎武"精力绝人，无他嗜好，自少至老，未尝一日废书"。他一生勤学，认真读书的精神，是非常值得我们后人学习和景仰的。

苦读不辍的袁枚

清代有一位颇有名声的诗人，姓袁名枚，字子才，号称"随园山人"。

袁枚从童年时候起就酷爱读书。他曾经在一首诗中说："我年十二三，爱书如爱命，每过书肆中，两脚先立定。若无买书钱，梦中犹买归。"袁枚不求文达，淡薄利禄。二十多岁外出做官，三十岁就返至金陵，归隐"随园"，闭门展卷，苦学不辍。用他自己的话说："见书如见色，未近心已动。""晨起望书堂，身如渴貌赴""若为诗书管，常惊日影过""论文每到夜三更，睹背唐诗口应声"。袁枚年过半百之后，仍然毅力不减当年，博览群书，从未间断。每获佳作，就爱不释手，欣然忘食。一年除夕，袁枚拿到一本蒋苕生的编修诗，他顾不得张灯结彩迎春节，就狂热地朗诵起来。他作诗记述了当时的情景："除夕袁子歌不止，声如爆竹震人耳。老亲惊疑小妻视，案上一编蒋太史。问无胡为爱若此，我道此诗竟莫比。"并立即仿蒋体写了三首诗。

当袁枚60岁的时候，仍若读不辍，他说："百年再算无多日，从此光阴倍珍重，学问原知止境难，终年勤学有康成"。于是，他晚上常常通宵达旦地读书。"隔夜砚常温，晚窗灯尚红"。白天，忙于读书，他不愿会见客人，"应酬随意少安排，闲人自愧少闲情"。夏天，因天气炎热，来访客人减少，他非常高兴："空山三伏闲门居，衫著轻客汗有余，却喜炎风断来客，日常添著几行书"。因为他处处"珍惜余春"，读书的桌椅也多半安置在日照时间长的地方，"摊书爱坐西窗下，多得斜阳一刻明。"

不读百遍不罢休

林纾为了学写文章，曾用八年时间读《汉书》，又用八年时间读《史记》，对韩愈每篇百来字或千字上下的短文，非读几个月探寻到它的精蕴后才换另一篇。由于这样，他的译文简洁文雅，优美动人，在当时就有"译才并世数严、林"的美称（严即清代另一翻译家严复）。

读书不知大火起

蔡元培少年时整天躲在小楼里读书，思想非常集中。真是"两耳不闻窗外事，一心只读案上书。"有一次，楼下忽然失火，别人大声呼喊："救火啊！"他竟一点都没听到。家里人急了，当人奔上楼去把他拉下来时，他才发觉是失火了。

读书为何拎水桶

蔡和森因为家境贫寒，直到16岁才好不容易进了学校。他特别珍惜那宝贵的学习机会。他年龄大，必须将过去耽误了的时光夺回来，尽快地赶修小学课程，所以他一天要学别人几天的内容，每天晚上都要自修到深更半夜。

夏天蚊子叮得厉害，又没有钱买蚊香。于是他就想了这么一个办法：装上一桶水，他便可以集中精力读书。

天道酬勤。半年以后，蔡和森学完了初小的全部课程，校长保举他进了高级小学继续深造。过了一年，他便到长沙去报考铁路学校，结果成绩突出，评卷老师给他记了105分。

挨饿读书

1931年，蔡和森在湖南省立一师读书。这年寒假，他没有回去和家人团聚，自愿留在学校自学，但假期的生活费需要自理，蔡和森家境贫寒，只好勒紧裤带。

一天早晨，蔡和森口袋里只剩下一块铜板了，要是用来吃早饭，可以买一个烧饼，要是进图书馆交一个铜板可以读一整天书。于是他决定早饭不吃了，把铜板省下来进图书馆。这一天，他都泡在图书馆里，什么寒冷，饥饿都抛到九霄云外，直到图书馆关门，他才感到肚子饥饿。

陈毅喝墨水

青年时代的陈毅，一次到亲戚家去作客，进门看见桌上有一本自己早就想读的书。于是，他立即躲到一个小房间里专心致志的读起来，亲戚几次来催他吃饭，他仍舍不得将书放下。亲戚没有办法，只好把刚蒸好的糍粑和糖给他端去，他边读书边吃糍粑，由于眼睛没离开书本，蘸糖的时候却把手伸到砚台里蘸上墨水往嘴里送，有人进来见他满嘴是墨，便招呼大家来看，个个笑得前仰后合。陈毅明白过来，乐呵呵地说：

"好啊，我正觉得肚子里的墨水太少哩，人要多喝点墨水才行。"

监牢里的读书人

1927年，蒋介石叛变革命，年轻的共产党员薛暮桥于6月间被捕了，关押在当时的杭州"陆军监狱"。中共浙江省委书记张秋人和他关在同一间牢房。张秋人已被国民党当局判处死刑。但他每天仍以惊人的毅力埋头苦读。他告诉薛暮桥："我们共产党人，活一天就要为革命战斗一天，在监牢里不能为革命干什么工作，那就要认真学习。"这对薛暮桥启发很大，使他懂得了共产党人在监牢里也不能虚度光阴和青春。

从此，每当晨曦微露时，他就借助从窗口射进来的一缕晨光看书。入夜，他还站在狱中昏暗的灯光下一字一字地辨认，他读了列昂捷夫写的《政治经济学》和日本河上肇编的《资本主义经济学思想发展史》，对经济学发生了兴趣。同时，他还阅读了许多政治和历史名著，并自学了英文、日文和世界语，知识日益丰富。三年半不平凡的狱中经历，为他后来在政治经济学上进行深邃的研究，奠定了雄厚的基础。

1979年10月。薛暮桥访问美国时，一位曾读过他著作的美国学者问他是哪个学府毕业的。薛暮桥风趣地说："我是从'监牢大学'毕业的。"

"书，一本也不能丢"

1959年，彭总被罢官以后，从中南海搬出来。在清理东西时，他把元帅服、狐皮大衣、地毯等东西统统上交了。他说："凡是当老百姓用不着的，我都不要。但是，书，一本也不能丢。"他把长期收藏的二十多箱书都搬到北京郊区的吴家花园新居，他好象沉到书海里，桌上、床上、柜子里、箱子里，到处都是书。1965年，彭总到西南三线工作时，又把这二十多箱书带在身边。十年浩劫中，彭总的书同他一起遭到厄运。他对自己的命运并不怎么关心，却对警卫参谋说："我别的没有什么盼咐，就是惦记我那些书。"

不到两天就被罚款一次

恽代英同志爱读书，他曾经节衣缩食，把省下来的钱用来买书。当时，图书馆有条规定：借书如不按期归还就要被处以罚款。恽代英读书认真细致，反复阅读，还要做读书笔记，常常拖延还书时间，因此经常被罚款。有一个月，他曾经向图书馆支付17次罚款，平均不到两天就受罚一次。

王若飞的一张读书时间表

王若飞年轻的时候，曾在法国勤工俭学。当时，他在一家钢铁厂做工，每天搬石、铲土翻铁砂、做齿轮等，八小时的重体力劳动，使他筋疲力尽。可是，他还要在工余挤时间来读书，怎么挤呢？下面是王若飞的一张读书时间表：

上午：
五点半至六点半读书
六点半以后吃咖啡入厂
七点至十一点三十做工
十一点三十至十二点三十午餐

十二点三十至一点读书

下午：

一点入厂

一点三十至五点做工

五点三十至六点晚餐

六点至九点读书

早晨一个小时，中午半个小时，晚上两个半小时，加在一起就是四个小时，每天四个小时，一年就有一千多个小时哩！

幸存下来的书籍

彭总批注过的书籍，在十年浩劫中被烧毁了，现在仅存一部《马克思恩格斯文集》。

这部得以幸存的书是彭总在没有阳光的小屋里读的。彭总在书中作了很多批注，透露出这位举世闻名的军事家在政治、经济和个人修养等方面的见解。今天读起来，更觉闪耀着真理的光辉。

实践是检验真理的唯一标准，这是近几年来公开讨论的重大课题。让我们看看早在60年代末，彭总对这一马克思主义根本原则是怎么回答的吧。

两卷集中马克思的《费尔巴哈论纲》有这样一段：

"人的思维是否具有客观的准确性，这个问题并不是理论问题。人是在实践中证明自己思维的真确性，即自己思维的现实性和力量，亦即自己思维的此岸性。"

彭总在这一段旁边写道：

"也只有实践才能证明自己思想的真确性。"

《费尔巴哈论纲》又有一段：

"社会生活在本质上是实践的。凡是将理论诱到神秘主义方面去的神秘现象，都能在人的实践中和对这个实践的理解中得到合理解决。"

彭总在旁边写道：

"也只有在实践中才能理解。"

求　索

　　刘少奇同志从青少年时代起，就富于革命理想。当时的中国正处在虎狼当道，内忧外患，人民生活在水深火热之中的悲惨境地。面对这种腐朽黑暗的社会，他内心极其愤恨，为了探索救国救民的真理，少奇同志认真学习，发愤读书。当时，他除了如饥似渴地阅读研究传播新思想的报纸、刊物和书籍外，还广泛阅读了我国历史上的许多优秀作品和历史书籍。家里的看完了，就到藏书较多的塘湾刘家去借，每去一次就抱回一大摞书。有时到熟人家中，一看到没有读过的书，也千方百计地借来阅读。家里人见他整日废寝忘食地读书，又排行第九，就满有意味地送了他一个雅号叫"刘九书柜"。虽然乡里人对少奇如此舍命读书很不理解，但少奇的父亲对儿子的行为却很支持。经常夸赞他说："三个屠夫就讲猪，三个秀才专讲书，历来如此嘛！"

在木箱里读书的人

　　冯玉祥小的时候，家里穷，没有机会读书。他当士兵时，一有空就读书，有时甚至彻夜不眠。为了在夜里读书，他央求别的士兵匀给他灯油，怕影响同屋人睡觉，他就找来个木箱，开了个口把头伸进去，就着微弱的灯光读书。油灯熏得他满脸黑，但他一点也不在乎。看着他这副狼狈相，有些人讥笑道："你省了这份心吧！你还想读书做官？告诉你，天上的云彩再不长眼，也不会落到你头上变成雨。"冯玉祥不理会这些，他有自己的想法："我就是念书念死了也好，省得变成一个庸俗的废物，白浪费世界上的食粮。"

他读书也颇有些狠劲，他读过的文章，达到会背诵、默写、准确讲出每句意思的程度才算完成。为此，他常常半夜起床，到操场或树林里大声背书。从普通的一名士兵到几十万大军的统帅，冯玉祥一直保持这种苦学精神。

周恩来对于冯玉祥的好学精神，曾给予高度评价："先生的读书，不仅在泰山隐居如此，即使在治军作战时，亦多手不释卷，在现在更是好学不倦，永远值得我们学习。"

"死"与"活"

冯玉祥生平读书非常用功。担任旅长驻湖南常德时，规定每天读英语二小时，读书时关上大门，门外悬一字牌，上书"冯玉祥死了"，以拒绝外人进去，学习完毕，门上字牌则改为"冯玉祥复活了。"

曹禺"洗澡"

抗日战争时期，在四川江安国立剧专里，流传着曹禺的一件趣闻，有年夏天，一次曹禺的家属准备好澡盆、热水，要他去洗澡。此时曹禺正在看书，一推再推，最后在家属的再三催促下，他才一手拿着毛巾一手握着书本步入内室。一个钟头过去了，未见人出来，房内不时传出稀落的水响声；又一个钟头过去了，情况依然。曹禺的家属顿生疑窦，推门一看：嗨！原来曹禺坐在澡盆里，一手拿着书本正聚精会神地看着，另一只手拿着毛巾在有意无意地拍打着水面。曹禺家属一摸，盆中水早已凉了⋯⋯

蒲松龄说过："书痴者文必工"，曹翁能写出《雷雨》《日出》等名剧，绝非偶然。可以说是他勤学苦读的结果。

惊雷不惊用心人

我国著名科学家高士其，小时候非常热爱读书。在一个夏日的黄昏，天空忽然乌云密布，电闪雷鸣，暴雨骤至，他的姐姐躲进了祖母的怀中，在雷声的间隙里，从楼上却传来琅琅读书声。祖母侧耳一听，原来是高士其在念书，不由心中连连赞许。原来，高士其读书入了迷，竟连震耳欲聋的雷鸣声也没有惊动他。

爱书如命的鲁迅

鲁迅幼年时每当看书必先洗手，以免将书污染损坏。成年以后读书、买书、借书、抄书修书以至于翻印稀有的好书，一直是他的一种极大的乐事。说他是"爱书如命"一点也不过分，书籍在他的生活中占着极重要的地位。鲁迅博物馆里陈列着一盒修书工具，看起来都是一些简单的玩意，如画线器、砂纸、钢针、丝线团以及两块磨平书边用的灰石。但却使鲁迅自藏的一万多册图书历久常新。

鲁迅一向乐于将书借给别人，但是归还时必须"一如既往"，如果上面有了破边卷角等污损情况，他就很不高兴。对于那些不知爱书的借阅者，鲁迅宁愿将书送他，也不忍再看到那被"蹂躏"的书再转回来。

鲁迅时常将一些好书寄赠需要的人，寄送时，他非常仔细地包扎好，这种花在包书上的心力是为友人，也是为了书籍。

奖章换辣椒

鲁迅在江南水师学堂求学时，第一学期考试成绩优异，学校发给他一枚金质奖章。他没有作为炫耀自己的证据，却到鼓楼街头把奖章卖掉，买了几本书和一串红辣椒。

以后，每当鲁迅读书读到夜深人静，天寒地冻难以忍受时，他就摘下一只辣椒，撕下一片，放到嘴里嚼，直辣得额头冒汗，倦意顿消，于是他又继续捧书攻读。

读书入迷的闻一多

现代著名诗人、学者、民主战士闻一多（1899—1946），学识非常广博，仅他的著作就有《闻一多全集》四册八集，内容包括古典文学研究、诗歌创作、评论、杂文、诗选及校笺等诸多方面。闻一多在学术上的成就，是他从小培养并终生保持精研细读、勤学苦练的结果。

闻一多出生在湖北省浠水县。这里夏天的正午，大地生烟，闷热异常。刚进私塾的闻一多便总是乘着人们乘凉午休的肃静时间，一个人夹着书本跑到竹荫树丛下用心攻读，有时读得兴味正浓时，还放声吟咏起来。夏夜，天气更加闷热，蚊子成群，他仍然手不释卷。家里人都很奇怪：一多这孩子为什么不怕热。而他总是这样回答："心静自然凉嘛。"他晚上读书往往读到午夜，还不肯合书就寝，每当家里人劝他早些休息时，他就说："夜里安静，更好抓紧时间读书。"每逢假期快要到来的时候，他就开始作计划，要读哪些书，要写多少篇文字，都对自己有明确要求。在假期中，哪怕是回家欢度春节的短短几天，从早到晚他也总是埋头读书和写作，等到日近黄昏，光线渐渐暗下来，室内看不见书上的字了,他又拿起书跑到窗外的天井,借着余晖继续阅读。

有一回,闻一多正坐在室外天井边专心致志看书,一条大蜈蚣沿着天井的边沿爬到闻一多的脚边,再慢慢爬到了他的鞋子上。这时嫂子正从他身边经过,一眼看到这种险事,忽然惊叫了起来:"家骅(闻一多本名),蜈蚣爬到脚上了!"闻一多以为是有人故意开他的玩笑,他毫不介意地只是用蒲扇扇了几下,继续埋头读书。蜈蚣还在闻一多的鞋上爬着,眼看就要爬到脚背上了。正在危险之际,闻一多的侄儿一步上前,猛地推开看书的叔叔,一脚把蜈蚣踩死了。闻一多被这突然一推受了惊,生气地埋怨侄儿说:"你这小鬼,干什么要胡闹!"这时,旁边围观的人都哄笑了起来,指着踩死的蜈蚣对闻一多说:"要不是这小鬼呀,你的脚早肿得象包子了!"闻一多看了看蜈蚣,又摸了摸侄儿的头,一本正经地说:"一条小虫,有什么值得大惊小怪的!"说完一转身又钻进屋里读书去了。

闻一多"醉书"

闻一多结婚的那一天,还算富裕的家庭为他的婚礼张灯结彩,全家喜气洋洋。贺喜的亲朋一大早就涌入家门,大家却不见新郎照面,都以为他更衣打扮去了。直到鞭炮响,唢呐唱,花轿快进门了,仍然不见闻一多的影子。原来,他正在书房里埋头读书呢,家里人在书房找到他以后,发现他穿的还是那身旧长袍,手里捧着书本如痴如醉的样子。只有无可奈何地对众人说:"他不能看书,一看就醉"。

钟情于书的钱钟书

钱钟书一辈子钟情于书,书是他最大的癖好,其余全要让路。在国外留学期间，为了博览书籍，他竟日夜埋首在图书馆的书丛里，孜孜不倦。他读书聚精会神，绝不旁骛，有时正在谈话，忽被一本什么书吸引住了，便全神贯注，忘掉身旁尚有人在。他坚守"博学强记"的古训，读书时不让头脑充当漏斗或海绵的角色，而要记住一切必须牢牢记住的东西。他不依靠卡片和目录索引。需要查书时，总是一查就得，他身边自有一种"秘本"（他的读书笔记，供他旁征博引时的参考之需）。但这"秘本"如何使用，恐怕只有他自己知道。他读书极快，一本厚厚的非常难啃的古典哲学名著别人需要几个星期甚至一两个月才能啃得了的，他只需要一个星期。和他见过面的人，往往惊叹于他知识的丰富和才识的超度。

周而复的苦功

周而复在上中学时，很讲究学习方法："不动笔墨不看书。"他在读古文、古典诗歌和散文时，总是把精彩的句子摘抄下来，宛如把知识储存在脑子里，便于随时运用。他复习功课时，常把重点抄下来，加深记忆。周而复还有一个背书的良好习惯，许多古文都会背，就是学习英语，他也是从单词到句子，甚至全篇文章都能背诵，英语单词在那篇文章里，他记得一清二楚。

周而复家境贫寒，上中学时，连学费也交不起。生活艰难，但在他专心致志读书时，他就把饥饿、贫困和痛苦抛到九霄云外。每当回忆中小学时代的往事时，周而复常感叹地说："一个人的青年时代还是不要太舒服为好，苦一点儿，才会激励人奋起，苦学方能人嘛！"

夏衍两次发愤读书

夏衍在一次讲话中曾说到，他在常识问题上吃过两次亏。他说："有一次，吴晗、翦伯赞在谈明朝朱元璋的故事，我插了一句嘴，讲了一句外行话，被吴晗痛损了几句，说：'你还当文化部长呢？这一点都不懂！'当时我一方面觉得惭愧，一方面发奋用功，每天抽出一个钟头念《二十四史》，看《资治通鉴》，后来1959年一个运动把我给冲垮了，没有坚持下去。"

"还有一次是我在审查一个出国京剧时，又讲了一句外行话，当时大家没有反应，出来的时候，马彦祥跟我说：'你老兄，对京剧完全是外行，不要乱讲好不好？'又说：'你乱讲一气，下面不好办。'从此以后，我又发愤，到旧书店把能买到的关于中国戏曲发展历史的书都弄来，拼命的读，向老艺人请教，现在能够懂一点了，后来我也变成了京剧爱好者了。"

读书与"拣粪"

《燕山夜话》的作者邓拓同志，博学多才，他在学习和写作上有个方法：半个月读一本天文学，积累一些资料。一年之中，他就读了二十多本书。平时读报刊杂志，往往准备一个本子，把有用的东西随手记下来。他说：农民出门，总是随手带粪筐，见粪就拣，成为习惯，自然就会积少成多，积累知识，也应该有农民积肥的劲头，拣的范围要宽，只要是有用的，不管它是牛粪、羊粪、人粪一概拣回来，让它们统统变成有用的肥料，滋养作物的生长。

正是由于几十年如一日的广采博收，才造就了邓拓这样一位"百科全书式"的人物和学问家。

绑在柱子上的读书人

1933年，在红海上，一艘客轮正向欧洲驶去。突然风云骤变，恶浪滔天，客轮颠簸得非常厉害，使人无法站稳。旅客们都吓得心惊胆战，独有一个瘦长的戴眼镜的中国青年，却毫不畏惧地拿着书，向餐厅服务员提出了奇怪的要求："请你把我绑在这根圆柱上。"

餐厅服务员还以为他是怕摔跤呢，所以满足了他的要求。当这个青年被牢牢绑好后，就开始聚精会神地读起书来。船上的外国人无不投以惊异的目光，连声赞叹说："啊！中国人，真了不起！"

你能猜到这个青年人是谁吗？他就是第一个把《资本论》翻译到中国来的王亚南。那一年他因参加反对蒋介石的福建事变，遭到了反动派的追捕，但他巧妙地摆脱了困境，几经周折，到达欧洲，开始了他的革命事业。由于王亚南刻苦好学，后来成为我国著名经济学家。

王亚南锯床腿发奋读书

王亚南一生的最大乐趣就是读书，至死手不释卷。

王亚南早年丧父，家境不济，深知求学不易，所以读书十分勤奋。还是在中学时代，为了多读点书，他把木板床的一个腿锯去半尺。每读到半夜，上床睡一觉后，迷朦中一翻身，床就"咕咚"一声向短腿方向倾斜。他身子一震，便立刻惊醒过来，马上又继续读书，天天如此，从不懈怠。

进入大学后，他学的是教育学，同时又选修中文和英文的课程。繁重的学习任务，强烈的求知欲，使王亚南加倍付出了时间和精力。他每天清晨四五点钟就起床攻读,他在日本留学时,住房隔壁有位老人会德语,他就每天向老人谦恭求教,终于又掌握了一门德语。

张广厚"吃书"

张广厚有一次得到一篇外文数学论文,感到对自己的数学研究有用处,因而读了一遍又一遍。这篇论文只有20页,而张广厚却读了半年之久,由于读的次数多了,白白的书边上留下了一条黑手印。他爱人开玩笑地说:"这那叫念书啊,简直像吃书一样!"

为摘取皇冠上的明珠

我国青年数学家陈景润为了摘取"皇冠上的明珠",解开"哥德巴赫猜想"这道世界上的数学难题,一头钻进了图书馆——这个伟大的摇篮。

他坚持每天凌晨三点起床学外语,同时他每天去图书馆,沉浸在数学符号的海洋之中。有天中午,管理人员曾大声喊叫,问里面是否还有人,但全神贯注看书的陈景润啥也没有听见,于是他被反锁在里面。后来他望着那紧锁的大门,毫不在意地苦笑了一下,不觉饥饿、不知疲劳地重又回到书堆之中了。

1979年1月,陈景润应邀赴美,在那120多个日日夜夜里,他每天从上午七点到下午六点都在图书馆和办公室渡过的。午餐就是一点干粮和水果。因而,在美期间,又写出了《算术级数中最小素数》论文,把最小素数从原来的80推进到16,受到美国数学界朋友的好评。

从镜子里看书的人

"是书给了我知识；是书给了我力量；书在我眼前展现了一个五彩缤纷的世界。在书中我认识了保尔、吴运铎……使我懂得了一个人病倒了并不可怕，可怕的是失去进取的信心和力量。只要精神不倒，就能战胜困难，创造出美好的新生活！"这是中国当代保尔张海迪的话。

张海迪从小就有三分之二肢体失去了知觉。但她顽强的读书，学完了从小学到高中的全部课程，还自学了英语、德语、日语和世界语，翻译出版了16万字的英语小说和资料。

张海迪曾动过多次手术。每次手术后，只能仰卧着、脖子不能朝左，也不能朝右，稍稍一动，都会揪心地疼痛。这样一来，就给海迪读书带来了极大困难。没办法，她就让父母亲把书放在枕头边，然后在床头柜上支一面镜子，这样，她就能从镜子里看书了。镜子里字是反的，一页书要看大半天，时间一长，镜子里变成黑糊糊的一片，闭一会儿眼，字才重新变得清晰了。就这样，海迪读完了一本本激动人心、催人奋进的书：《把一切献给党》《真正的人》《我的大学》《古丽亚的道路》……

李泽厚的"三条规矩"

李泽厚青年时代发奋读书获得成功。他对自己有三条规矩：一是要学会提高单位时间效率；二是学会看书；三是培养独立研究的能力，重视研究方法。

读的书要广泛，即博览，可避免知识狭窄。自然科学和古今中外书籍，都读一些。他至今对《福尔摩斯探案》仍持很高的评价。但是读书也要选择几本思想深沉的书籍精读。他爱读鲁迅的书,对黑格尔的《小逻辑》都有同感。《小逻辑》很难读,但给人一种深刻的思考方式,使李泽厚在日后研究中受益非浅。无论精读还是博览,都是为了提高单位时间效率。

李泽厚深感学习研究,主要靠自学,似应把大部分精力摆在课外自学,自己找书学习研究。这样或能尽早地培养独立研究的能力。他求学时听任继愈教授讲近代思想史,颇有兴趣,就选定一些题目研究,尝到独立研究的甘苦和意义。他到工作岗位后,就以学生时代研究成果发表了学术论文,从而引起了学术界注意。

马克思和他的书

在德国梅特兰公园路,有一幢普通的住宅,马克思的书房就设在二楼。他从来不允许任何人去整理,或者更确切地说,去弄乱他的书籍和文件。看似只是表面上的混乱而已,实际上一切东西都放在一定的地方,不须费力,他就能很快拿到他所需要的书籍或笔记本。即使在谈话时,他也常常停下来,指出书中有关引文或数字。他与他的书斋融成一体,其中的书籍与文件就象他自己的四肢一样服从他的意志。他旋转书籍时并不注意外表的整齐,各种开本的书和小册子紧挨在一起,他不是按书本的大小而是按内容来安排书籍的。书对于他乃是脑力劳动的工具,而不是装饰品。他常说:"它们是我的奴隶,一定要服从我的意志。"

几乎全部

列宁一生读过许多书。据《列宁是怎样写作和学习的》一书记载,仅在《列宁全集》中,列宁引用自己看过的书就有1.6万册,其中俄语书1.2万册,各种外语书四千多册。1920年9月17日,列宁在填写《俄共(布)莫斯科组织党员重新登记表》时,在"你读过哪些马克思、恩格斯、列宁、考茨基和普列汉诺夫的著作"这一栏里,列宁在马克思、恩格斯、考茨基和普列汉诺夫的名字下面各画了二道线,然后写上"几乎全部"几个字。列宁的生命最后几个月,卧病在床,他仍经常请克鲁普斯卡娅在黄昏时给自己朗读文学作品,甚至在逝世的前二天,克鲁普斯卡娅还在晚上给他念杰克·伦敦的《热爱生命》这一短篇小说。

然而,列宁也绝不是毫无目的地博览群书,他看书都是有严格的计划和明确目的的。他认为,一个自学者应该选择自己关心的问题,进行有系统的研究才有所得益,他曾劝告他的弟弟:"最好有系统地研究点东西,不然这样一段一段地读,没有多大好处。"

列宁看书非常认真,也讲求效果。早晨头脑比较清醒,他就读比较深奥的书籍,一些比较容易的则放到下午去看。他甚至把翻阅字典作为一种"休息"。列宁看书还经常做笔记和摘录,并且认真思考所读过的东西,就如同蜜蜂采蜜一样,日积月累,持之以恒。列宁获得了渊博的知识,并把它全部献给了无产阶级事业。

扑在书上的人

"我扑在书上,象饥饿的人扑在面包上一样。"这是无产阶级文学奠基者高尔基说过的话,也是他行动的真实写照。

高尔基出身于工人家庭,他十分喜欢读书,有很强的记忆力。高尔基从小失去了父母,10岁就到鞋店里当学徒。连小学都没有读完。为了读书,他受尽了屈辱。

他没钱买书,就到处去借。借来了书,还要挤时间读。他名义上是学徒,实际上是老板的奴仆:要跑腿上街买东西,要劈柴生炉子。要擦地板擦楼梯,要洗菜带孩子……每天从早晨6点干到半夜,但一天劳累之后，他还要读书。在主人家里，读书是犯禁的。老板娘一发现高尔基读书，非打即骂。她怕高尔基点蜡烛读书，就在蜡烛上刻记号。高尔基只好刮下烛台上的蜡油，装在罐头盒子里，用棉线作灯芯，自制了一盏灯。眼睛熬得通红，他仍坚持读书。

老板娘还到阁楼上去搜书，只要让她抓到手，就拿来撕碎，烧毁。有一次，高尔基读书入了神，把茶炊烧化了。老板娘把他狠狠地打了一顿。

高尔基为了看书什么都能忍受。他曾经这样说过："我梦想享受大学生读书的幸福，甚至甘愿忍受任何拷打。假如有人向我提议说：'你去学习吧！不过每到星期天，为了你去学习，我们要在尼古拉耶夫广场上用棍棒打你一顿！'我想，就是这种条件，我也是可以接受的。"这是多么强烈的学习愿望啊！高尔基就是这样上完了他的"大学"的。

"允许我在做完事以后读书"

高尔基从小失去父母，10岁就给人家当佣人。有一次主妇对高尔基说："你就在火炉边给我烧水，水烧开了送过来。"她走出几步，还是不放心，又回头叮咛道："不许躲到别的地方去看书！"

主妇一走，高尔基的心又飞到书上，他全神贯注地读着，突然感到一阵痛疼，回头一看，只见主妇正抡起一根大劈柴，狠狠地又往背上打来。"我叫你看书！"她一边喊一边打。高尔基回到自己住处，身上痛得实在受不了，便找了一个好心的医生给看看。医生含着眼泪，从高尔基背上取出42根柴刺。医生愤愤地说："她的家刑太惨无人道了！你可以带上这42根柴刺去告她！"

高尔基捧着42根柴刺去找主妇说："我现在就去控告你，你等着瞧吧！"说罢，转身就走。

主妇忙张开两臂搂住高尔基说："只要你不去告我，你提什么条件我都答应。"高尔基忍着剧烈的疼痛说："我没有别的要求，只要允许我在做完事以后读书，我就不去控告你。"就这样，高尔基用42根带血的柴刺换得了工余读书的权力。

书　枕

爱迪生是一位世界闻名的大发明家，一生的发明多达 1300 多项。他常常通宵达旦地读书，查阅资料，搞实验往往连续几天都不睡觉，实在困极了，他就以书当枕，躺在实验室打个盹。因此有人开玩笑说："怪不得爱迪生知识那么丰富呢？原来他睡觉的时候都要从书本里吸取营养。"

林肯"赔书"

曾当过美国总统的林肯，少年时期酷爱读书，只要谁有他想读的书，不管路多远他也要去借来。他曾经为借一本《印地安洲法典》光着脚板跑了四十多里路。

有一次，他听说邻居克劳福特先生有一本《华盛顿生平》，就立刻借回来，晚上睡觉时把书夹在两段圆木中间的缝里（林肯家是木头房子，墙是圆木做的）。然而天公不作美，夜里起了风雨，飘进木墙的雨水把书浸湿了。林肯醒来一看不好，急忙烘干书，但已经破得不象样子了。他找到克劳福特，把事情经过叙述了一番，然后歉意地说："实在对不起，不过为了赔偿你的损失，让我怎么办都成。"克劳福特知道孩子没钱赔书，想了想说："这样吧，你帮我做三天短工，这本书值七角五分钱，三天的报酬也差不多就是此数了。"林肯没听太明白，便问："三天的工钱是赔偿书的损失呢，还是把书给我？"克劳福特看出孩子爱书的心情，便说："书当然归你了。"

林肯高高兴兴地干了三天杂活，换了一本《华盛顿生平》。

面包和书

富兰克林自幼酷爱读书,由于家境贫寒,他少年时就离家出去独立谋生。尽管收入寥寥,但他还是省吃俭用,想法省一点钱来买书看,有时为了买一本书,常常要饿上一整天。

有一天,富兰克林在路上遇到一位白发苍苍的老妇人,她饿得已经走不动了。富兰克林看到这种情景,连忙将自己仅有的一块面包送给她。老妇人见富兰克林穿着非常破旧,也是一个穷人,便不好意思收下面包。

"你吃吧,我包里有的是。"富兰克林说着拍拍那只装满书籍的书包,并随即拿出一本书,津津有味地读起来。

"孩子,你怎么不吃面包啊?"老妇人问道。

"对我来说,只要不饿死,读书的滋味要比面包好多了!"富兰克林高兴地笑着回答。

托尔斯泰和书

列夫·托尔斯泰的故乡是雅斯纳雅波梁纳,他有自己的图书馆。托尔斯泰是书店的常客,他去得最多的是莫斯科或库滋涅茨基桥书店。他每次去莫斯科或彼得堡,都要订购新书,在他的日记、书信、记事本里,都能见到有关买书的记载。

托尔斯泰的住宅里不断增添书架,房间里满了,就放在走廊里,他藏书之多是惊人的。普希金藏书1523册,契柯夫1900册,歌德5424册,伏尔泰6902册,这些人的书加在一起也不比托尔斯泰的藏书多。他藏书共2.2万册。

托尔斯泰的存书除文学作品外，还有哲学社会政治经济学、自然科学、医学卫生、历史、回忆录、生物、文学史、语言学、教育、民族志、地理、旅游、数学等等。

托尔斯泰在书上写的批语是非常有趣的，他读雨果《九三年》时作的一些标记和批语，仿佛是两位伟大的作家在亲切的谈论生活和革命历史。他读赫尔岑《来自对岸》时的批语，可以说是一篇专题学术论文。托尔斯泰读《周游世界八十天》时，还亲自动手画插图。

托尔斯泰还喜欢朗诵书本，对他来讲，朗诵是一种享受。他认为读过之后还想再读的书，才算得上一本好书。

为求一书，坟地呆一夜

莫斯科大学是俄罗斯的第一大学，它的创始人是罗蒙诺索夫（1711—1765）。罗蒙诺索夫是一位全才科学家，既是自然科学家，又是社会科学家，同时还是一位杰出的诗人。

罗蒙诺索夫是渔民的儿子，10岁便随父亲出海捕鱼，没有机会上学，可是他却勤奋好学。父亲不识字，他到邻居舒布诺伊家里去，学习字母和拼音，逐渐地可以阅读浅近的文章。出海回来，罗蒙诺索夫一头钻进书本里，学啊，学。舒布诺伊的书，他都读完了，再向别的邻居借。

有一次父亲领他去相亲。到了那家，满书架图书，立即把罗蒙诺索夫吸引住了。他翻开一本《算术》一看，正是罗蒙诺索夫朝思暮想要学习的那些"学问"。罗蒙诺索夫早把相亲的事儿抛到了九霄云外，他捧着《算术》爱不释手，要用自己的全部财产向小主人换这本书，但他除了一件鹿皮上衣值点钱外，其他就是些海螺、贝壳之类。小主人不与他换，而要罗蒙诺索夫弄一只小海象来换，罗蒙诺索夫求书心切，一口应承下来。哪里去找海象呢？他为一位商人干了40天活，不要工钱，只要小海象，换回了那本《算术》。可惜不久，小海象死了，罗蒙诺索夫还没来得及仔细读读心爱的书，小主人已经找上门来，说是罗蒙诺索夫骗了他们，把一只本来养不活的海象硬塞给他们，要罗蒙诺索夫把书退还。罗蒙诺索夫坚决不肯，相持不下，忽然小主人心生一计：要是罗蒙诺索夫敢到一块坟地上过夜，书就归他。据说这坟地里经常"闹鬼"，别说少年，就是很有胆量的大人，日头下山后都不敢去那里走一趟，何况过夜呢。小主人当然认为罗蒙诺索夫不会去，这样吓退了他，书就可以归还回来。但是为了《算术》，罗蒙诺索夫再大的险也愿意去冒，他干脆利索地答道："好，一言为定！"夜幕降临时，罗蒙诺索夫来到坟地，整整度过了一个夜晚，《算术》终于归他所有。

夜深人静时

寒冷的冬夜，北风怒吼，雪越下越大。一个十几岁的小男孩，正聚精会神地在微弱的灯光下读书。突然，门打开了，冷风一下子灌进来，小男孩打了个冷战，抬头一看，可吓了一跳。原来是他的继母闯了进来，怒气冲冲，一边骂，一边把他赶出屋去。

这个小男孩站在屋门口，冻得瑟瑟发抖，可是他还是不去睡觉。他将耳朵贴在门上，细心地听着里边的动静，灯灭了，屋内响起了睡熟的鼾声。于是，他钻进一间堆放着杂物的板棚。板棚内，又脏又乱，散发着难闻的霉味。从板壁的裂缝灌进一股股寒气，使他浑身发抖。小男孩并不退缩，而是点燃一支半截蜡烛，趴在一只底朝天的大木桶上，又开始读起书来。

这个小男孩，就是后来在电学、光学、天文学、地震学等方面作出贡献的罗蒙诺索夫。他在 8 岁时便失去了亲生母亲，后来不断受到继母的虐待。小罗蒙诺索夫从早到晚地做各种家务活。每当夜深人静后，便是他读书的好时机。

名家读书名言、名联

教师必备知识丛书

名家读书名言

一、读书的作用

1. 读书可以塑造一个完人

读书在于造成完全的人格。

——（英）培根

读书并且可以铲除一切心理上的障碍，正如适当的运动能够矫治身体上某些疾病一般。

——（英）培根

读书能给人乐趣、文雅和能力。人们独居隐退的时候，最能体会到读书乐趣；谈话的时候，最能表现出读书的文雅；判断和处理事务的时候，最能发挥由读书而获得的能力。

——（英）培根

读书补天然之不足，经验又补读书之不足，盖天生才干犹如自然花草，读书然后知如何修剪移接；而书中所示，如不以经验范之，则又大而无当。狡黠者鄙读书，无知者羡读书，唯明智之士用读书，然书并不以用处告人，用书之智不在书中，而在书外，全凭观察得之。

——（英）培根

读书是意味着，利用别人的头脑来取代自己的头脑。

——（德）叔本华

读书对于智慧，也像体操对于身体一样。

——（英）艾迪生

书籍鼓舞了我的智慧和心灵，它帮助我从腐臭的泥潭里脱身出来。如果没有它们，我就会溺死在那里面，会被愚笨和鄙陋的东西呛住。

——（苏联）高尔基

我读书越多，书籍就使我和世界越接近，生活对我也变得越加光明和有意义。

——（苏联）高尔基

书是人类进步的阶梯。

——（苏联）高尔基

书，这是这一代人对另一代人精神上的遗产；这是将死的老人对刚刚开始的青年人的忠告；这是准备去休息的哨兵向前来代替他岗位的哨兵的命令。

——（俄）赫尔岑

读书足以怡情，足以长才。……读史使人明智；读诗使人灵秀；数学使人周密；科学使人深刻；伦理学使人庄重；逻辑修辞学使人善辩。凡有所学，皆我性格。

——（英）培根

理想的书籍，是智慧的钥匙。

——（俄）列·托尔斯泰

读一本好书，就是和许多高尚的人谈话。

——（德）歌德

书籍是人类知识的总结。书籍是全世界的营养品。

——（英）莎士比亚

书籍是巨大的力量。

——（俄）列宁

好的书籍是贵重的珍宝。

——（俄）别林斯基

书是我们时代的生命。

——（俄）别林斯基

任何时候我也不会满足，越是多读书，就越是深刻地感到不满足，越感到自己知识的贫乏。

——马克思

各种蠢事，在每天阅读好书的影响下，仿佛烤在火上，渐渐溶化。

——（法）雨果

喜欢读书，就等于把生活中寂寞的辰光换成巨大享受的时刻。

——（法）孟德斯鸠

一个爱书的人，他必定不致缺少一个忠实的朋友、一个良好的导师、一个可爱的伴侣、一个优婉的安慰者。

——伊萨克·巴罗

一本新书像一艘船，带领着我们从狭隘的地方，驶向生活无限广阔的海洋。

——（美）凯勒

图书馆使我所以有恒地研习而增进我的知识，每天，我停留在里面一两个钟头，用这个办法相当地补足了我失掉的高深教育。

——（美）富兰克林

不去读书，就没有真正的教养，同时也不可能有什么鉴别力。

——（俄）赫尔岑

读书是最好的学习，追随伟大人物的思想，是最富有趣味的一门科学。

——（俄）普希金

读书对于我来说是驱散生活中的不愉快的最好手段，没有一种苦恼是读书所不能驱散的。

——（法）孟德斯鸠

不读书的家庭，就是精神上有残缺的家庭。

——（苏联）巴甫连柯

读书是治疗我们高度机械化时代所固有的标准化和简单化的良药。读书扩大我们对别人的生活、性情与需要的认识；书籍绝妙地帮助人走出"自我"的圈子。

——（英）高尔斯华绥

在人类创造的所有生命的物体中，书和我们关系最密切。因为书中包含着我们的真实思想，我们的抱负，我们的义愤与幻想，以及我们对

真理的忠贞和易犯错误的陋习。但最重要的是，书反映出人生的动荡。

——（英）康拉德

优秀书籍是不可战胜的，无论是邪恶还是愚蠢，都无法毁灭它。

——（美）乔·摩尔

不读书的人，不光人要变得浅薄，也将被社会的前进步伐所抛弃。

——（日）池田大作

在今天这个时代，人的智力发展在越来越大的程度上取决他是否善于在知识的浩瀚的海洋里辨明方向，是否善于利用知识的仓库——书籍。

——（苏联）苏霍姆林斯基

读书不光能补充知识，还可以通过书籍，使作者和读者在对话中，产生生命的共鸣，共同去塑造人生。

——（日）池田大作

读书就是力量，因为读书可以帮助工作，可以增加工作的力量。

——（法）拿破仑

有时，一本适时的好书能够决定一个人的命运，或者成为他的指路明星，确定他终生的理想。

——（苏联）米哈尔科夫《一切从童年开始》

二、不做书呆子，不要死读书

读死书是害己，一开口就害人。

——鲁迅

倘只看书，便变成书橱。

——鲁迅

不要盲从"开卷有益"的成语，也不要相信"为读书而读书"的迂谈。

——叶圣陶《读书的态度》

处理现实生活是目的，读书只是达到这个目的许多手段之一。要使书为你自己用,不要让你自己去做书的奴隶。

——叶圣陶《读书的态度》

不读书者,不一定就不能独立思考;然而,读死书,死读书,只读一面的书而不读反面的其他多方面的书,却往往会养成思考时的"扶杖而行",以致最后弄到独立思考能力的萎缩。

——茅盾《谈独立思考》

书是死的,自然是活的。读书是间接的求学,读自然书乃是直接的求学。只知道书不知道自然的人是书呆子。

——李四光

学问之道,是人格的建立、生命的领悟、凡事广涵的体认——而不是做一架"念书机器"。

——三毛《不满、不满、不满》

人是活的,书是死的。活人读死书,可以把书读话。死书读活人,可以把人读死。

——郭沫若

读书总死读,死读钻牛角,筴筴复孜孜,书我不相属。活读运心智,不为书奴仆,泥沙悉淘汰,所取唯珠玉。

——叶圣陶

人做了书的奴隶,便把活人带死了。……把书作为人的工具,则书本上的知识便活了,有了生命力了。

——华罗庚

书籍不仅对于那些不会读书的人是毫无用处,就是对那些机械地读完了书还不会从死的文字中引申活的思想的人也是无用的。

——(俄)乌申斯基

我兴奋地惊异地阅读了许多书,但这些并没有使我脱离现实,反而加强了我对于现实的兴趣,提高了观察、比较的能力,燃起我对生活知识的渴望。

——(苏联)高尔基

一天到晚沉浸读书的人,他的精神弹力便要消失殆尽了,这就和长时期被重物所压的弹簧一般，它的弹力必定会消失的。

——（德）叔本华《关于思考》

读书读得太多，反而会造成一些自以为是的无知之徒。

——（法）卢梭《爱弥儿》

博览群书而不动脑筋，犹如饕餮贪图腹欲；满肚子美味佳肴，常常是弊多利少。

——（英）乔·提尔威斯特

真正的知识更多地是来自思考而不是来自书本；因为读书太多会对于大脑形成一种压抑，世界上蠢儒之所以那么多，原因就在于此。

——（英）彭威康

整天泡在书堆里的人并不了解人生。

——（英）丘吉尔

读书往往成为逃避思考的巧妙手段。

——（英）霍布斯

再没有比死啃书本、把岁月完全消磨在学院里的那些饱学的书呆子更为无知的了。不论人性已经被作家们描绘得多么细腻，真正的实际的规律却只能在大千世界中去领会。

——（英）亨利·菲尔丁《弃儿汤姆·琼斯的历史》

光读书不思考也许能使平庸之辈知识丰富，但它决不能使他们头脑清醒。

——（法）约·诺里斯无批判的多读，使人头脑空虚，是众所周知的事实。

——（日）寺田寅居

三、读书的方法

1. 循序渐进，熟读精思。

读书之法，莫贵于循序而致精。

——朱熹《性理精义》

读书譬如饮食,从容咀嚼,其味必长;大嚼大咽,终不知味也。

——朱熹

读书,始读未知有疑,其次则渐渐有疑,中则节节是疑。过了这一番,后渐渐释,以至融会贯通,都无可疑,方始是学。

——朱熹

为学读书,须是耐心,细意去领会,切不可粗心。为数重物,包裹在里面,无缘得见。必是今日去一重,又见得一重。明日又去一重,又见得一重。去尽皮,方见肉。去尽肉,方见骨。去尽骨,方见髓。

——朱熹

读书之法无它,惟是笃志虚心,反复详玩,为有功耳。

——朱熹

读书宁详毋略,宁下毋高,宁拙毋巧,宁近毋远。

——朱熹

读书无疑者须教有疑,有疑者却要无疑,到这里方是长进。

——朱熹

学者须精熟一两书,其余如破竹数节,后皆迎刃而解。

——苏轼

书富如入海,百货皆有。人之精力,不能兼收尽取,但得其所欲求者尔。故愿学者每次作一意求之。

——苏轼

善读者日攻、日扫。攻则直透重围,扫则了无一物。

——郑板桥

学问二字,须要拆开看。学是学,问是问。今人有学而无问,虽读书万卷,只是一条钝汉尔。……读书好问,一问不得,不妨再三问,问一人不得,不妨问数十人,要使疑窦释然,精理迹露。故其落笔晶明洞彻,如观火观水也。

——郑板桥

要读好书,必须先打好基础,读好了基础书,才能在这基础上作个别问题的研究,基础要求广,钻研则要求深,广和深也是统一的,只有广了才能深，也只有深了才要求广。

——吴晗

理解不足，只好精读，只好深思，换句话说：便是只好待时。待到自己的经验足时，终有彻底理解的时期出现。

——郭沫若《雅言与自力》

书读越多而不加以思考，你就会觉得你知道得很多；而当你读书而思考越多的时候，你就会清楚地看到，你知道还很少。

——（法）伏尔泰

经验丰富的人读书用两只眼睛，一只眼睛看到纸面上的话，另一只眼睛看到纸的背面。

——（德）歌德

读书是易事，思索是难事，但二者缺一，便全无用处。

——（英）富兰克林

我阅读关于我所不懂的题目之书籍时，所用的方法是先求得该题目的肤表的见解，先浏览许多页和好多章，然后才从头重读起，以求获得精密的知识，我们对该题目越熟悉，理解的能力就越增加，读到该书的终末，就懂得它的起首。这是我所能介绍给你之惟一的正确的方法。

——（英）狄慈根

读书而不思考，等于吃饭而不消化。

——（英）波尔克

年轻人求知欲很旺，而忍耐性不足。即以读书而论，尚未开卷时，每有吞食全牛之概，然一遇到困难，则不仅颓然而气馁。于是浅尝偷巧的习惯油然而生，在未用自己的脑力去求理解之前，或先读别人的评论而自囿，或仅读一书的序言而了事。有的人更以其一知半解，从而道听途说。这是我们年轻人最容易传染的一种通病。

——郭沫若

读书无嗜好，就不能尽其多。不先泛览群书则会无所适从或失之偏好，广然后深，博然后专。

——鲁迅

看书不能有信仰而无思考，要大胆地提出其中的相互关系，是做学问的一种方法。

——顾颉刚

读书须有胆识，有眼光，有毅力。胆识二字拆不开，要有识必敢有自己意见，即使一时与前人不同亦不妨。前人能说得我服，是前人是，前人不能说服我，是前人非。人心之不同如其面，要脚踏实地，不可舍己来云人。

——林语堂

对于书本知识，无论古人今人或某个权威的学说，要深入钻研，过细咀嚼，独立思考，切忌囫囵吞枣，人云亦云，随波逐流、粗枝大叶、浅尝辄止。

——马寅初

我在青年时代，我的读书方法使我在某种程度上落后于别人，因为我看的书比我的同志少。他们看书比较浮皮潦草。但是，浮皮潦草地看书，有许多精彩的东西消化不了，看过的东西很快会忘记，至于我看书的办法，能使我得到十分清晰牢固的印象。所以，随着岁月的推移，我的库存要比我的同志丰富得多。

——（苏联）柳比歇夫

精读一本书，深深挖掘下去，就能寻根求源，探得其中之奥妙，这是一种好的读书方法。

——（日）池田大作

温习乃研究之母。任何重要的书都要立即再读一遍……因为读第二次时，在各处都会有与读第一次时不同的情调和心境，因此，所得的印象也就不同，此犹如在不同的照明中看一件东西一般。

——（德）叔本华《读书与书籍》

有的知识只须浅尝，有的知识只要粗知。只有少数专门知识需要深入钻研，仔细揣摩。所以，有的书只要读其中一部分，有的书只须知其中梗概即可，而对于少数好书，则要精读，细读，反复地读。

——（英）培根

阅读的方式不一，有些书必须浅尝即止，有些书必须囫囵吞枣，少数的书必须咀嚼再三，彻底消化。

——（英）培根

与其匆匆博览百书，不如彻底消化几本。

——（英）奥斯本

2. 做笔记与背诵

读书须是成诵方精熟。今所以记不得，说不去，心下若存若亡，皆是不精不熟之患。

——朱熹

不动笔墨不看书。

——徐特立

读重要之书，不可不背诵。

——司马光

凡读书，须要读得字字响亮，不可误一字，不可少一字，不可多一字，不可倒一字，不可牵强暗记，只是要多读遍数，自然上口，久远不忘。

——朱　熹

读书百遍，其义自见。

——裴松之

读书是学习，摘抄是整理，写作是创造。

要记住，一个人要想在事业上有所建树，一定得这样坚持做卡片笔记，一发现有价值的资料，就要如获至宝，准确地摘记下来。天才就是勤奋，知识在于积累。这样，卡片摘记积累多了，功到自然成。你就可以在大量资料的基础上，进行归纳分类，分析研究，综合利用，创造出自己的作品来。

——吴　晗

当我读一本历史书或者其他类似严肃的书籍时，我总要在扉页上记上一些概括思想主题的词句，并在每个词的后面标好页码。这样，在需要时，我不必重读全书，而可以直接找到要找的地方。

——（法）莫洛亚《生活的艺术》

3. 理论联系实际

尽信书，则不如无书。

——孟　轲

纸上得来终觉浅，绝知此事要躬行。

——陆　游

学而行本来是有机联系着的，学了必须要想，想通了就要行，要在行的当中才能看出自己是否真正学到了手。否则读书虽多，只是成为一座死书库。

——谢觉哉

读万卷书，行万里路。

——顾炎武

读书是学习，使用也是学习，而且是更重要的学习。

——毛泽东

读书而不能运用，则所读书等于废纸。

——（美）华盛顿

三、选择适合自己的好书

我只喜欢有趣而且易读的书本，它能调剂我的精神。我也喜欢那些给我带来慰藉、教导我很好处理生死问题的书籍。

——（法）蒙田

凭感情去读自己喜欢的书是一种享受，所得到的是一种灵魂上的涵泳与自由自在，和一种被了解、被同情的感受。

——（法）罗曼·罗兰《书与我》

阅读一本不适合自己阅读的书，比不阅读还要坏。我们必须学会这样一种本领：选择最有价值、最适合自己所需要的读物。

——（俄）别林斯基

读文学作品，也跟谈恋爱一样，对别人的选择总是感到吃惊。忠于我们自己的作者吧。在这个方面，自我才是最最公正的法官。

——（法）莫洛亚《生活的艺术》

据估计,一个最勤奋的读者,毕其一生所能读完的书也不会超过两千。因此,必须严格地挑选书籍,善于指导青少年怎样去读这些书。

——(苏)苏霍姆林斯基《给教师的建议》

读书不在多而在精;有选择地读几本书效果反而好;读书太滥只能满足消遣而已。

——(英)布尔沃·利顿

人生是短暂的,其中宁静的日子很少。所以,我们不应把它们浪费在读那些没有价值的书上。

——(英)约翰·罗斯金

为赚取稿费的作品,无时无地都存在着,并且数量很多。……因此,我们读书之前应谨记"决不滥读"的原则,不滥读有方法可循,就是不论何时凡为大多数读者所欢迎的书,切勿贸然拿来读。凡为愚者所写作的人是常会受大众欢迎的。不如把宝贵的时间专读伟人的已有定评的名著,只有这些书才是开卷有益的。

——(德)叔本华《读书与书籍》

坏书有如毒药,足以伤害心神。

——(德)叔本华《读书与书籍》

人生短促,宁静的时间又极少,我们不该看无价值的书而浪费时光。

——(英)拉斯金

没有读二遍价值的书,就一遍也不值得看。

——(德)威柏

不好的读物,就像一扇沾满油污的窗户,透过这扇窗户,什么也看不清。

——(苏联)苏霍姆林斯基

不好的书告诉你错误的概念,使无知变得更无知。

——(俄)别林斯基

不要阅读信手拈来的书,而要严格的加以挑选。要培养自己的趣味和思维。

——(俄)屠格涅夫

如果你想从阅读中获得值得你永远铭记在心的知识，你就应该花更多的时间去研读那些无疑是富有天才的作家们的作品，不断从他们那里取得养料。

——（古罗马）塞涅卡

所有的书都可分为两大类：只供一时所读的书，和可供一切世代阅读的书。

——（英）约翰·罗斯金《芝麻与百合》

阅读所有的优秀名著就像与过去时代那些最高尚的人物进行交谈。而且是一种经过精心准备的谈话。这些伟人在谈话中向我们展示的不是别的，那都是他们思想中的精华。

——（法）笛卡儿《方法谈》

古今名联话读书

撰联为座右铭，自警自励，是我国历代有识之士好学进取的优良传统。

苏轼年轻时，自以为博学，便大书一联："识遍天下字，读尽人间书。"后经一老翁指点，遂改成："发奋识遍天下字，立志读尽人间书。"

此联体现了苏轼年轻时立志刻苦读书，功夫不负苦心人，终于成为唐宋八大家之一。

南宋诗人陆游，自幼酷爱读书求学，他在自己书斋里挂了这样一副亲题的对联：

万卷古今消永日；
一窗昏晓送流年。

此联正是陆游夜以继日，常年攻读与经常写作的真实写照，道出了有志者事竟成的哲理。

明代文学家徐渭，为了告诫子孙刻苦学习，晚年拟一联挂于后辈的书室：

> 好读书，不好读书！
> 好读书，不好读书！

此联虽然只有十四个字，上下文字相同，但"好"字读音不一，便意思相反。说的是，年少时乃读书的大好时光，却顾贪玩而不喜欢读书，年老时喜欢读书，却因为力不从心而不能好好读书。这番家教是对"少壮不努力，老大徒伤悲"的最好说明。

民族英雄郑成功，自幼爱读历代豪杰列传，特别崇尚岳飞的爱国精神，当时中国正处于动乱时期，朝廷文武百官，却无视民族危亡，终日花天酒地，谋求私利。郑成功十分气愤，撰写了一副自勉联："养心莫善寡欲，至乐无如读书。"

清代著名考据家阎若璩，从小口吃，又很愚钝，但他勤奋好学，寒暑不避，日夜不止。他辑录古人的话缀成一副对联："一物不知，以为深耻，遭人而问，少有宁日"作为座右铭，以勉励自己时时奋发读书。

清代"扬州八怪"之一的郑板桥的书斋里有这样一副对联：

> 咬成几句有用书，可以充饥；
> 养培数竿新生竹，直似儿孙。

此联一个"咬"字，把刻苦钻研书本的情态和对事业的追求表达得淋漓尽致。

清代民族英雄林则徐，幼年家境贫寒，他在自己书房里亲自贴上一副自题对联：

> 家小楼台无地起；
> 案余灯火有天知。

此联充分反映出林则徐身处逆境而自强不息，矢志苦读的可贵精神，无怪乎后来成为文武兼备的爱国名将。

清代学者程祖洛，为激发自己立志苦学，他以形象的手法，题一联悬于斋：

> 醴泉无源，芝草无根，人贵自立；
> 流水不腐，户枢不蠹，民生在勤。

此联赞颂了奋发图强，锐意进取的胸怀，总结了下定决心，坚持不懈的努力，才能成功的经验，给人以很深的启迪。

清代文学家蒲松龄，自幼家贫，努力读书，可是考试都是名落孙山。他在悲愤之中，不忘进取，发愤苦读、著文。他在自己压纸用的铜条上刻了一副对联：

　　有志者事竟成，破釜沉舟，百二秦关终属楚；
　　苦心人天不负，卧薪尝胆，三千越甲可吞吴。

此联蒲松龄运用楚霸王项羽破釜沉舟，大破秦兵和越王勾践卧薪尝胆，灭吴雪耻的故事，表达了矢志不渝的决心。后来，他终于写出《聊斋志异》这样的"孤愤之书"。

清末，有些贵族子弟出国留学，回国后，荣任翰林院学士，但也有的不学无术、有名无实。有一个姓唐的"洋翰林"给大学者何秋辇写信，开头称秋"辇"老伯，信中又把"草菅人命"错写成"草管人命"。何秋辇因此作了一对联：

　　辇辇同车，夫夫竟作非非想；
　　管管同官，个个多存草草心。

此联，何秋辇对不学无术徒有虚名的人，给以尖锐的讽刺，言外之意，如果好好读书就不会出现这种笑话了。

近代民主革命先驱黄兴，在武昌两湖学院求学时，拟了一副对联鞭策自己发奋读书：

　　墨磨日短，人磨日老；
　　寸阴是竞，尺璧勿宝。

此联提醒自己要珍惜宝贵的光阴，切莫虚度年华，要机不可失地追求救国救民的真理，时不待我地为振兴中华学好本领。

徐特立曾有一联：

　　有关家国书常读；
　　无益身心事莫为。

此联告诫人们读书要有选择，不可随心所欲地读，对治家爱国的书要多读常读，对损人害己的事不要做，要做有益于立身做人的好事大事，才是顶天立地的人。

毛泽东同志在学生时代，就写过脍炙人口的名联。1913年他在湖南第一师范学校求学，曾撰过一副自勉联：

> 贵有恒何必三更起五更睡；
> 最无益只怕一日曝十日寒。

这副对联对仗工整严谨，寓意深刻，回味无穷。

毛泽东青年时代也曾撰：

> 绳锯木断；
> 水滴石穿。

此联题赠堂妹毛泽建，勉励她在学习上要持之以恒，循序渐进，必有成效。联语撷取生活中的自然现象颇有哲理，言简而意深。

近代人民教育家陶行知，为提高农民文化素质，在南京倾囊创办晓庄学校，他题联一副贴于校礼堂前：

> 和马牛羊鸡豕做朋友；
> 对稻粱菽麦稷下功夫。

此联晓喻办学方向，教导师生要弃虚务实，使学校真正成为培养农村人才而改变其愚昧状况的阵地。这正是陶行知"以教人者教己，在劳力上劳心"的光辉写照，堪称教育界的风范。

世纪之交勤读书

在辞旧迎新之际，日理万机的江泽民总书记专程视察北京图书馆，与前来这里阅读的读者亲切交谈，并语重心长地告诫大家，无论在城市还是农村，无论从事何种职业，都应该有好学不倦的精神。读书的人多了，大家的知识水平提高了，就会变成强大的物质力量，我们国家的富强和民族的振兴就会大有希望。认真领会江总书记的谆谆教诲，一种读书的紧迫感油然而生。

大兴勤奋读书之风是时代的召唤。时代的列车正在驶入本世纪最后的历史里程，面对世纪之交，世界各国都在奋力寻求进击的座标。国与国之间的竞争热潮，正在冲击着整个世界。这里有政治的竞争、经济的竞争、军事的竞争、科学技术的竞争，但归根结底，还是人才素质的竞争。人，作为生产力的首要因素，起核心作用的，还是在于他的文化素质。法国启蒙思想家卢梭曾言："植物因栽培而成长，人因教育而完善。"而这种教育，已远远不是学校的"一次性"教育。那种把人生分成学习和工作两个阶段的观念和做法，已经不能适应现代生产、科技进步和社会发展的要求。在发达国家，人们平均一生要更换五至八种职业，就是从事一种职业，也不断提出新的要求。这无疑意味着学习是一个终身的过程，是时代的必然要求。

大兴勤奋读书之风，不仅是增强本领、做好工作的需要，也是提高精神境界的需要。正如江泽民同志所说的，一进图书馆，思维就会更加活跃起来，各种书籍就会把你引入丰富多彩的世界。从古至今，许多哲人和智者都视读书为乐事，把读书作为修身养性、完善自我的重要途径。这是因为，读书不仅给予我们知识和智慧，而且给予我们终身难忘的教诲，给予我们健康向上、奋勇向前的力量。人们从读书学明理，从读书学做人，从那些往哲先贤以及当代才俊的著述中学得他们的人格和风范。人们从《论语》中学得智慧的思考，从《史记》中学得严肃的历史精神，从《正气歌》中学得人格的伟岸，从马克思学得入世的激情，从鲁迅学得批判精神，从列夫·托尔斯泰学得道德的执着，从冰心老人学得至纯至美的真情……一旦将读书视为乐事而终身不辍，会使人心灵纯洁而富于正义感，知识积累而博学多才，"各种蠢事，在每天阅读的影响下，仿佛烤在火上的冰一样渐渐熔化"（雨果语），从而引导人们一步步向着人间美好的境界前行。

令人遗憾的是，眼下不少人对读书的认识还处于朦胧之中。在涉及读书究竟"有用"还是"无用"之时，把"学以致用"片面地理解为学以"升官"，学以"发财"。当看到社会上某些人不读书照样"升官"、照样"发财"时，便错误地推导出"读书无用论"；还有的在读书的选择上，过于"功利"化，认为读政治理论、文学名著之类的书不顶用，把外语、计算机和经济类书籍视为"必修课"。认识差之毫厘，行为失之千里。于是，不少人选择了不读书或只读一些实用性较强的书，于是浅薄、浮躁、无聊、应酬、穷忙等时髦病便无限扩散以至成为流行。诸如，林则徐是歌星，扬振宁是大款，《资本论》是炒股工具书等一类的笑话产生了。相反，对伪科学、封建迷信之类的东西却趋之若鹜以致使这些历史沉渣大肆泛滥。如此这般，不仅妨碍整个国民素质的提高，阻碍两个文明的健康发展，而且还会影响四化建设和强国富民宏伟目标的实现。

　　行笔至此，我想起了一位学者朋友的话："现在我不大劝人读书，能不能享受读书，是一个人的命，是天性使然，勉强不得。"也许这位学者的话有点偏颇，但也明明白白地道出了一个道理：没有一种内在的动力，就是世人时时在耳边叮嘱，有些人也是不会好好读书的。新年伊始，每个人都在筹划新年度的生活——择业、赚钱、家庭建设、调整人际关系、健康投资等等，这些固然都不可少，但不要把读书计划给遗漏了。也许购书会用去一些可作他用的开支，读书会用去一些生财、交际、娱乐的时间，但从长远看，这笔"投资"是万万不可少的。在新年钟声敲响的时候，我们当用江泽民同志的教诲激励自己，挤出时间多读书，用知识不断充实自己，丰富自己，从而收获一个沉甸甸的金秋。

读书与做人

　　生活曾给了我许多磨难。10岁出头时，正是读书"童子功"的最佳时光，我却告别学校，作为"狗崽子"随父母下放偏远山区，到农村摸爬滚打；十四五岁正是长身体时，却每天啃红薯，甚至饿着肚皮往返几十里为生产队的猪场砍柴；正当上大学的年龄，家中却天灾人祸接二连三，做老大的哥哥惨遭车祸而死，我承担了主劳力，用稚嫩的肩膀挑起了耕种9个人自留地的劳务，支撑着全家生活的重担；当时代看重读书，看重文凭的时候，我却在五六百米深的煤井下推着几吨重的矿车吃力地蹒跚行走……我原以为，今生今世，书已经与我绝缘。

可是，我又是非常幸运的。在列车已经隆隆开动快离站时，我终于扒上了最后一节车厢。在按常规已经迈出大学校门的年龄，我穿着沾满油污煤屑的褴褛衣服来到大学校园，在坐满年龄参差不齐的同学的教室里，重新捧起梦寐以求的书。

大学毕业后，我先是在一所省级成人大学里教书，此时已算是离不开书；现在在行政机关当一公务员，即使公务再忙，我也没离开过书。在人生的路上，一晃已跋涉了三十七八个年头了，近不惑之年的人生风雨，留给我多少酸楚的思索。苦难如书，对自己对他人永远是种精神财富。只有把人生的活书与人写的死书结合起来读，才能永远回味无穷，给人以无限的启迪。

我认为，读书与做人息息相关，二者是成正比的。一般来说，能读书、会读书、想读书，书读得多的人，学问越好，知识面越广，知书达理，为人品行，道德修养也就越好。当然，也有例外，人不如文，文不如人，文人相离的情况历史上不乏其例，可这毕竟是少数。我以为读书的关键是明理，多读书不仅能使人辩是非，知善恶，荡心境，去烦恼，更能提高做人的层次和品位。权力和金钱的富有，的确可以风光潇洒一时，但并不能真正显示人生的价值和精神上的富有，有时恰恰是成反比例的。拿权力来说，看似浩浩荡荡，巍巍然，炙手可热，不可一世，但如果你靠近权力，冷眼审视权力，就会发现权力有一面却是非常脆弱，非常卑劣甚至是非常猥琐的，很显然，权力用来尸位素餐，鱼肉百姓，攫取和占有，满足物欲，冀望永久的炫耀、享受或拥有，再巍然风光，春风得意，迟早是会凋谢的，甚至昙花一现。实际上，当今世界，权力已进化为一种责任、义务和使命，是一种全身心的投入和无私无畏的奉献。只有把权力投入无限的为人民服务当中，时刻为人民说话，为人民办事，于细微之中见精神，权力才显得崇高、伟大和富有无穷的魅力。

"阿堵物"或"孔方兄"固然重要，可以使你频往歌厅酒肆，醉生梦死，饱享清纯美艳，但迟早也会厌倦的。"阿堵物""孔方兄"都不可万能，积聚再多，不能随身带到另"一个世界"。生不带来，死不带走，光溜溜来，还是光溜溜走。君不见，有钱不能幸福或没钱也很幸福的人大有人在。唯有读书，才能使你进入一种境界，逐渐对人生产生一种感情，并升华自我，超越自我，以大气魄、大度量、大眼光、大抱负去审视这个世界。懂得江河如大海，你我仅取一瓢饮而已。故不慕新贵大亨，不怨天，不尤地，不戚戚，也不汲汲，心中始终能淡泊坦然，保持一种宽广宁静的心境。只有这样，处逆境而不气馁，反而更加珍惜生命，热爱生活，更能发愤地跟命运抗争，扼住不幸命运的咽喉。就是处顺境也不沾沾自喜，或自以为高人一等。因为读书，会使你知道造物主并未生来就把人打上烙印，分孰优孰劣。在道德的天平上，即使是乞丐、流浪者，也与官宦国戚是平等的，有时往往在卑微者身上更能显现人类人格的永恒，闪耀出道德精神的光辉。而在关键时刻，道貌岸然的高贵者有时也有灵魂的鄙劣，甚至会有为一般人不齿的人格的猥琐和卑下。

读书不仅与做人，更与做事相辅相成。迄今为止，人类的经验和知识，坎坷与进步，理想与追求，无不以书籍为载体。要做事，要有所作为，要开启思路，扩大视野，掌握人生，增进知识，读书是必由之路。本人是实实在在做过工人做过农民的，备尝过生活的艰辛，深深地理解人生的艰难，稼穑的甘苦。懂得"一粥一饭，当思来之不易；半丝半缕，恒念物力维艰"。可这只是苦难生活昭示出的体验或切肤的感受。唯有读书，才能使你如虎添翼，堂堂正正做人，认认真真做事。也唯有读书，更会使你培养一种高度的责任感和使命感，更能去追求一种默默无闻、爱岗敬业的奉献精神。

《易经》中有句话："天行健，君子以自强不息。"人在世上走了一趟，还是应该有所作为的，不讲给后世留点什么，干出什么惊天动地的伟业，也总该干点实实在在的事，干点于国、于民或者有利于身心健康的事,哪怕当一名码头工人或一名清洁工也总比浑浑噩噩、无所事事、潦度一生好。要知道,大凡在历史上留下痕迹,为老百姓常念叨的不外乎两种人:一种是忠臣,一种是奸臣。前者如文天祥、包拯、岳飞、况钟和当代的孔繁森等,虽死犹生,千古流芳,青史留名,在人们心中铸造了不朽的"心碑";后者像秦桧、严嵩、袁世凯和当代的王宝森等,死有余辜,世人唾骂,永远嵌入历史的耻辱柱,遗臭万年,为后人不齿。当然,这并不等于说越读书越追恋过去,越读书越仰视古人,要不自量力去追寻历史上的什么人,从而使自己失去现实的土壤。相反,倒因为人是活的,书是死的,活人可通过读死书感悟点什么,对人生要有点追求,要有点精神和理想。干任何事,读书、做人、做事都一样,只有先付出,后才有回馈;只有先耕耘,后才有收获。只要处处以书本知识丰富自己,不断学习,不断探索人生,对于有益于世道人心的事,就应该义无反顾地去做,全身心地投入,真心实意地为人民多做点好事,无论是大事小事或难事急事,以此作用于人生,这大概是读书与做事要旨所在。

读书益寿

清代作家和戏曲理论家李渔说过:"惟好书,忧藉以消,怒藉以释,牢骚不平之气藉以除。"

专家发现,善于读书、勤于研究的人,其脑血管经常处于舒展状态,脑神经得到充分的濡养,大脑不会早衰。据日本的医学研究报道,经常阅读思考的脑力劳动者,比阅读量少的同龄人的大脑萎缩得少,空洞也少。英国的神经学家也指出,阅读得少,大脑受的训练也就少,衰老就快。

读好书对人的情绪也是一个良好的调节。从生理学上看,情绪对人的衰老起着重要作用。情绪不好，可直接传递到中枢神经系统，中枢神经系统调节发生紊乱，结果就促进了疾病的发生或衰老变化，因此，必须对这种不良情绪进行调节。而阅读好书正是一种比较好的调节方法。瑞典神经病理学家据此原理倡导了"读书疗法"。这种疗法首先在德国，继而在前苏联得到广泛的应用和推广，并被证实方法简便，效果良好。

英国哲学家培根说："读史使人明智，诗歌使人巧慧，数学使人精细，博物使人深沉，伦理之学使人庄重，逻辑与修辞使人善辩。学问足以变化气质，不仅如此，精神上的缺陷没有一种是不能由相当的学问来补救的。就如同肉体上的各种病患，都有适当的运动来治疗。"我国一位学者谈到自己的体验时说："何以解忧，唯有学习。发愁的时候，孤独无助的时候，一头扎进学习中去，抑郁之情便荡然无存。能变不知为知的读书活动，实在是一种解忧养性的最好处方。"

中外历史上，读书益寿的例子屡见不鲜。墨子一生酷爱读书，修身养性，寿至92岁。蒲松龄一生博览群书，古稀之年仍身心健康。徐特立一生广泛阅读，也寿至92岁，九三学社名誉主席许德珩、石油专家孙越崎都把读书学习列为每日"必修课"，寿至百岁乃至超过百岁。有学者说："读书对于养生是有较好功效的，似乎比进营养品更胜一筹。"

（周忠言荐自《家庭生活》）

读书疗法

在我国古代的传说及贤仁学子的诗文中，有读书治病的说法。宋朝大诗人陆游《剑南诗稿·枕上作》中即有"病须书卷作良医"的诗句。民间传说《宝药》，说的是一位行医江湖的老先生，为人疗疾的拿手"宝药"竟是五花八门的书。

读书能治病，不少人对此不信，认为无科学根据，但近年来医学研究发现，精神刺激可调节人体的免疫功能，读书治病并非虚妄之言。德国不少医院的病人开设了专门的图书馆，对患者实行"读书疗法"，收效甚佳。凡爱去图书馆的病人，一段时间后，大都减轻了病情。意大利、美国也在倡导"诗歌疗法"。在意大利的药店，人们可以买到像药品一样的药盒，上面注明可治何病，禁忌症和服用量，但里面装的不是药。而是印刷精美的诗篇，它的配方是由病理学家和文学家精心设计的。美国有"诗药有限公司"，出版具有不同感情功能的诗集，供患有不同心理疾病的病人对症选用，促进病人的身心康复。

读书可治生理、心理上的疾病，更可治思想、精神上的疾病。明人钱琦就认为"独有书可医胸中俗气"。近代学者章太炎曾对症下药，提出过"读书爱国"的主张，用以疗治某些人的"不爱中华"之疾。近年来，思想上、精神上有这样那样"疾病"者不少，这些"患者"，只要不是病入膏肓者，都可读书治之。比如，相信"8"就是"发"，相信算命占卦，热衷于"神秘链"游戏等有"迷信病"者，只要多读读科学书和唯物主义理论方面的书，便可疗治。有的人患有"崇洋症"，只要读读历史书，了解一下祖国的历史文化，就可"祛病保健"。有些青少年"追星"追出了"发烧症"，提起某些影星的身高、体重、血型、星座，如数家珍，提到钱学森、杨振宇、雷锋却一无所知，或知之甚少，这些人们只要多读些介绍革命先烈、英雄模范、专家学者的书，读些谈革命理想的书，也可"退烧"。

江泽民同志日前在一次讲话中强调：全党要重视加强学习。要求大家"学习学习再学习"。笔者认为，学习的一个主要方法和形式便是读书。愿大家尤其是党员干部，爱读书、多读书，读好书。如此，不仅有利于工作，也有利于身体和思想，因为"读书能治病"。

（《政工通讯》94．9）

漫谈如何提高阅读能力

一把钥匙

人们把阅读能力比作一把"金钥匙",这不无道理。因为具备了阅读能力,可以通过它打开知识宝库的大门,任意选择自己需要的知识。特别在今天,现代科学文化突飞猛进,人类的知识正在成倍地增长,没有较高的阅读能力,不能适应现代生活的需要,更难为祖国四个现代化贡献力量。

阅读能力怎样,可以通过一定的方式测定。就拿1980年高考语文试题来说,其中第一道填空题,可以看出学生对词义理解和掌握的程度,第二道改病句题,可以看出学生对语言表达正、误的鉴别能力,第三道古文题,是测定学生文言文阅读、理解水平。如果平时阅读能力低,文章都看不明白,读后感从何而来?去年在高考的卷子里有这样一篇"读后感",开头是:"蛋,有鸡蛋、鸭蛋……"全文都是东拉西扯,不着边际,可以说,这个学生完全没有看懂原文的内容。

阅读能力的高低,不仅表现在对字、词、句、篇的理解程度上,还有一些别的因素。举个例子说吧,许广平同志在回忆鲁迅的文章里有这样一段文字:"对于报纸,他不过花费十来分钟略略过目一下就完了,有时见到我总在看报,他偶然也会不耐烦地说:'这有什么好看的呢?'他虽然这样马虎地过目,但是过了几天忽然要找某一材料,叫我向旧报翻时,我往往久翻不到,还是由他指示我约在某天某一个角头处去找,这才找到,可见他处理学问的经济,而我是白费了,等于没有看过。"(《鲁迅先生的写作生活》)鲁迅先生的阅读能力很高,不仅表现有很强的理解力，而且有过人的速度和记忆力。阅读是以"理解"为核心的复杂的思维活动。阅读能力包含着认读的能力、理解能力、鉴赏的能力、查翻工具书和有关资料的能力，以及阅读中的速度和记忆力。

既然阅读能力如此重要，又包含这么多内容，那么，怎样才能提高阅读能力呢？能不能用比较快的速度提高阅读能力呢？一般地说，要进行精读和博览两方面的训练。

读书种种

精读：细致地读；　　苦读：耐心刻苦地读；
略读：粗略地读；　　研读：细致地思考探讨；
朗读：放声地读；　　夜读：深夜不眠而读；
默读：无声地读；　　复读：重读；
伴读：陪别人读；　　就读：在某地读；
自读：无伴而读；　　议读：边讨论边读；
导读：指导别人读；　　异读：一字多种读法；
助读：辅助他人读；　　必读：必须要读；
拼读：汉字的拼音读法；　　泛读：大致浏览一下；
选读：按需要读一部分；　　晨读：清早起而读；
通读：遍读全文；　　熟读：熟练的诵读；
齐读：众人一起读；　　走读：不住校而读；
速读：快速地阅读；　　审读：审查书稿；
诵读：有情有色地读；　　错读：将字音读错；
品读：边品味边读；　　阅读：看并领会其内容；
攻读：努力钻研、读书；讲读：读书与讲解相结合。

普通阅读法

欣赏散文贵领悟文眼

许多有阅读经验的人认为：欣赏散文要"品"。品什么呢？品它的内在意念和道理。一篇散文，无论是叙事为主的（如朱自清的《背影》），还是抒情为主的（如秦牧的《土地》），或是议论为主的（即杂文。如鲁迅的《论雷锋塔的倒掉》），总包含着作者想要表示的某种意念和道理。尽管有的直露些，有的含蓄些，但是，"这个道理并不是高不可攀的，更不是玄之又玄，凡夫俗子所不能理解的。恰恰相反，这个道理常常是一个浅而易见的道理，人人体会过的，充满人世之间的，但还没有人这样通俗地、明确地提出过"（孙犁《耕堂函稿》）。古今中外一些优秀散文的价值，首先就在于文中这点人们"心中所有，笔上所无"的意念和道理引起了人们的情感共鸣，给人以难忘的启迪和教益。

要品出散文中的意念和道理，须识得散文的"文眼"。所谓文眼，就是内含意念和道理的凝聚点。抓住了文眼，就能准确把握文章的精神实质。例如《古今观止》评价《曹刿论战》时说："远谋二字，是一篇关眼。""未战考君德，方战养士气，既战察敌情，步步精详，着着奇妙，此乃所谓远谋也。"识得文眼远谋二字，全篇内容要旨一目了然。

文眼可以是一个词，也可能是一句话、一段话；可以是一事，也可以是一物、一景；可在标题、篇头，也可在篇中、篇末；可以反复闪现多次，也可以集中在一处。例如《背影》之文眼，是写父亲那"肥胖的，青布棉袍，黑布马褂的背影"一句。以此为焦点，反映当时的世态炎凉和作者眷念父亲的深情。《土地》的文眼即题目二字，作者以此为主线，组织历史、现实、民情、风俗等等内容，歌颂人民热爱土地，为保卫土地、繁荣祖国而进行的艰苦劳动和斗争。《论雷峰塔的倒掉》文眼也很明显："那时我唯一的希望，就在这雷峰塔的倒掉。""然而我心里仍然不舒服，仍然希望它倒掉。""现在，他居然倒掉了，则普天之下的人民，其欣喜为何如？""莫非他（法海）造塔的时候，竟没有想到塔是终究要倒的么？"从文章标题到反复出现于文章首末的这些话中可见，此文的文眼只能是一个字——"倒"。由此寻思：禁锢人民的封建思想之塔终究要倒，压迫人民的封建统治之塔终究要倒——这就是作者通过白蛇娘娘故事传说的评述要告诉读者的意念和道理。

从写作角度讲，作者通过对生活的观察和思考，生发出一点意念，得到一个启示，这还是远远不够的。为了让这点意念和启示为读者接受，他还必须尽可能找到一个恰当完美的表现形式，这过程就是"构思"。高明的作者．常常将心中的意念或启示酝酿成一个较为明晰的表现体，即文眼，使之统领全篇。贯穿首尾。因此，能识得文眼，不仅能探求文章的主旨，而且可能理清文章思路，了解文章布局谋篇的特色。拿《岳阳楼记》来说，主旨自然不在写景，为何又要花许多的墨来描绘洞庭气象呢？抓住"忧、乐"二字，就能得出答案：篇首在交代撰文来由后，概述洞庭景色，发出"览物之情，得无异乎"的疑问；篇中分述令人"感极而悲"和"其喜洋洋"之二景；篇末指出这两种人都不合"古仁人之心"，应该"不以物喜，不以己悲"，从而自然得出"先天下之忧而忧，后天下之乐而乐"的结论。作者大段写景，实际上为了写人，最后是为了明理，构思新颖，精细而巧妙。种种散文的构思特色，大都可从文眼的设置安排中寻其奥妙。

名人读书法

名人读书二十五法

孔丘的"学思结合法":"学而不思则罔,思而不学则殆。"

子思的"五之法":"博学之、审问之、慎思之、明辨之、笃行之。"

王充的"古今法":"知古不知今谓之陆沉,知今不知古谓之盲瞽。"

韩愈的"提要钩玄法":"记事者必提其要,纂言者必钩其玄。"

朱熹的"三到法":"要口到、眼到、心到。"

徐特立的"古今中外法":"把古今结合,中外结合,变为我的。"

陶铸的"细嚼慢咽法":"做学问的功夫,是细嚼慢咽的功夫。"

谢觉哉的"挤钻法":"没有时间,挤;学不进去,钻。"

邓拓的"积累法":"古今有学问的人,有成就的人,总是十分注意积累的。"

巴金的"苦学法":"苦学能够战胜一切。学问的宫殿不分贫富都可以进去。"

赵树理的"淘金法":"读书也像开矿一样,沙里淘金。"

华罗庚的"厚薄法":"书由厚变薄是阅读能力提高的标志。"

冰心的"创新法":"读书恨与古人同"

李准的"先浓后淡法":"先浓后淡更有味。"

李政道的"杂七杂八法":"我是学物理的。不过,我不专看物理书,还喜欢看杂七杂八的书,多看一些头脑就比较活跃。"

陈善的"出入法":"既能钻进去,又能跳得出来。"

鹿善继的"认理法":"读有字书,识没字理。"

培根的"酿蜜法":"不应该像蜘蛛那样肚子里抽丝,而应该像蜜蜂那样,采百花酿蜜。"

作家列夫·托尔斯泰用的是"思想法":只有靠积极思维得来的才是真正的知识。

生理学家巴甫洛夫用的是"循进法":要是想一下子全知道,就意味着什么也不会知道。

天文学家哥白尼用的是"合精法":要善于集合相近学科的精华。

作家福楼拜用的是"发掘法":最细微的事物里也会有未被认识的东西。

作家左拉用的是"探索法":生活的全部意义在于探索尚未知道的东西。

发明家爱迪生用的是"学用法":要一边热心读书,一边把知识用到发明创造上去。

作曲家贝多芬用的是"信条法":要始终遵守的信条是无日不动笔,要写下"读后感"。

鲁迅读书"三步曲"

鲁迅先生以其犀利的文笔和对中国社会的深刻理解,成为新文化运动的旗手。他一生笔耕不辍,与书籍结下了不解之缘。他的读书生涯很有特色,分成抄书、购书、著书三个不同阶段。

抄书:鲁迅从15岁起就抄书,起初抄录小本《康熙字典》上的古文奇字,后来抄录《唐诗叩弹录》,还抄写了唐朝陆羽写的《茶经》三卷和《五木经》等书。鲁迅的抄书习惯一直保持到30岁。

购书:早在南京水师学堂读书时,鲁迅就把学校奖励他的奖章换取书籍。据《鲁迅日记》中的书账统计,从1921年到1936年10月,他陆续选购的图书总数达14000多册。

著书:鲁迅曾先后主编了《国民新报副刊》《莽原》《奔流》《萌

芽》《译文》等文艺刊物，翻译了大量外国进步文艺作品。鲁迅一生著作达700多万字，手稿16000多页，平均每年写23万多字。特别在逝世前的10年里，他抱病写了500多篇杂文，平均每星期一篇。

上海市特级教师陆续椿的六步读书法

一、视读。以尽可能快的速度通读全书。逐步训练使眼睛像摄影机扫描那样，可以一眼读一行、读一段的敏捷性。根据现代科学对人脑的研究，信息进入脑中不是以语言符号的形式作为接受单位的，因此在这一步上，脑的活动主要是从意义上发现、概括、理清全书头绪。属于不求甚解式。

二、回忆。掩卷而思尽量按照全书的线索作闪电式的回忆。这一方面是为了强化视读中的脑活动，巩固有关神经元的兴奋灶，使信息的痕迹得到深刻；另一方面是为了在把握全书框架的基础上，找到各个插口、亦即关键的信息。回忆中当然会有遗漏和错误的地方，但在下面的程序上还可以发现和纠正。

三、发问。尽可能多地把感觉到的问题提出来，这些问题来自大脑思维的自由驰骋，也就是将获得的知识和信息进行全方位的组合和考察，找出自己在消化理解全书中的思维结，使一个个思维结集中化，明朗化。发问中就可有选择地翻翻书，把遗漏了或者记错了的地方，随时补上或更正。

四、研读。就是为了将问题具体化并加逐步解决。研读时的思考是思辨性的，不是单纯的接受，而是在判断中取舍，亦即区分"不能接受"或"可能接受"的内容，似乎在跟书的作者进行辩论。不仅在有疑之处这样做，即使是对书中精彩之处也"须教有疑"，诘难几个为什么，调动自己的知识和信息的有关库存，去融会那些精彩之处。

五、理解。这是读书的冷处理阶段：理得有三种形式：一是重点回忆。也是掩卷而思，不过这次回忆的内容是收获和体会，对所有的

"得"，进行排列归类，给予条理化和序列化。二是制作卡片，把书中传递的新知识和新信息记在分类卡上，或抄原文，或写提要。三是写心得或札记。这当然是比较综合的一得之见为好一二篇、三五篇都可以，不拘字数和形式。

六、复读。再将全书浏览一遍，这是最后的全面回味阶段。可以紧接理得之后，也可以隔一段时间。复读不仅对巩固全书的记忆和理解有特殊的作用，而且往往会有新的发现。

重视发挥学校图书馆的教育功能

我校图书馆藏书八万余册，如何发挥其作用，挖掘其潜能，实现其教育功能，这是我们图书馆教师义不容辞的责任。为了让学生多读书、读好书，提高图书效益，自1993年起我们做了以下几方面工作：

一、开展调查，研究读者，更好地为学生服务

1. 对部分班级进行调查。通过对借阅量等问题的了解，找出工作中的不足，采取对策，及时改进。如，在问卷调查中，某班没有借书的人回答其原因是：书太旧；没时间；家中书多；图书馆楼层高等。

我们针对同学反映的问题，着手解决借阅量偏低的问题。因为阅读量也反映出一定的阅读能力——认读能力、理解能力、记忆能力、鉴赏能力和运用能力。

2. 在校友中做调查。因为他们多数同学在校学习期间积极参与读书活动，又分别升入不同类型的大学，能提出改进图书馆工作的意见。如曾获1991年理科高考第一名的张京同学写道："我们图书馆有很多珍贵资料，是用多少钱也换不来的，基础知识是不需要更新，有些老书是经过了时间考验的，所以一版再版……"事实确实如此，如《趣味物理学续编》一书，原版为1936年，1956年翻译介绍到我国，我馆藏的是1979年再版本。此类书一版再版，内容很有价值。我们找出原始借书卡，对卡片上的读者又作了跟踪调查。在22名借书者中，有7名升

入清华大学,有 2 名升入北京大学,其余分别升入医科大学、北京工业大学等重点大学。

二、开展图书宣传工作,推荐优秀书目,引导学生开展"会读书、读好书、多读书"的读书活动。

自 1993 年 5 月我们创办了《读者之友》墙报专刊,向读者介绍图书馆建设、馆藏状态、历届班级学生到馆率及近期各班级学生到馆借阅率借书种类和册数,并重点介绍优秀书目及内容简介。这一刊物很受学生欢迎,同学们称《读者之友》是他们的读书向导。

三、结合学校中心工作,在不同时期刊出不同内容的教育教学篇及有关书目和内容简介

如 1993 年 12 月在纪念毛主席诞辰一百周年之际,我们举办了纪念伟人书目,向同学们推荐介绍伟人专刊书目,并刊出了朱大鹏同学写的《怎样向毛主席学习》;付楠同学写的《一代伟人周恩来》和孙云旭同学写的《读〈周恩来传〉有感》等材料,收效甚佳。1994 年我们办了《中华传统美德教育》专刊,1995 年我们又办了《廿一世纪青年素质教育》专刊。

四、深入课堂向学生讲解中学生与图书馆的关系,书籍资源的价值及知识宝库的含意,让学生进一步认识图书,激励并调动学生利用图书馆的积极性、主动性和创造性,增强他们的阅读意识。

为了把这类课讲好,我们首先认真备课、广泛搜集、深入学习与图书馆业务有关的文献资料,尤其是阅读指导、国内外图书馆工作经验等,并写出教案,力求课堂教学教法规范化。其次,我们将历届学生借阅率按班级制成图表,用比较法讲述该班学生借阅图书的排列位置和名次,以便找出差距,引导同学们赶超别人。如 93(4)班借阅率偏低,但他们在假期中借阅踊跃,开学后该班图书管理员交来 40 份读书心得,在全校名列第一;93(3)班听了图书馆课之后,主动协助老师办《读者之友》专刊,版面设计新颖、内容丰富、抄写工整,很受老师和同学们的欢迎,也展现了学生们的书法、绘画才能。

别冷落了中小学图书馆

当越来越多的人利用双休日走进图书馆，掀起读书热的时候，许多中小学图书馆却日见冷清，发展缓慢，甚至陷入萎缩的境地。

记者目前在北京师范大学附中图书馆采访时，时老师带我们来到该馆藏书6万多册的地下书库。地下室里阴暗潮湿，墙壁上还有水浸过的痕迹，一排排书架上堆放着发黄的旧书刊。时老师苦笑道："这儿是挺艰苦的，但我们毕竟是有95年历史的重点中学，孩子们至少还有书可看，我们的条件还算好的了。"

与师资、实验室并称为中小学三大支柱的图书馆，建国以来，经历了"从无到有"的发展过程，目前凡有一定规模的中小学校都设有图书馆。1991年国家颁布了《中小学图书馆规程》，几年来，国家陆续培训了数千名专业人才，每年都发布《中小学图书馆必备书目》，国家还先后7次向老少边穷地区中小学校赠书，扶持农村学校图书馆建设。

但是，面对社会生活日新月异的变化，中小学图书馆无法满足教育事业发展的需要。经费严重不足，没钱买书，是制约中小学图书馆发展的首要问题。北京市28中图书馆管理员马晓风告诉记者："我们学校700多学生，每年的图书经费只有2000元。"而自1985年以来中文图书价格上升了4~5倍，期刊更以每年35%的速度飞涨。不少学校每年购书不足百本。

中小学图书馆管理队伍现状也不容乐观。首先是数量少。据统计，上海市80%的中小学图书馆只有1名工作人员，北京市中学图书馆员平均为2.22人，小学则多为1名教师兼职。即使是这有限的管理人员也普遍缺乏专业技能。北京、上海、山西等省市的调查表明，60%~70%的中小学图书馆理员不能胜任本职工作。同时，相当多的学校领导对图书馆工作重视不够，基层教育部门也没有专人负责，现代化管理手段更是难觅踪影。

"中小学图书馆与公共图书馆和普通教学部门不同,有其独特的教育功能。"中国图书馆学会刘湘生秘书长说:"人才的培养有两个基本要素,一是知识的积累,二是能力的形成。图书馆作为信息中心,其功能具有及时性、广泛性和自主性。这些特性与中小学课堂教育形成互补,在塑造学生道德品质,开阔知识视野,提高学习主动性和增强自学能力等方面发挥着'隐性课程'、'第二课堂'的作用。"

有关人士指出,中小学图书馆要发展,关键在于职能的充分发挥。只有充分发挥其特有的教育功能,提高服务效益,才能真正体现出图书馆在中小学中的价值,从而获得更多的重视和支持。

要发挥职能,首要的一点是结合服务对象,转变"重藏轻用"、被动服务的旧观念。北京市教委小教处刘爱华同志说:"图书馆买书、藏书的目的在于用。现在有的学校为增加馆藏,买的书滥竽充数,有了好书也舍不得给孩子们看,这就失去了藏书的意义。"同时,图书馆工作也不是简单的借借还还,而是要积极参与,主动配合,"为读者找书,为书找读者"。一些图书馆配合教学购买图书,开展形式多样的读书活动,向学生讲授图书情报知识,引导他们养成利用图书馆的习惯,在利用好现有馆藏的同时,积极与其他馆建立资源共享的协作网,卓有成效的工作得到了领导和师生的认同。实践证明,图书馆自身主动、创造性的工作,既能争得领导的重视,又促进了自身的发展。

自学的主要方法是钻图书馆

先父北京大学中文系周祖谟教授(1914年11月—1995年1月)为著名语言文字学家、古典文献学家、校勘学家,著作等身。他渊博的学识以及所取得的成就得益于图书馆者良多。他自述于北京大学中文系读书时的情况:"我在学识的增长上受惠最多的也是图书馆。北大图书馆、北京图书馆、辅仁大学图书馆、《华裔学志》图书馆,都给了我极大的方便。北大图书馆旧日的馆员先生工资低,而图书的知识极丰富。他可以指点我一部书有哪些版本，他可以把全部的明正统《道藏》的影印本调出书库给我看；北京图书馆的丁主任能不辞劳苦为我找到需用的某一类的图书；《华裔学志》图书馆的负责人允许我把《大正大藏经》的一本带回家抄录。"他对那些图书馆工作人员给予的种种帮助感念不已，这对他知识的积累十分重要，他说："古人说'积学以储宝'；我有不少知识是从自由听课和自己在图书馆找书、看书、抄书得来的。"

就因为先父从图书馆获益良多，所以他在北大中文系授课时总愿意向学生们传授这方面的经验。据他当年的学生白化文教授撰文回忆，1950 年"某日，授正课毕，尚有余暇，周师意兴风发，便开示求学门径，大意为，不可光听教师讲解，要自学。自学的主要方法就是钻图书馆。可以多方面浏览，时间长了，自能由博返约。并举出自己读书的一些例子，以为证明。我当时听了，极为钦佩。不料老师话音刚落，便有一位高年级负责同学把老师请了出去。"这位学生批评老师，"说是现在已经解放了，不可再引导学生钻图书馆，脱离现实。"而白教授却认为"老师前面说的不错，从此按老师受批评的话去办，终身受益。"

先父对于图书馆情有独钟。他于 1984 年 5 月应日本京都大学文学部长服部正明教授和清水茂教授邀请赴日讲学，去了不少大学，每至一处，必要参观图书馆，并津津有味地翻阅汉文典籍。他说当时"参观了很多有名的文库和图书馆"。日本"图书出版事业的发达，图书资料的便于检索和使用，都给我留下极深刻的印象。"先父晚年尚著述不辍，他为了撰写《释名校笺》一书，不辞劳苦，从西郊海淀去城里文津街的北京图书馆查阅《释名》一书的版本，当时是由我陪着去的。他还兴致勃勃地向我谈起清代藏书家黄丕烈和校勘学家顾广圻，历历如数家珍。他后来喘疾加剧，不能自己跑图书馆看书，于是去北大图书馆借还书之责就由我承担起来了。

在六十年代，先父曾买了两部大书，一是《册府元龟》，一是《太平御览》，当时我十分诧异，问他你是怎么知道这两部大书有用的，他说是上大学时在图书馆翻看书籍时了解到的。我自己喜欢买书，认为看起来方便、自由，而且懒得跑图书馆，嫌麻烦。他就说一些常用的必备书是要自己买的，但不能见书就买，有不少书可以去图书馆查阅，不能怕麻烦。他精通目录之学，并要我认真自学，把目录之学看成去图书馆找书研究学问的捷径,这对我帮助极大。

(《光明日报》1996.9.3)

中小学教师情系何书?

中小学教师喜爱或必备的图书大约如下:

备课教案书:作备课笔记乃是每个教师的一项扎实的基本功。因此,优秀备课教案类书为中小学园丁所垂爱,如《备课教案手册》《优秀教案精选》等书常见于园丁的案头。

板书设计艺术书,近几年愈来愈受到中小学教师的重视,因为板书设计的好坏,全直接体现出一个教师的教学水平,加之教研部门及校领导的时常到课考查,使教师们十分注重自修板书设计艺术,慧眼的出版社抢先推出的此类书销路较好。

教学经验书,取长补短,不断提高自己的教学水平,是每个教师的共同心愿。书市上全国特级教师谈教学,教学经验荟萃类书园丁们一见如故。

试卷类书。围绕教学大纲,与教材单元练习同步配套的试卷类书,中小学教师购之作为考查学生学习成绩的法宝。像苏教版的《高中各科试卷》、青海人民版的《六年制全国百所名牌小学语文同步试卷(A、B卷)精选》等试卷书,既省去了老师的设计出题、油印之苦,又大大提高了教学质量。"

教学工具书,中小学各科教师根据需求选择适合所教科目为工具书。如《英汉辞典》《古代汉语词典》《物理词典》《化学词典》等有益于教学各科类工具书久销不衰。

教育新理论书。知识日新月异,为拓宽新的知识面,更好地用新的教育理论来丰富自己,中学教研工作者与相当一部分教师对诸如《当代教育新理论丛书》发生了浓厚的兴趣。

班主任工作指南书。班主任工作是一门独特的艺术,当班主任容易；要当好班主任却不简单。于是《普通心理学》《家庭教育学》《班主任工作原理与艺术》等可资提高班主任素质和水平的书大有市场潜力。

填报高、中考志愿指导书。作好考生的参谋，让自己班级里的考生不至于因填报学校志愿而落榜，这是许多教师所追求的。此外，课外活动手册等类的图书也受欢迎。

（苏大海）

坚持开展"红领巾读书读报"活动

在我们的学生中，品学兼优者大都是爱读课外书籍、涉猎较广的。崇和小学在多年坚持指导学生课外阅读的过程中，还特别下大力气抓好"红领巾读书读报"活动，学校连续10年被评为全国优秀读报学校，去年8月还被评为全国红领中读报金奖学校。

一、积极推荐——订好报刊

刊报如林，良莠参杂，这就要求辅导员向少先队员推荐合适的读物。像省内的《小学生周报》《小学生博览》《儿童天地》。全国的《中国儿童报》《中国少年报》等，教育性、知识性、趣味性融为一体，图文并茂，最适合少先队员阅读，经推荐学生们订阅踊跃，基本做到一、二年级队员人手一份《中国儿童报》、一份《儿童天地》，三至六年级队员人手一份《中国少年报》、一份《小学生周报》、一份《小学生博览》，许多同学还订阅了《小学生学习报》《小学生优秀习作》《学与玩》《故事大王》等。加上学校图书馆订的书报刊，为广泛深入地开展"红领巾读书读报"活动打下了扎实的基础。

二、指导方法——会读报刊

学生订了报刊，应该收到应有的效益。这就要求辅导员善于组织阅读，传授阅读方法，使队员们逐步养成自觉阅读、使用报刊的好习惯。崇和小学的做法是：组织多种形式的"红读"小组，主要有学校的两个中心读报组和各年段，各班的几十个普及组，以中心组指导、带动普及组。学校专门请了本区《福建教育》老通讯干事到校作读报刊讲座，培训"红读"组骨干。全校每周还安排一节20分钟的阅读指导课，主要指导学生"三读"：一是浏览性的泛读，旨在使学生对各版面、各栏目的内容有大致了解，猎取最新信息和自己感兴趣的内容；二是探求性速读，即在较短时间内速读自己感兴趣的内容，探求最有价值的篇章；三是品味性的精读，由老师指导选择一二篇按"整体—部分—整体"三个阶段进行感知性的初读、理解性的细读和鉴赏运用性的回读。

三、讨论交流——能评报刊

引导队员评论报刊是培养队员阅读兴趣，养成阅读习惯，提高阅读能力的好方法。形式可以多种多样。可开成故事会、演讲会、朗诵会，也可开成辩论会、评刊评报会。如学校读报中心组对某报刊登的"少儿读书育德增智大奖赛"提出批评："大赛"题目太深太难，要请别人做才能得奖，且奖金设得那么高。并将意见寄往报社，报社把意见刊载在该报《通讯》上，加了按语："崇和小学读报组的同学勇敢地提出批评意见是对报纸的关心和爱护，也是对全国百万小读者负责，编辑部的同志非常感谢读报组的同学，编委会对此还专门开会研究，决定今后报纸不再登载不适合小读者需要的赛题广告。"

四、出刊办报——增长才干

崇和小学校刊和各个班级的黑板报、墙报，都经常设一些读书读报的栏目，抄录一些重要内容和新闻，张贴队员阅读心得或随笔佳作，同时指导队员模仿办报（手抄小报）。队员们深入生活收集素材，确定题目，撰文画画，利用旧挂历设计版面。或一人出一张，或几个人合出一张。有"星星小报""苗苗小报""少年小报"，还有绘画小报、幽默小报，等等。每两周出一期，班级评选优秀小报张贴在年段小报专栏或班级小报专栏上。

10年"红读"，促进了崇和小学学生素质的全面提高，许多队员大有长进，一些队员成了三明市区小有名气的小作者。现在，学校在总结经验的基础上，深入研究以爱国主义教育为主线，把"红领巾读书读报"活动推上新台阶。

（《福建教育》）

书籍常用纸的种类

购书时不能不注意书籍的纸张。书籍常用纸有这样几种。

新闻纸。俗称白报纸，主要用来印刷报纸。新闻纸质地松软，纸面平滑不起毛，吸墨性强，墨迹可及时干燥，印刷文字图画比较清晰。缺点是容易发黄变脆，不利于长期保存。比如40年代的印刷品，至70年代手一翻即成纸屑。新闻纸印刷的书籍不宜在家中长久收藏。

凸版纸。它常被用来印刷书籍正文。凸版纸按配料不同而分为四个级别。有的用来印刷重要书籍，如经典著作、重要书刊；有的用来印刷一般书籍、教科书和期刊。凸版纸颜色较白，不易发黄变脆，质地均匀，不起毛。薄凸版纸质地细薄，常用来印刷较厚的精装本或字典、词典等工具书。

胶版纸。旧称道林纸。旧中国时，英国道林造纸股份有限公司生产的纸充斥我国市场，人们把质量较好的纸统统冠以道林纸名称。胶版纸伸缩性小，不拉毛，质地紧密，颜色较白，是比较常用的印刷用纸，有普通压光和超级压光两个等级。多用于印刷图书的插图、插页和封面等。

铜版纸。因在原纸表面涂上一层白色涂料，并经超级压光加工而成，故又称涂料纸，是高级印刷用纸。印刷效果好，亮度好，色彩鲜艳。主要用来印刷书籍封面和画册、画报等。缺点是容易断裂。

字典纸。纸质洁白平滑紧密，虽薄但不透明，坚韧耐折，经久耐用，吸墨性能好。常用于印刷较厚的字典、词典等工具书。

书的比喻

教育家说：书是智慧的钥匙。
史学家说：书是进步的阶梯。
政治家说：书是时代的生命。
经济家说：书是致富的信息。
学生们说：书是不开口的老师。
文学家说：书是人类的营养品。
迷惘者说：书是心中的启明星。
探索者说：书是通向彼岸的船。
奋斗者说：书是人生的向导。
求知者说：书是饥饿时的"美餐。"

名人读书雅号

恩格斯终生勤奋好学，知识渊博。他学习和研究的范围很广，几乎涉及人类知识的一切领域。他撰写的《反杜林论》《自然辩证法》等书，博大精深，使人震惊。晚年时，他差不多能够掌握欧洲的二十种语文，马克思十分赞赏恩格斯的渊博，曾称恩格斯是"一部真正的百科全书。"

1920年5月，毛泽东同志再次来到上海，虽然斗争紧张，工作繁多，但他仍然抓紧时间学习。在民厚南里他的居室中，床头、桌上、躺椅的扶手上，常常堆放着长沙、北京、天津和上海等地出版的书刊。他每天回来，不是读书看报，就是来回踱步，思考问题。围绕在他周围的湖南青年，都亲切地称呼他为"毛先生"或"毛夫子"。

孙中山从10岁起进私塾读书，从12岁起又接受西方资本主义教育14年。在学校，教师用英语讲课，他为了追求新知识，顽强地学习英语：白天上课专心致志听讲，晚上还请人辅导。孙中山读书具有勤学好问的精神，他说："学问学问，不学不问，怎么能知！"由于他勤学好问，知识面广，所以同学们给他取了个"通天晓"的雅号。

刘少奇小时就很喜欢读书。他除了不断阅读、研究当时传播新思想的报纸、刊物和书籍外，还大量阅读古书，涉猎极广。由于过度用功，他总是黄皮刮瘦的。人们见他坐也读书，站也读书，读那么多的书，又排行第九，就给他取了个雅号："刘九书柜"。

方志敏在九江南伟烈大学读书时，很重视时事，终生埋头读书，研究马克思主义著作。他认为，社会主义在中国必然会实现，并当作终身追求的目标。他平时跟同学们谈话，常常是"什么叫社会主义""怎样才能实现社会主义"，同学们为此给他起了个绰号，叫"社会主义"。

我党早期著名活动家肖楚女，出身贫苦，从13岁起谋生，做过学徒、跑堂、小贩、报童等。虽然身处逆境，但他却如饥似渴地探求知识，以极其顽强的毅力坚持自学，参加进步团体后，他更是夜以继日刻苦攻读刚出版的《共产党宣言》等书的中译本，深入领会和掌握马克思主义学说。加入共产党之后，在近三年中，他写下了近千篇论文，用马克思主义观点回答当时青年迫切关心的问题，文采隽秀，热情洋溢。在青年中享有崇高声誉，被称为"真理的战士"。

闻一多先生酷爱读书，即使是新婚之夜，他也照样稳坐于书斋，沉浸在书中，直到新人花轿来了，人们才把他从书斋中拉出来成亲，因为他经常读书入迷，所以家里人都戏称他为"书痴"。其实，闻一多先生并不是"书呆子"，他"如痴"似地读书，是为了从中钻研知识和寻求真理。

《钢铁是怎样炼成的》作者奥斯特洛夫斯基，在住院期间，很快同附近的图书馆取得联系，经常借书看。因为他非常喜欢看书，每次借书很多。后来，图书馆就不再登记他借去的书名，仅仅在他的借书证上写着20册或30册。图书馆的工作人员称他是"发狂的读者"。

名人与书

侯宝林买书：侯宝林幼年时家境贫寒，只上过3个月小学。但他为钻研相声艺术，节衣缩食地买书、读书，一有空就遛书店，逛书摊。一次，他在书摊上看到一本与表演艺术有关的书，爱不释手，但带的钱不够，就卖掉身上穿着的皮袄，把书买回家。

茹志鹃"煮"书：女作家茹志鹃的家中挂着一帧画，上面写着"煮书"两个大字。她说："书，光看是不行的，看个故事情节，等于囫囵吞枣，应该读，读，就仔细看了。然而读还不够，进而要'煮'。'煮'，是何等烂熟，透彻！不是一遍两遍可成的。"

鲁迅护书：鲁迅爱书，胜过爱护自己的眼睛。书脏了，他总是小心翼翼地擦拭干净。他还有一手修补、装帧书籍的本领，凡经他补过的书籍就完好如新。

但丁爱书：意大利诗人但丁一生酷爱读书。一个节日的早晨，他妻子叫他上街去买菜。但丁走到菜场口，看到书摊上摆了一部新书，拿起来一看，就爱不释手，一读就是五六个钟头。菜没买成，妻子对他狠狠地发了一顿脾气，可是但丁却兴奋地说："嗨，读了一本好书，一本好书！"

闻一多"醉"书：我国著名学者闻一多新婚那一天，家里张灯结彩，大家喜气洋洋，但是贺喜的亲朋左顾右盼，一直未见新郎照面，原来他在房里看书入了迷。家里人都说他不能看书，一看就醉。

王亚南"绑书"：第一个把《资本论》翻译到中国的经济学家王亚南，1933年乘船从红海去欧洲。大浪颠得他无法坐稳，便请人将他绑在椅子上，这样就可在颠簸的船上读书。

王夫之"嫁书"：清初思想家王夫之一生著书124卷。大女儿出嫁时陪的嫁妆是一箱书稿，他说："这就是多年来为女儿操办的嫁妆。"

袁枚"吃书"：清代诗人说："读书如吃饭，善吃者长精神，不善吃者生痴瘤"。袁枚是把书当饭吃的,而且是"善吃",即咀嚼得法,品味有方,取其精华,去其糟粕。

书林逸事

载书漫游 明末清初名士顾炎武,终身不仕,以二马二骡载书自随,长年游历各地,进行实地考察,与书籍相伴。提倡"经世致用",主张"六经皆史",治学偏重考据,开清代朴学先风。日常读书,有所得即随手笔录,积累三十余年,一生心血所聚,成一部笔记本名著《日知录》。

爱书如故 清代江苏学者吴兆骞,藏书极多。以科场案流放黑龙江宁古塔。尽管遭此大难,仍爱书如故。出发时,载书万卷赴东北。

重书轻官 明代文学家胡震亨,家中藏书万卷,校勘多种秘籍孤本,被誉为"博物君子"。朝廷欲委以德州知府时,他以诗辞之。诗有"自爱小窗吟好句,不随五马渡江来"之句,乃托病不出。

斋名三易 清代著名学者周春,曾得宋刻本《礼记》和《陶渊明诗集》,视之为宝,题藏书室为"礼陶斋"。后来因故将《礼记》舍弃了,遂又改为"宝陶斋"。后因购书需要,他又忍痛卖掉了《陶渊明诗集》,将藏书室又改为"梦陶斋"。其书斋名随藏书之聚散而三易,其中甘苦,只有己知。

以书为富 明末清初,江左三大诗人之一的钱谦益,家藏书73大柜。晚年,他自得地对人说:"我晚而贫,书则可云富矣!"他不视金钱为财富,而以自己丰富的藏书为珍宝,被人们传为佳话。

诗寄印文 清代大藏书家孙文川藏书印别具一格,是长达175个字的一首五言诗。印文云:"室翰垂千秋,人无百年寿。开观聊自娱,岂计收藏久?……"这种不将藏书视为仅属己有之物的豁达精神,颇为时人称道。

分居索书 清代学者吕抚,幼年苦读其父藏书。父母辞世后,兄弟分居。他不要房屋地产，只索求父亲的藏书。此后，又购书不止，筑藏书室"逸亭"，纵情其中。

诗戒后人　明代澹生堂主人祁承㸁藏书印文云："澹生堂中储经籍，主人手校无朝夕。读之欣然忘饮食，典衣市书恒不给。后人但念阿翁癖，子孙益之守勿失。"其中道出了作者置书之不易和读书之情趣。

（李树吉荐自《北方时报》）

古人爱书趣闻

古人为求得一册书，不惜千方百计。

东晋人葛洪白天种田，晚上向人借书抄阅，他抄诸子百家之言310卷，又抄《金匮药方》100卷。《肘后要急方》4卷。后来他成为当时著名的思想家。著有《抱朴子》等。明末清初的钱牧斋，用300两银子向一书商买了一套不全的《前汉书》《后汉书》，缺《后汉书》两册。后来那书商路过一集镇，发现了粮店用《后汉书》作包装纸。立即买下。一看缺了首页，粮店老板说，已被顾客包面粉用走了，书商设法买回缺页，然后给钱牧斋送去，钱赏以重金。

宋太祖赵匡胤就是一个十分爱书的人，他不论走到什么地方，总要带上书。有一次他跟周世宗柴荣出征淮南，有人向柴荣报告，赵匡胤装了好几车东西，不知是什么。周世宗赶紧派人前去检查，结果发现赵匡胤车上装的不是别的，全都是书。赵匡胤做了皇帝之后，爱书之情并没有减弱。

南宋大诗人陆游，也十分爱书，他在自己卧室内悬挂着一块匾，题名"书巢"。一位朋友问他这是何意，陆游说：这虽然是我的卧室，可到处都放着书，桌上、桌下，床上、床下，这不很像由书构成的巢穴吗！

北宋时期司马光爱书的故事，一直传为佳话。当代作家孙犁在《书林秋草》里写了他是如何对待书的。

我之于书

爱护备至，

污者净之，

折者平之。

阅前沐手，

阅后安置。

温公惜书，

不过如斯。

司马光死后封为温国公，温公就是司马光。司马光又是怎样爱书的呢？熙宁年间，他住在洛阳，把自己的住宅叫作"独乐园"，收藏万卷之多的文史书籍，天天潜心阅读。"晨夕披阅，虽数十年皆新，若未手触者"。司马光的书为什么会保护得这样好呢？有一次他对自己的儿子讲了他保护图书的经验。第一，"吾每岁以上伏及重阳日，视天气晴朗，设几案于当日所，侧群书其上，以暴其脑，所以年月虽深，终不损动"；第二，"至启卷，先视几案净洁，籍以茵褥，然后敢启"；第三，"或欲行，即承以方版，非唯免手汗渍及，亦恐触动其脑"；第四，"每竟一版，即侧右手大指面衬其沿，而复以次指面拈而挟过"。用现在的话来说，司马光为防止书籍生潮，每年要在地气回升的前后，把书搬到太阳下晒几次；看书前要先擦净书桌，垫上书垫；不随便用手直接碰书，在翻书的时候是只用手指将书页轻轻翻起，只能"轻以两指爪撮起"。司马光曾经说，商人珍藏财宝，而我有的就是这些书，应当倍加珍惜才是。司马光用心可谓良苦，难怪他的书读了几十年，竟然和新的一样！

袒腹晒书

《世说新语》中有一则"晒书"的故事：晋时有一个叫郝隆的人，他看见富有人家翻晒绸衣锦被，而他没有这些东西，就袒露肚子仰卧在地上晒太阳。人家问他这是干什么，他说："我是在晒我肚子里的书。"

这种举动让人家看了忍不住发笑。肚子里哪有书可晒？读了书胸中有学问，用得着去晒太阳吗？后来，这则"祖腹晒书"的故事还是被人借用了。

相传清代康熙皇帝南巡时，化装成平常人，路过现在的浙江嘉兴市王店镇，看见一个老人袒胸露肚躺在荷花池边晒太阳，康熙心里纳闷：现在是深秋，还不是冬天，何必晒太阳？而取暖也不必袒胸露肚，于是近前探问原因。老人叹气说："没法子，我藏了一肚子书，却无用处，快要发霉了，晒晒太阳免得腐烂。"康熙听了，感到老人的举动有些滑稽，但看他又没有戏谑的意思，心想他也许真的是怀才不遇，所以发点牢骚。因此回京后，康熙就召见他进京面试，谁知这人果然满腹经纶，便当场提拔重用。这人就是清代有名的学者朱彝尊。

朱彝尊（1629—1709），字锡鬯，号竹垞，浙江秀水（今嘉兴）人，少年时致力研读古文学，无书不览，既擅长诗文，对金石考证也精通。他曾经游历大江南北，所到之处，专门搜剔金石古玩。他还通经史，能诗词古文。诗与王士祯齐名，时称"南朱北王"；又有"王爱好，朱贪多"的讥诮，批评他只求量不求质。但他有些篇章也反映民生疾苦，艺术上兼取唐宋之长，笔力雅健，用事赡博，开启了浙西派词风。康熙十八年（公元1679年），他应试博学鸿词科，官翰林院检讨，参加修纂《明史》。后来他担任日讲官，入值南书房（皇宫大内）。时彝尊方辑《瀛州道古录》，因私抄皇宫内的藏书，被劾，降官一级，后补原官。告老还乡后，他就在发迹的荷花池边建起了"曝书亭"。他家藏书8万卷，著有《经义考》《日下旧闻》《曝书亭集》，编有《词综》《明诗综》等书。

毛泽东晚年读书范围

在延安时期，毛泽东曾努力攻读马克思主义著作及苏联30年代的一批哲学著作。解放后进入北京，时移势易，毛泽东的读书侧重面也有了变化。逄先知同志自 1950 年至 1966 年夏，长期为毛泽东管理书籍报刊，曾介绍过毛泽东读书兴趣的变化情况。据逄先知讲，他根据毛泽东的需要，买了一部"四部备要"，还添置了大字本二十四史。这两部大书毛泽东都通读了。此外毛泽东还浏览了许多中国古典文学作品（包括诗、词、曲、赋、小说等）和各类杂书（如冯梦龙编的《智囊》《笑林广记》之类）。

毛泽东特别爱读中国史籍，如《南北史》《旧唐书》等不止读一遍，但说毛泽东博览群书，并不是说他涉猎了各个方面的书。譬如，对外国文学著作，除《茶花女》《简·爱》《罗密欧与朱丽叶》等少数名著外，毛泽东读得很少；中国现实主义文学作品，他也读得很少，至于经济管理方面的书，读得就更少了。

毛泽东读的最后一本书

1976 年 9 月 7 日，毛泽东生命垂危，不断抢救又不断陷入昏迷状态。即使这样，每当他清醒过来的时候，都要书看。他语言含糊，声音微弱，就连最能听懂他的话的秘书也不明白他说的是什么。他示意给他拿过纸和笔。用颤抖的手写了个"三"字，又用手敲敲床头。还是秘书猜出了他的意思，他是在要日本首相"三木"的书。当秘书找来一本介绍三木武夫的书时，他点点头，满意地笑了。尽管《三木武夫》这本书很轻很轻。但毛泽东的手已没有托住它的力气，只好由别人代托着。毛泽东看了几分钟就又昏迷过去了。《三木武夫》是毛泽东读的最后一本书。

毛泽东的文化选择

陈晋的新作——《毛泽东的文化选择》，是一本新颖而独特的作品，和作者以前的几本书一样，这部著作给我留下了深刻的印象。

文化是一个包容万象的大课题，而毛泽东又是一个人类历史上少见的伟人，因而这个课题就显得相当宽泛，难以把握，但作者以轻灵而透彻的文字，娓娓道来，深刻的思想就毫不费力地穿过历史的烽烟，清楚地显现出来了。

毛泽东作为举世公认的伟人，他成功的根本要素是什么？我认为这应是该书的中心思路，诚然，毛泽东具有诗人的才情，政治家的干练，哲学家的睿智，但这并非毛泽东成功的根本要素，这些只是为毛泽东的成功提供了潜在的素质，最根本的一条，就在于毛泽东正确的文化选择。

众所周知，自从1840年以来，中国社会在西方列强的军事侵略与文化冲击之下，处境日渐险恶。中国的传统文明甚至亦呈现分崩离析的末世之兆。面对强敌，华夏文明向何处去，每一个先进的中国人都在思索这个问题。

从鸦片战争时的林则徐、魏源提出"师夷之长技以制夷"开始，中经冯杜芳的"以中国之伦常名教为本原，辅以诸国富强之术"，到康有为、严复的以英吉利、日本为师，孙中山的以俄为师，再到胡适的全盘西化理论的提出，都贯彻着在两种文化激烈冲突中如何选择的问题。

但遗憾的是，无论是地主阶级的代表林、魏，还是资产阶级的代表孙中山，都没有找到一个正确的文化选择的途径。正因为如此，他们前赴后继发起的爱国运动都没有能够挽回中国向半殖民地半封建社会下滑的趋势，只有到了毛泽东这里，以毛泽东为代表的中国共产党人才真正解决这个问题。

正如作者在书中所引毛泽东给黎锦熙的信中表明的，毛泽东早在青年时代，就认识到"东方思想均不切于实际生活，诚哉斯言，吾意即西方思想亦未必尽是，几多之部分亦应与东方思想同时改造。"这就是说，青年毛泽东已经产生了在中西文化融汇的基础上，浇铸一全新文化体系的构想。

沿着这条思路，毛泽东在其后漫长的革命生涯中，不断地把西方的新思想、新思潮与中国的具体问题结合起来，尝试改造中国的社会实践。毛泽东参加过工读互助团，组织过新民学会，创办过《湘江评论》，最终，毛泽东找到了马克思列宁主义，但毛泽东不像党内食古不化、食洋不化的教条主义者，他敢于坚持他正确的文化选择，他敢于在山沟里出马克思主义，敢于把马克思主义与中国革命的具体实践相结合，敢于"洋为中用"。

毛泽东文化选择的另一可贵之处在于，他决不菲薄中国文化中民主性的精华。毛泽东对儒墨智仁达的修身养性之术进行批判性改造就是一例。1939年4月29日，他在一次报告中讲道："对国家进忠，对民族进孝，我们赞成，这是古代的封建道德。我们要改造它、发扬它，就是要特别忠于大多数人民；孝于大多数人民，而不是孝于少数人。对大多数人有益处的，叫作仁，对大多数人利益有关的事情处理得当，叫义，对农民的土地问题、工人的吃饭问题，处理得当，就是真正的行义者"。这一思想发展到后来，就是毛泽东精辟概括的"古为今用。"

毛泽东的文化选择，从整体上看、历史地看，无疑是近代以来中国人文化选择的最高水平。我们可以这样认为，即林、魏的文化选择代表近代中国人文化选择的正题阶段，胡适的文化选择代表近代中国人文化选择的反题阶段，毛泽东的文化选择代表着近代中国人文化选择的合题阶段，而只有到合题阶段，中国文化火中之凤，才能够冲出烈焰，跃上东方时空。

(《中国教育报》1995.3.19)

苦乐小书斋

14年前,一个辉煌的梦想实现了!我有了自己的小书斋。8平方米,一桌一椅一床,四围书架。书架是自己设计定做的,从地板直抵天花板。望着一册册藏书,舒心极了!远观近看都是美,美如诗!等高平列,整齐的美,是格律体;错落有致,参差的美,是长短句。独处小书斋,眼前唯"智者",冰雪聪明;相对有"佳人",慧中秀外。诚如李清照《金石录后序》所说,"意会心谋,目往神授,乐在声色狗马之上",陶陶然自谓"葛天氏之民"不过如此。

书在不知不觉中增多,又购置了几个书架。小书斋无闲地,只好侵占"芳邻"领域,做成了"飞地"。过不了多久,无论"本土",还是"飞地",均告架满为患!于是,先让笔记、手稿之类屈尊,挪了挪窝;接着是杂志、音像资料等"非正宗"者流,也给请了出来。实在抱歉,安置不分先后,统统归于床下。然而,以有限架对无限书,缓解不过片时,片时过后,故态依然。于是,效仿企业"挖潜",架上一层当两层使!里一层外一层,重重叠叠,拥挤更兼杂乱,终使"智者"蒙尘,"佳人"沦落。斋主本人每找一书便是一次并非轻松的战斗!逼得写作时尽量凭借记忆,少去翻书,却又时常担心记忆有误,思来想去,还是老老实实查阅,免得闹出"硬伤"。十步之内,但见委地皆书,搬上复搬下,自家只有汗流浃背的份儿,始信写作原是重体力活儿!检讨起来,也因自己生性荒疏,屡屡犯错犹不长记性,于书亦然。偶读余光中《鬼雨》中的一段话:"不要的书永远在肘边,要找的呢,就忽然神秘失踪,到你不要时又自动出现。"真见鬼!那份尴尬一般无二。

书不能不买!尽管书价伟岸,囊中羞涩。小书斋几案罗列,枕席枕籍,早已是危机四伏,终于满而溢,爆发了一场变革——不是革命,是改良。斋主不得不来一番清理书籍队伍,把无用的书清理出去。清理工作甫一展开,即感阻力如堵。阻力来自自家心慈手软!总觉得此书伴我度过几十年,风雨南北,全着筋骨活过来不容易;彼书原是先人遗存,一旦弃之如敝屣,孝道上不免有损;还有一些书,平心而论多少也还有点价值,究非全无用处,说不定哪天还得参考……这样一来,被清理的不过数十本。改良终难彻底啊!无可奈何,只能让部分旧书下岗,另行安置。看着新书昂然高位,心赏之余又生出几许"喜新厌旧""移情别恋"后的负疚。因为事实上所谓"另行安置",无非长期冷落!可怜冯唐易老,李广难封,尘埃满面待命于床下。床下也满盈!于是,一而再再而三垫高床脚,直至1米8的高个儿坐在床上双腿也要挂起来,沾不着地,真个危乎高哉!多少次下了决心不再买书了,可是一见到好书,便又忘了藏书之窘。如斯循环往复,竟不知"春花秋月何时了"!只见六七千册书肩摩毂击,樊然淆乱,局促又若罐头沙丁鱼,也只好赧颜相对"智者"的太息、"佳人"的怨怒了!

　　回天乏术,烦恼固不可免,偏又生出幻想。杜子美有诗云,"安得广厦千万间"!啊,我只求鹪鹩一枝,鼹鼠一腹,略大些的一间,放得下一万册书,此生之愿足矣!为此,竟还做过几回五彩缤纷的梦!然而一觉跌落现实,依然是八平方米,依然是沙丁鱼、叹息和怨怒。我忿然了,不如来个彻底解脱,把钱都吃了,不再买书,保个好身体,或则干脆削去几千册,存个书架上好门脸子……几番细思量,哎呀,我到底骨头儿贱,情愿忍受小书斋之苦,不因别的,只为乐也在其中。

《光明日报》1996. 12. 14

话说书房

　　常有一些非文化人士来我家,看到几个书柜塞满了书,就说:"呀,你家书房有这么多书,简直可开个小图书馆了。"

　　我则不禁汗颜——这几架书算什么呢?即使这间屋子被称作书房,也勉强得很。

　　当然,在眼下中国,一般文化读书人要想拥有一两间像样的书房,实在也非易事。好在一向穷惯了的读书人对书房并不存过高的奢望，再挤的房间里，也总要设法隔出一方小天地来，放上一两个书架，摆上一个小写字台。至于其他书籍，则只好委屈它们呆在床底、柜顶和边边角角了。

书房的格式、藏书多少、种类若何，全是因人而异。学者们的书房当然与政治家的不同。我曾有幸去过何其芳先生的书房。作为著名学者与诗人，他的藏书非常丰富，从中外古今的名著，到各种流派的理论著作，整整放置一两个房间。倘说这是一个小型图书馆或资料室，庶几并无多少夸张的成分。

听说，现代文学史专家、作家唐•先生的书房，藏书之丰更令人为之叹息。唐先生治学一向严谨，他主持编写的《现代文学史》尤注"论从史出"和占有第一手资料。为此，他的书房里藏有关于中国现代文学史的种种珍贵史料，举凡从"五四"时期的文学期刊到30年代直至解放初的种种史料，他都呕心沥血地予以搜罗、保存。如果称他为中国现代文学的史料专家或第一藏书家，我以为是当之无愧的。

一些中青年学者的书房，我也曾见识过不少。在我的印象中，学者、作家刘梦溪、陈祖芬夫妇的书房之大、藏书之丰，也是足令现代人惊叹的。而著名学者叶子铭、何西来等先生的书房虽不算大，但十几架书早已把房间塞得满满当当。

与学者相比，作家们的藏书似乎大抵要少一些，且种类也要单纯一些，大多是一些名著和优秀作品，还有当代文学期刊。作家毕竟更注重对生活的实际体验，大约正因如此，有些作家的书房并无几架书，而他创作出的作品却能像泉水般汩汩而出。难怪著名诗人、散文家忆明珠戏称他主要靠一部圣经、一部诸子和一部辞海写作。

作为杂家的编辑的书房，自又与学者、作家不同。编辑家叶至诚的书房里足有三面墙的书架，前几年他被评上金陵藏书状元，自是理所当然的。

书房是人类文化遗产的展示厅，又是读书与写作、继承与创造文化的场所。布置一个像样的书房，无疑需要几代人的心血积累和经济积累。

书房大小，藏书多少固与个人有关，更与文化的命运、国家的前途直接相连。且不说秦始皇的"焚书坑儒",在十年动乱中,亦有不少书房被抄家查封,这种对书籍的摧残,对于视书籍为生命的读书人来说,不啻是在心上捅上一刀。

如若布置一间像样的书房,要紧的倒不是心意要多大,书架、写字台要多讲究,而是书房的主人是否具有一种文化精神?是否能营造一种读书的气氛?我们固不必要求每个人都沐浴焚香然后方能读书,但在书房里创造一种读书的氛围,保留一种读书的心境,却无疑是十分必要的。

听说,眼下有些城市青年,甚至在经济发达的农村,结婚时也喜欢在新房里摆上一个小书架,摆上几本装帧精致的厚书。我不知道这些青年人读也不读,但我想无论如何,这也是一种进步。

毕竟,有没有像样的书房似乎并不重要,更重要的倒是有没有读书的风气。一个没有文化的民族,注定是没有希望没有前途的。而一个喜欢读书的人,每当置身于雅静而又藏书丰富的书房里,便会感到一种少有的充实与谦虚,犹如登上高山之巅,忘却世间的荣辱一般。

我的小书屋

孩子们长大了,老大老二成家后各自去过他们的日子,老三大学毕业后留校工作了,现在家里只剩下我和老伴。三室一厅的房子过去曾显得拥挤,现在倒宽敞了。于是乎,我将其中一间房子腾出来作了书屋。摆上一张书桌和几把椅子,顺墙是一排书橱,多年来放在纸箱里的书籍和到处乱堆乱放的零散书籍、杂志,统统登堂入室上了书架。桌上自然有文房四宝;迎面墙上挂一幅盆景画大挂历;窗台放了一盆铁叶海棠,幽香扑鼻;一架落地风扇置放墙角,可随时送风消暑。闲来无事,打坐书房,读书、写字,倍感舒畅惬意。对此,我太洋洋自得了。

我不能算家学深厚、藏书万卷,但对我这样一介穷书生出身的人来说,书房中的书也算不少,除了马恩列斯毛泽东等革命导师的经典著作和邓小平文选一二三卷及一些名家哲学书籍之外，其他都是与我所学专业相关的书类，先秦诸子、四书五经、史记汉书、东周列国、唐诗宋词、三言两拍、聊斋水浒、西游红楼、儒林三国、桃花扇、镜花缘以及鲁迅、巴金、冰心等名人的著作，还有《辞海》《辞源》等多种辞典、类书等工具书……家珍难以尽数。其中最使我珍重的是，有同学新近寄来的我大学最崇敬的老师郭子直教授编写的《文史工具书入门》和同学韩理洲教授的著作《唐文考辨初编》《陈子昂研究》等及同学、作家匡燮的散文集《野花凄迷》《无标题散文》等。每当我走进自己的书屋，或秉烛夜读，或独坐遐思，总是悠哉游哉，犹如同古圣先贤、高人墨客促膝长谈，共咀英华；又好像置身于名山大川、古刹深院，神游其间；有时遇好友偶至，品茗评书，海阔天空，击节陈词，则更是我之极乐。

我生性疏懒，只有读书的兴趣，却缺少动笔写作的情致，是属"读而不作"者流。但是自从有了这一斗室书屋后，在读书之余，有时也欣然命笔，写些短文或业务研讨论文之类。近几年写于格子纸变成印刷铅字的论文和"豆腐干"文章大约已有几十篇。因为书房较之办公室要清静一些，所以有时也把应该在办公室完成的一些文字工作拿到家里书房来做，免不了常有挑灯伏案、"三更灯火五更鸡"之情景，但我却乐在其中，乐此不疲。

有个书房，只是为读书创造了良好的条件。有书房，有书籍，不等于就有知识。因为书本只是知识的载体，它毕竟是人的身外之物。为了把书架上的书籍变成自己头脑中的知识，只有读书，读书，再读书。如果不读书，书房再好，书籍再多，那也只能是一个物质上的富汉、精神上的乞丐而已。如果只是为了附庸风雅，装点门面，那更是一种对文化的戕害和辱没！

读书之要，贵在消化。"言""卖"构成"读"字，意思是要读得进，卖得出，能应用也。如果死读书，读死书，满脑子一潭死水，焉能将书本知识变成自己的财富？

我爱我的书屋，她虽姗姗来迟，但她是真正属于我的一方天地，是我获取知识的摇篮。我满意，我满足，工作之余，进得屋来，一卷在手，什么劳苦困顿，荣辱进退，一切都消失得无影无踪。但愿有志趣者和天下读书人都能有一间自己的书屋。

自己造一间书房

从上学、插队到工作，30多年时间，我一直向往着拥有一间书房——一个完全属于自己的天地。时光流转，人从1名变成3口，房从半间变为一套小小的二居，这希望竟一直未能实现。直到4年前的一天，灵机触发，我想到要变一个"魔术"：让物和空间能自由转换，借以扩大我的"生存空间"。

这个物，是一个小小的专利，其正式名称是"多用组合式写字台及桌类家具"，这空间就是我家中那八九平米的一个小房间。在我那专利说明书中的设计方案中，写字台可以通过分解组合，变换成为沙发、床、餐桌、小型台球桌等8种以上的常用家具。以此为核心，配合多用柜等家具，我的小房间或某个大房间的一个区域，就可以在出现不同需要时随意地改变布置，变化出书房、客厅、餐厅等多种功用。

在家庭生活用品和用具中，多用化设计已非常普遍，组合柜、多用床最为多见。可还没有谁想过要动动写字台的脑筋。我是出于十分迫切的需要，由写字台的一物多用，达到居室的一空间多用，这也就是所谓的魔术。

在社会上追求高档、豪华的潮流中，还有更多的人在盼望着居室布置的更加实际、适用、完美和较高情调。

从设计到申请专利，以至最后自己动手，费时4载，我终于变出了这个"魔术"。

现在，我那间八九平米的小书房里就摆放着这张可爱的多用桌。它很大，造型就像市售的那种"老板桌"。大桌面，漆着深棕色的高级油漆，光滑明亮；下面的部分是浅米黄色的；四根钢管制成的立柱，显示着金属的坚硬和光泽，很有现代气派。

写字台占据了房间近一半面积，配上一组多用柜和两个小沙发就成

为书房。每天晚上我都躲进这里，读书写作，听曲品茶，沉思遐想，真好像远离了尘世。

如果哪天有几位朋友来访，人让进书房，表演就开始了，一根小绳一拉，桌面上的杂物随着一个文具架升上了房顶；桌子一拉一掀，变成一个长沙发——小客厅布置完毕。朋友就座，从柜中拿出茶具，第一个话题大都不会离开这张书桌（或这座沙发）。

还有的时候，特别是节假日、双休日，来的亲友多了，这间房就临时变成了餐厅。桌下的抽屉架就可代替两个坐椅，多用柜柜门打开，现出小吧台，酒、酒具、调味品随用随取。最让人交口称赞的当然还是那张大餐桌了。

我现在有些后悔：没有把桌面做成小台球桌的变型，又不费事，却会更有意思。休息时同儿子打打台球，既是运动，又是享乐。

这张桌子我做得尽量大些，这不只是为了气派，也是为了更加适用和方便。大家都喜欢那些流行的大写字台、大餐桌，可是房间小就摆不下。平民百姓更没有几家能单独辟出房间做书房或餐厅的。而我所做的，等于把几件大的家具集中存放在最小容积里，大就不算什么问题了。而且，人不可能在同一时间里做不同的事情，同一房间完全可以在不同时间作不同的用场，空间就最大限度地利用起来。使物和空间实现其最高的使用效率，关键在于方法是否适宜，使用起来是否方便、容易。

努力奋斗了4年，我终于拥有了一间书房，当然它还不是真正的完全属于我自己的天地，所以我也仍然生活在普通人民中间。在整个耗尽心血流泪流汗的创造过程中，我享受到极大的乐趣，并感到为此所做的付出是很值得的。

（《光明日报》1995.6.23）

清理书架

案头上摆满了书,这是为了写论文。当年傅斯年说"上穷碧落下黄泉,动手动脚找东西",说的就是这种钻故纸堆的专业。干了这一行,只好从书架上一本又一本地取下书来,在书加书再加书的堆积中,日子一天一天过去,文章也一点一点地写出来。终于到可以松一口气的时候,桌上的书也堆到了快坍塌的地步,于是就怀着愉快的心情把它们一本一本地送回书架,书桌又重新变得简洁干净。

喘一口气,喝一杯茶,环顾四周,接着就是一个说不清是好是坏的习惯,我总是过一段时间就清理一次书架。所谓清理,是按照下一轮读书写作的需要,把各种参考文献依次安放在周围的书架上,离得近就显出要紧,离得远当然就不那么重要。远近亲疏的常常变化,以致于与我共用书架资源的家人颇不以为然,抗议道:书都快被你调整得找不着了!有时讽刺:真够实用主义的!

没有办法,就像一个主妇对于厨房的锅碗瓢盆的清理,这是一种清点手下兵马的必要次序。书架仿佛我的一个帐本,有什么没什么,凭脑子记不住,只好隔三差五地摆上一回。说白了,我是在用清理书架来清理思绪。干上这一行,不得不总靠文献说话,可是文献那么多,又不可能全记在脑子里,只好靠一次又一次的整理图书来回忆参考文献的线索。比如,下一个题目是关于佛教,就只好把佛经和前人关于佛教的著作一一搬上前面的书架,于是大藏经和吕澂、汤用彤、胡适等等前辈的名著就一一罗列在上;下一题目是关于语言,于是王力、赵元任、李方桂、周祖谟的著作就恭请上前,这时,自己也仿佛底气十足。想起"韩信点兵,多多益善"的故事,总觉得自己也如古代大将军一样,于是,在书架上圆一个豪气干云的英雄梦。

想起来有趣得紧,说起来可笑得很,一介书生,守着这一堆书,在书架中逡巡摩挲,在清理中整理思绪,换得自豪,找到愉快,其实与守

财奴成天数家里的财宝并没有什么差别，偏偏就觉得自己好高雅，而且还很上瘾，不知道这算不算是掩耳盗铃。"书中自有黄金屋，书中自有颜如玉，书中自有粟千钟"，据那些已经走在时代前列的人说，这是古人在心里寻找平衡的咒语；现在的人再说这种话，是吃不着葡萄说葡萄酸，干脆点说是自我解嘲，或自我安慰。

曾经读到清末一个河南山区的小知识分子的日记，说的是百年前的往事，却也颇合如今读书人的心境。他守着几十亩地的庄稼和一个私塾的教席，六十年来一直心里满足得不行，可是六十来岁时偶然到了一趟京城，看着满世界的花花绿绿，却无缘享用，心中沮丧万分，只好长叹一声。回到老家，便在墙上挂出了一个条幅，严令子孙谨记在心："世上万般皆下品，细数唯有读书高。"可是在他死后的日记里，人们却读到他的心底苦衷："吾幼习诗书，手无缚鸡之力，亦乏经营之才，唯书箱之内，为吾生计所在，岂可一朝弃之。且守数十亩薄地，衣食无忧，且于书中度日可也。子孙如我，不善经营，世风日下之时，畏其邯郸学步，故以此（指条幅）诫之且诱之也。"

有几十亩薄地，得一两间陋室，衣尚蔽体，腹且不饥，当然可以"且于书中度日"。

（原载《北京日报》1996年8月1日）

青灯黄卷映傲骨

谢友鄞

声言"横扫清华图书馆"的钱钟书，正埋头读书，天塌了都不知道。胡适到清华大学参观，眼睛一亮：书的天头地脚写满批注，笔记本布满蝇头小楷。胡适瞥一眼这个大学生，见他椅边放根文明棍，便操起来欣赏。胡适说："嗨，绅士气派。"自我介绍，"在下胡适之。尊姓？"

钱钟书不认识胡适，但久闻学界宗师大名，心中甚喜，拂开书，与胡适交谈起来。临走，胡适拍拍钱钟书的肩膀说："看来你们这一代比我们这一代强。我们这一代都是土派的，你们是洋派的。"以后，胡博士又专门请少年气盛的钱钟书吃过三次饭。

1948年，胡适邀钱钟书迁台湾任教。钱钟书略作沉吟，摇头道："我不能去。去了那里，我没书看了。"

胡适直到晚年，也没有忘记钱老弟。他在台湾版的《胡适先生晚年谈话录》中，特别提到钱钟书，说："钱钟书是谁我不认识，但他的《宋诗选注》我看到了。序言和批注都极有特色，非常之好。"远在大陆的钱钟书心里明白，十分感激，常把这一句话指给知交看。

这是读书人和读书人的故事。

我去扬州，应邀为全国煤矿创作会议讲学。新任中国作家协会书记处书记的作家陈建功，也是矿工出身，我们一见如故，相知相亲，唠起读书，建功笑道，他去汪曾祺家串门儿，汪老拿给他一篇先锋派小说，道：建功，你读读，我看不懂。陈建功看了后，说：汪老，我也看不懂。汪曾祺说：你比我小二十多岁，你看不懂，我就放心了。陈建功道：汪老，你这么大的学问还看不懂，我也放心了。

相视一笑，大家道出读书的真心话。

一些人泊来几篓名词买空卖空，炒莫须有的"后现代派"，炒自己，自以为很新潮。有一个老故事：京城召集许多画师，命题作画"深山藏古寺"，众艺匠泼墨渲染山势如何险峻、磅礴巍峨、气势恢宏，却有一幅画，只浅浅淡淡地勾勒出一抹山脚，两个青皮小和尚在山麓水沟畔，仄斜大桶舀水，独此画被选中。所谓"一石则泰华千寻，半勺亦江湖万里"。文化底蕴极其丰厚的中华民族，其实很"懂"，早八百年便"新潮"了。

又想起最近读书界一桩闹得沸沸扬扬的公案。有人编辑《二十世纪中国文学大师文库》，小说卷挑选九位二十世纪小说大师：鲁迅、沈从文、巴金、金庸、老舍、郁达夫、王蒙、张爱玲、贾平凹。编者摈弃了茅盾等。著名学者钱谷融先生认为，为作家排名次是罕见的，这在中国一般是尽量避免的。谁来排，按什么标准排，都是问题，《文库》的编者未尝不知道这样做会引起种种议论。其实，古往今来，最权威的批评家只有两位：时间和人民。现在这么排座次，总有别的动机。

读书的人似乎越为越少，读书界却越来越"热闹"。一些出书的，

"说"书的，以为竖起招兵旗，就有吃粮人。当代文学遭小民百姓甚至"书痴"们疏远，盖因文坛上威风凛凛的假大王们吓人。但有真功夫真学问的人，是不会被懵住的，反而认为，他们不地道。

如今，读书人的日子不宽裕，被昂贵的书价搞得闹心。写书的，搞纯文学创作的，在"天下熙熙，皆为利来；天下攘攘，皆为利往"的喧嚣浮躁的社会，与清贫、孤独、不识时务几乎等同，但我以为，物质丰富，生活节奏匆忙，工业标准化，很可能扼制、淹没人的想象力。生活的贫困和艰辛，反而会刺激人的幻想，激发人的探索、追求，甚至冒险精神。毋庸置疑，能读、能写出高层次的文学精品的人，是精神的大腕、贵族和富翁。他们是当代民族文化的傲骨和脊梁。

（荐自《羊城晚报》）

读书与作文

读书、写文章都与心情关系密切，不同心情下，愿读的书不同，写出文章也各相异。当然，这里说的书是指闲书，而非外语课本或者政治经济学；文章是指随笔一类的性情文字。而非年底工作总结或者"公司人"常挂在嘴边的"可行性分析报告"。

记不清哪位做大学问的，好像是毛主席，曾经劝别人：情绪低落时，读读宋词。这话乍听突兀，回味起来有意思。宋词里，金戈铁马、鼓舞斗志者并不多见，到底还是风花雪月、"格调不高"者居多。那么，心情本就恶劣，读了岂不雪上加霜？可是文人怪，越愁苦，就越想愁苦，苦不彻底不罢休，不能自拔才算高境界。

貌似自虐的行为其实自有其道理，苦已经在了，怎么办？躲绝对躲不开，它会追；置之不理也不行，读书作文者大多善感多愁，没有还去找呢，弃之一旁怎舍得？不如抛畏惧于脑后，迎头而上。苦得凶了，卷起本书，默默念念："一川烟草，满城飞絮，梅子黄时雨"，真正苦到极处，"竟无语凝噎"，可精神仿佛有点升华的味道，才知物极必反，此言不虚。

苦时读苦书，乐时就读乐书吗？那你肯定不算个文人。且不论究竟乐书为何，反正文人们不会去看，他们心底无时不警告自己，君子喜怒不形于色，切勿张狂，张狂没有好下场。问题是，总是"春风得意马蹄笑"的时候，书总是要读的，这会儿读些什么好？就挑些淡若止水、静若处子、不露声色、老道到家的文字，平抑几欲喷涌而出的兴奋。比方读读"与朱元思书"，读读《老学庵笔记》，读读张岱，甚至读读桐城派。心境平和了，不再老子天下第一了，书卷可以搁下了。

读书与心情关系若此，写起文章也异曲同工。心情佳，文笔畅；心情劣，文笔涩，这不足为奇。奇的是，用什么笔，什么纸写也会反作用于心情。曾经听说某著名作家，写散文用三百字稿纸，写诗用白信笺，写小说用五百字稿纸，非如此则文思不得泉涌。

还有更有趣的例证：一个朋友帮某报社赶稿，就一千字，苦熬一整天写不出。当晚，女儿临帖练大字，草草写完自去睡了，笔墨自然一片狼籍，留待做父亲的收拾。烦乱之下，他也懒得动弹，顺手扯过张纸，温习幼时练过的蝇头小楷。写着写着，心情舒畅，眉间骤然开朗，找到感觉了，赶紧更换纸张。于是，用钢笔写了一整天没写出的文章，改用毛笔一挥而就。

当然，这些格涩处都是极个人化的，算不上什么普遍真理。可读书作文本来就是个人化的行为，治国兴邦的书毕竟深奥难读，载道教诲的文章毕竟不是人人能写，大多数人的读书作文，只为生活得有点情趣，有个依托。尽管它们与心情关系密切，可文章一旦写成，一切背景又都淡化了，作者真正的心情，外人还是不易洞察，落得个"都云作者痴，谁解其中味"。

眼下，写了上面这些文字，我的心情怎样呢？

（《光明日报》1995．12．3）

你属于哪一类读者

柯勒律治把读者分为四类：第一类好比计时的沙漏，读者象漏沙，注进去，漏出来，到头来一点痕迹也没有留下。第二类好象海绵，什么都吸收，挤一挤，流出来的东西原封不变，甚至还脏了些。第三类象滤豆浆的布袋，豆浆都流了，留下的只有豆渣。第四类象是宝石矿床里的苦工，把矿渣扔一旁，只拣些纯净的宝石。"

每个人都可以对照以上四条问一下自己：属于哪一类读者？

孔夫子韦编三绝

孔夫子即孔子（公元前551—前479年），名丘，字仲尼，春秋时鲁国（今山东曲阜）人，是我国古代著名学者和大教育家。他多才多艺，学问渊博。孔子曾说自己并非"生而知之者"，他的学问都是通过勤奋学习、努力钻研而得来的。

孔子从小就死了父亲，家境贫困，未能受到良好的教育，只有通过自学来求得学问。他从十五岁起开始发愤读书，因为没有人教，在学习上遇到难题就多方向人请教。孔子的学习兴趣很广，从不放过任何一个求知的机会，而且不论学什么，都要问个明白。孔子曾说过："知之为知之，不知为不知，是智也"，表现出勤奋好学的精神。

孔子年青时曾周游列国，开阔眼界，增长知识。到了晚年，孔子回到家乡，从事编书和讲学工作。这时他的工作很忙，但仍然坚持学习。有一次，他得到一部《周易》。这是一部很难懂的古书，许多人都不敢去研究它，但是，孔子决心要读懂弄通。他把用竹木简写成的几十斤重的《周易》抱回家去，逐字逐句仔细阅读，一遍不懂，就读第二遍，还不懂就读第三遍。这样读来读去，因为读的遍数太多了，把串联竹木简的牛皮带子都给磨断了多次，换了多次新带子。最后，他到底把这部书读懂了，并向弟子们详细地讲述了《周易》的内容。因为孔子读《周易》磨断了多次牛皮带子，后人就把这个故事编为一句成语，叫作"韦编三绝"（韦：熟牛皮；韦编：指用牛皮绳编联起来的竹简书。三：概数，指多次；绝：断），以此形容孔夫子勤奋好学的精神。

颜渊以学为乐

春秋战国时期，我国儒学的创始人、著名教育家孔子，在家乡聚众讲学，有门徒三千，贤者七十二。其中，颜渊就是七十二贤者之一。

颜渊（公元前521—前490年），名回，字子渊，春秋末期鲁国人。颜渊出生于贫穷人家，但他天资聪颖，贫而好学，是孔子的得意门生。孔子曾称赞颜渊说："一箪食，一瓢饮，在陋巷，人不堪其忧，回也不改其乐。贤哉回也（一竹器饭，一瓢冷水，住在简陋的小巷子里，别人都忍受不了这种困苦，颜回却照样快乐。颜回的品德多么高尚呀！）！"

颜渊一生以自己能够向孔子学习为最大的快乐，为了学习，他过着极其简陋的生活，一般人都认为苦得不得了，忍受不了，颜渊却毫不在意地忍受了，并不以苦为苦，相反倒觉得其乐无穷。颜渊认为如果不能学得象孔子那样，即使自己过着荣华富贵的生活，也不会感到快乐。这种快乐是内在精神世界的真正快乐，是任何外在物质享受的快乐所不能比拟的。而使他最感到苦恼的，就是孔子太卓越、太高尚了，简直学不来。这就是后来有人说的"颜苦孔之卓也"。这种惟恐学不到的苦恼心情，实际上正是颜渊以学为乐的志趣之所在。

由于颜渊勤学苦读，他的知识和德行修养都有了很高的造诣，孔子称赞他的德行"不迁怒、不贰过"（不拿别人出气，不重犯同样的错误），"其心三月不违仁"（长时间不离开仁）。颜渊死后，封建统治者把他尊为"复圣"。

荀子劝学

荀子（公元前 313—公元前 218 年），名况，字卿，战国末期赵国（在今山西）人，是我国古代杰出的唯物主义哲学家，也是先秦诸子中的一位集大成者。荀子所写的《劝学篇》，经两千多年仍为人们所传诵，"君子曰：学不可以已。青，取之于蓝而青于蓝；冰，水为之而寒于水。木直中绳，𫐓以为轮，其曲中规，虽有槁暴，不复挺者，𫐓使之然也。故木受绳则直，金就砺则利，君子博学而参省乎己，则知明而行无过矣。故不登高山，不知天之高也；不临深溪，不知地之厚也；不闻先王之遗言，不知学问之大也。……"

据说当孟子做齐国的客卿时，荀子还是一个十五岁的俊秀少年，便到齐国游学，在"稷下学宫"学习。他先后到过齐、秦、赵、楚，后来在齐国"稷下学宫"讲学，并三次被推选为学宫领袖（"祭酒"），做过楚国的兰陵令，晚年在兰陵著书。

荀子在他所写的《劝学篇》中，强调学习的重要。他认为，人的知识才能不是天生的，而是后天勤奋学习的结果。他说："吾尝终日而思矣，不如须臾之所学也。"意思是，我曾经整天苦思冥想，但是不如学习一会儿收获大。他指出，木材经过加工以后就会变弯曲，刀剑在砺石上磨过就会变得锋利，君子博学，而又能经常自我反省，就会变得聪明。荀子还用"青，取之于蓝而青于蓝；冰，水为之而寒于水"的著名比喻，说明学习没有止境，只要勤奋好学，定能后来居上。

荀子还生动地阐述了学习要持之以恒、锲而不舍的道理。他说："不积跬步，无以至千里；不积小流，无以成江海。骐骥一跃，不能十步；驽马十架，功在不舍。锲而舍之，朽木不折；锲而不舍，金石可镂。"这段话的意思是，不积累许多个半步，就不能走完千里；不汇聚许多细小的溪流，就不能形成江海，千里马一跃，不满十步；劣马坚持走十天,却能走得很远。用刀子刻东西,刻了一下就丢开,那么,腐烂的木头也折不断;如果雕刻不停手,那么,坚硬的金石上也能刻出花纹来。荀子的这些闪耀着辩证法光辉的思想,是完全可供我们借鉴的。